普通高校经济管理类应用型本科系列规划教材

管理经济学
习题案例解析

主　编　任志安
副主编　吴友群　高莉莉　王　刚
编　委（按姓氏笔画排序）
　　　　王　刚　朱建文　任志安　刘　健
　　　　刘　越　吴友群　郑美华　查华超
　　　　高莉莉　廖信林

中国科学技术大学出版社

内容简介

本书是为管理经济学相关课程教材内容系统编写的习题和案例。本书主要分为两大部分,其中第1部分为各章配套习题和案例分析,第2部分为相对应的参考答案与解析。习题部分主要包括名词解释、计算题、简答题和论述题等多种题型;案例部分全书共遴选了90多个案例;答案部分给出了每个习题的参考答案。本书可作为相关课程的配套用书。

图书在版编目(CIP)数据

管理经济学习题案例解析/任志安主编. ——合肥:中国科学技术大学出版社,2022.9
ISBN 978-7-312-05480-8

Ⅰ. 管⋯　Ⅱ. 任⋯　Ⅲ. 管理经济学—高等学校—教学参考资料　Ⅳ. C93-05

中国版本图书馆 CIP 数据核字(2022)第 147412 号

管理经济学习题案例解析
GUANLI JINGJI XUE XITI ANLI JIEXI

出版	中国科学技术大学出版社
	安徽省合肥市金寨路 96 号,230026
	http://press.ustc.edu.cn
	https://zgkxjsdxcbs.tmall.com
印刷	合肥华苑印刷包装有限公司
发行	中国科学技术大学出版社
开本	787 mm×1092 mm　1/16
印张	12.25
字数	312 千
版次	2022 年 9 月第 1 版
印次	2022 年 9 月第 1 次印刷
定价	50.00 元

前　　言

任志安教授等人编写的《管理经济学》(第 2 版)于 2020 年 9 月在中国人民大学出版社出版。为了便于同学们更好地学习和掌握相关的知识,本书较系统地编写了各章相应的习题和案例,并进行了解析。本书作为《管理经济学》的配套学习用书,具有十分重要的内容学习指导和案例分析训练作用。

本书分为两大部分,其中第 1 部分为各章配套习题和案例分析,第 2 部分为相对应的参考答案和解析。习题部分主要包括名词解释、计算题、简答题和论述题等多种题型;案例部分全书共遴选了 90 多个案例;答案部分给出了每个习题的参考答案。这里需要指出的是,本书对案例分析给出的答案,并非标准答案,这些分析与提示仅供参考。读者可以各抒己见,只要符合管理经济学理论就可以,尤其鼓励有独特创新的个性化的分析与观点,但必须言之有理。

本书由安徽省教学名师、经济学名师工作室负责人、安徽财经大学经济学院任志安教授担任主编,吴友群副教授、高莉莉副教授、王刚讲师担任副主编,经济学院廖信林教授、朱建文副教授、刘越副教授、查华超讲师、刘健副教授、郑美华教授参与编写,理论经济学专业硕士研究生何维维、黄振东、张露梅、夏宇航、姚绍群、李鑫淼、叶青杨、曹欣宇、毛莉、张梅菊、汪辉、李明鸿同学进行了习题和案例精选。全书由任志安教授、吴友群副教授、高莉莉副教授、王刚讲师负责统稿和审核完善。在本书的编写过程中,参阅和引用了许多前人的有关著作与教材,参考了大量相关案例,本书已在书后列出了有关参考文献,书中也尽可能地对一些引用材料出处作了标注和说明,但仍然可能会有遗漏,在此一并对这些著作、教材、文献的作者表示衷心的感谢。

本书为安徽财经大学一流课程(项目编号:acylkc2021009)和安徽省一流课程(项目编号:2021xsxxhc023)管理经济学的阶段性成果。同时本书虽然是安徽省级规划教材《管理经济学》的配套学习用书,但书中的习题和案例与教材内容有相对独立性,因此对使用其他教材的读者亦有重要的学习和参考价值,特别对相关经济管理类专业的研究生、本科生和高职高专院校学生来说,更是一本非常实用的管理经济学课程学习指导书,对广大自学者也很有帮助。

由于作者水平有限,书中难免有不当之处,希望广大读者不吝赐教,提出批评意见,以便我们持续修订和改进。

编　者

目　　录

前言 ……………………………………………………………………………… (i)

第 1 部分　习题与案例

第 1 章　导论 …………………………………………………………………… (2)
第 2 章　供求理论分析 ………………………………………………………… (6)
第 3 章　生产理论 ……………………………………………………………… (14)
第 4 章　企业成本理论 ………………………………………………………… (25)
第 5 章　企业竞争理论 ………………………………………………………… (34)
第 6 章　企业定价理论 ………………………………………………………… (40)
第 7 章　企业风险理论 ………………………………………………………… (47)
第 8 章　企业投融资理论 ……………………………………………………… (53)
第 9 章　企业共享经济理论 …………………………………………………… (63)
第 10 章　企业跨国与跨界经营 ………………………………………………… (72)
第 11 章　新时代企业新管理 …………………………………………………… (79)
第 12 章　政府管制理论 ………………………………………………………… (85)

第 2 部分　答案与解析

第 1 章　导论 …………………………………………………………………… (92)
第 2 章　供求理论分析 ………………………………………………………… (100)
第 3 章　生产理论 ……………………………………………………………… (110)
第 4 章　企业成本理论 ………………………………………………………… (118)
第 5 章　企业竞争理论 ………………………………………………………… (128)
第 6 章　企业定价理论 ………………………………………………………… (136)
第 7 章　企业风险理论 ………………………………………………………… (144)
第 8 章　企业投融资理论 ……………………………………………………… (149)
第 9 章　企业共享经济理论 …………………………………………………… (159)
第 10 章　企业跨国与跨界经营 ………………………………………………… (167)
第 11 章　新时代企业新管理 …………………………………………………… (174)
第 12 章　政府管制理论 ………………………………………………………… (180)

参考文献 ………………………………………………………………………… (186)

第1部分
习题与案例

第 1 章　导　　论

一、名词解释

1. 管理经济学(Managerial Economics)
2. 微观经济学(Microeconomics)
3. 企业决策(Enterprise Decision)
4. 最优化方法(Optimization Method)
5. 均衡分析法(Equilibrium Analysis)
6. 边际分析(Marginal Analysis)
7. 经济模型(Economic Model)

二、简答题

1. 管理经济学的研究对象是什么?
2. 什么是企业?
3. 企业决策的基本步骤有哪些?
4. 管理经济学中的研究方法有哪些?
5. 简述企业决策与经济学原理的关系。

三、论述题

1. 企业的目标是什么?获得最大利润是企业最重要的目标吗?
2. 请说明管理经济学与微观经济学的联系与区别。
3. 请论述边际分析法在管理经济学中的应用。

四、案例分析

案例 1　曾经,相对于百事可乐而言,可口可乐是拥有绝对优势的。但是随着百事可乐不断做出正确且高效的营销投入,百事可乐正快速地缩小着自己与可口可乐之间的差距。随后很长的一段时间里,可口可乐和百事可乐"打"得都很厉害。面对百事可乐愈加凌厉而嚣张的挑战,原本不把百事可乐放在心上的可口可乐,终于无法再高枕无忧、安于现状了。

于是,可口可乐的最高管理层召开了一次会议,他们在这次会议上做出了一个决定,那就是他们要在可乐的口味上做出改变,并期望以此来挽救不断下降的市场份额。

可口可乐的技术人员开发出了一种味道更甜的新配方,这个新配方顺利地通过了口味测试,测试结果证明这种新配方在口味上是胜过百事可乐的。于是在 1985 年的 4 月 23 日,

第1部分 习题与案例

第1章 导　论

可口可乐公司董事长罗伯特·戈伊朱埃塔向外宣布了一项惊人的决定,他宣布可口可乐公司决定放弃已经保持了99年没有变化过的传统配方。罗伯特阐述了这样做的原因,他说:"现在的消费者更偏好口味更甜的软饮料。"而为了迎合这一需要,可口可乐公司决定更改配方,引入新配方来调整口味,并最终推出新一代可口可乐。

正当可口可乐的高层满心欢喜地等待着自己的销售员带来好消息的时候,现实给了他们当头一棒。

在"新可乐"上市后的一个月,可口可乐公司每天接到超过5000个抗议电话,更有雪片般飞来的抗议信件。可口可乐公司不得不为此而专门开辟83条热线,并雇佣更多的公关人员来处理这些抱怨和批评。有的顾客称可口可乐是美国的象征不应该随意变化,有的顾客威胁说情愿改喝茶水也不愿意再购买这个新口味的可口可乐,更有忠于传统可口可乐的人们组成了"美国老可乐饮者"组织并在全国发动抵制"新可乐"的运动。而且越来越多的人开始寻找已停产的传统可口可乐,导致这些"老可乐"的价格一涨再涨。"新可乐"面市后两个月的销量远远低于公司的预期值,不少经销商强烈要求改回销售传统可口可乐。

最终,面对消费者与媒体铺天盖地的批评,可口可乐在坚持了几个月后就宣布放弃新配方,全面启用老配方,也就是原本那个已经坚持了99年的配方。至此,可口可乐的新配方改革可以说是以完全失败告终。

资料来源:12Reads. 从可口可乐的决策失败看管理决策的重要[EB/OL]. (2016-02-22). http://www.12reads.cn/35798.html.

问:可口可乐的失败给我们在企业决策上有什么启示?

案例2　1971年,美国西南航空公司最早创建了"廉价航空公司"经营模式。在我国,春秋航空和吉祥航空最早涉足低成本航空市场。春秋航空自2005年飞出第一班航班开始,常年推出99元系列等特价机票,让很多普通老百姓第一次坐上了飞机,而且其在开航后的首个年度就实现了盈利;在2007年经营业绩大幅上涨,实现盈利7000多万元,在2011年实现5亿元的盈利。持续的盈利使得春秋航空被资本市场看好,2015年1月21日,春秋航空在上海证券交易所挂牌上市。春秋航空的成功得益于他对成本的控制管理,低票价策略,多元化的创收手段,并在信息化建设和销售模式上进行了大量创新。

从需求的价格弹性角度来看不同的消费群体有着不同的需求价格弹性系数。廉价航空正是基于此,将目标客户进行细分,得出商务旅行者由于是公务出差、公司报销差旅费、出行时间不确定等因素,他们对价格缺乏弹性。但偶然坐飞机的乘客和家庭旅游者对机票价格更敏感,需求价格弹性系数较大。因此,春秋航空将目标客户定位于对舒适性要求不高,对低票价有特别青睐的消费者上面。

资料来源:柴燕. 从管理经济学的角度看廉价航空的票价制定策略:以春秋航空为例[J]. 现代经济信息,2017(2):362.

问:春秋航空的成功经验给你带来了怎样的启示?

案例3　黄牛票经常出现在音乐会、戏剧、运动会等场合,倒票者往往以高出他们原来购入的价格卖出这些票。通过收取市场可以承受的最高费用,倒票者有助于保证对门票支付意愿最高的人实际得到这些票。凯文·托马斯是一个从高中退学并自学经商之道的人,他每周工作7个晚上,年收入4万美元,在26岁时已有7.5万美元的储蓄,这些钱全是他在纽

3

约的剧院与体育场门口提供黄牛票所赚来的。另一个例子是关于现代艺术博物馆的。在这个博物馆,人们往往需要排队等候两个小时来购买马蒂斯作品展览的门票。但在路边有另一个选择:避开了警察的票贩子以20~50美元的价格转售本来只售12.5美元的门票。"为了少花两个小时排队买一张马蒂斯作品展览的门票,而多花10美元或15美元不至于高估了你的时间价值吧!"康奈尔大学的经济学家理查德·泰勒(Richard Thaler)说,"有些人认为让每个人都排队是公平的,但排队使每个人都从事毫无生产效率的活动,而且这是有利于那些有富裕时间的人的一种歧视行为,倒卖门票也给了其他人一个机会。"当然,各国政府都严厉打击黄牛票行为。

资料来源:金雪军.西方经济学案例[M].杭州:浙江大学出版社,2004.

问:分析一下黄牛票存在的原因。

案例4 从2009年开始,淘宝商城在每年的11月11日推出网购狂欢节,打造出一场全民狂欢的景象。购物狂欢节一方面使越来越多消费者从淘宝"双十一"狂欢节中获得实惠,另外更重要的是使淘宝商城自身得到快速的发展。2011年11月11日,实现33.6亿支付宝交易额。在"双十一"当天,3个品牌破4000万元,4个品牌破2000万元,38个品牌破1000万元。而2012年的11月11日当天淘宝商城的交易金额更是达到了191亿元这样一个前所未有的高度。在淘宝商城,每年11月11日已经成为消费者心中固定的购物狂欢节,网络购物正逐渐改变着国人的消费方式。

资料来源:顾秀秀.基于管理经济学视角的淘宝商城"双十一"案例分析[J].商场现代化,2013(21):98.

问:为什么"双十一"购物狂欢节会受到众多消费者和生产者的青睐?

案例5 奥克斯空调曾宣布,全面进入空调零配件制造产业,把奥克斯空调的供应链拉长,实施压缩机、包装袋、铭牌等之外的90%以上的零配件自制。奥克斯称,此举意在嫁接奥克斯成功管理模式,创造新的利润空间。国内空调业还没有过如此全面进入零配件自制的企业。有关资料表明,国内空调企业零部件的自制率大都在30%以下,而且在零配件采购上,他们都存在供应周期长、物流速度慢等劣势。全面进入"垂直一体化供应链",在空调产业,奥克斯还是第一家,但业界人士仍不免提出质疑:奥克斯真的无后顾之虞?

奥克斯介入零配件生产领域,起初是被逼出来的——给铜管"逼"的。1995年前,奥克斯空调器上用的铜管,全部依赖外部采购,供应商是余杭和慈溪的两家配件生产企业。当时,国内加工空调铜管的企业还不是很多,所以尽管这两家企业的退货率比较高,但到空调生产旺季,企业门口等待提货的车辆还是经常排到马路上,有时候,各空调厂家即使出高价也很难抢到货。值得一提的是,从近300千米外的余杭运抵宁波,有一部分铜管已因一路颠簸、磕碰而发生变形。如果把这部份铜管用于安装,对空调质量的损害可想而知。求人不如求己,奥克斯想到了自建铜管分厂。

奥克斯这样做的理由有三:一是公司的另一大主导产品电能表,95%以上的零配件实施自制,不但有效降低了成本,提高了品质,还避免了被上游厂家"扼脖子",这一成功经验为什么不可以"嫁接"到空调制造领域呢?二是空调市场当前正处于上升阶段,提高零配件自制率,只能是奥克斯高速发展的"加速度"。三是奥克斯在资金、技术、物流、人才等方面都有着充裕的资源。此外,零配件企业除了保障自给外,还必须参与市场化竞争,即把配件企业从奥克斯的内部链条上"剥离"出去，让配件企业同样在市场的大浪淘沙中接受考验，求生存、求发展，避免"一家独大"的现象出现。综合以上理由，郑坚江认为，建配件厂利远大于弊，何乐而不为？

奥克斯铜管分厂、"两器"分厂等零配件厂建立以后，一举打破质量"瓶颈"。因铜管加工车间和"两器"车间，都建造在离空调总装车间不到三四百米外的地方，供货极为方便，无须再担心因长途运输造成机械磨损。此外，由于铜管等的生产被纳入了企业的质量管理体系范围，奥克斯还投资 300 万元引进三维设计软件，用于在塑料件、钣金件、配管等复杂零配件的设计，确保提高产品的一致性和可靠性。更大的惊喜来自成本的降低。家电业的制造成本集中在零配件上，奥克斯实施自制，有效打破价格"瓶颈"。据奥克斯统计，除去零配件物流费用不说，单单通过自制，仅铜管成本一项就比外购降低了 25% 左右。"我可以很自豪地说，目前奥克斯每一种自制件，成本都比外购低，而且要低得多！"郑坚江例举了空调四大件之一"两器"。从 2000 年初自建"两器"分厂以来，这种关键原器件的成本就下降至原来外购的 3/5 左右，而且质量更好。"原器件成本在空调总成本中是个'大头'，占 80% 以上的比重。我们 90% 以上配套件的成本都不同程度地降下来后，整机的成本优势自然也就显现出来了。"

资料来源：豆丁网. 奥克斯空调的战略管理案例分析[EB/OL].（2021-01-09）. https://www.docin.com/p-2575517613.html.

问：奥克斯零配件自制的成功说明了什么？

第 2 章　供求理论分析

一、名词解释

1. 需求估计(Demand Estimate)
2. 需求预测(Demand Forecasting)
3. 市场调查(Market Research)
4. 市场实验(Market Experiment)
5. 经验判断(Experience Judgment)
6. 回归分析(Regression Analysis)
7. 需求(Demand)
8. 供给(Supply)
9. 均衡价格(Equilibrium Price)
10. 蛛网模型(Cobweb Model)
11. 需求的价格弹性(Price Elasticity of Demand)
12. 需求的交叉弹性(Cross Elasticity of Demand)
13. 需求的收入弹性(Income Elasticity of Demand)

二、简答题

1. 市场调查的程序是什么？
2. 可以对需求进行估计的方法有哪些？
3. 需求预测有哪些方法？
4. 当采用移动平均法预测时，只要取平均值的数据越多，就对实际变化的响应越灵敏。这种说法是否正确？请说明理由。
5. 回归模型中各解释变量需要满足什么条件？回归方程的可决系数是越高越好吗？

三、计算题

1. 某儿童玩具公司设计了一种新式玩具，聘请了三位最有经验的销售人员来参加讨论，预测的销售量结果如下：

甲：最高销售量是 80 万件，概率 0.3；最可能销售量是 70 万件，概率 0.5；最低销售量是 60 万件，概率 0.2。

乙：最高销售量是 75 万件，概率 0.2；最可能销售量是 65 万件，概率 0.6；最低销售量是 55 万件，概率 0.2。

丙:最高销售量是 85 万件,概率 0.1;最可能销售量是 70 万件,概率 0.6;最低销售量是 60 万件,概率 0.3。

请根据上述销售人员的讨论结果估计销售量。

2. 企业在生产过程中,也要考虑对原材料的需求预测问题。某电器生产商,需要从国外进口元器件,采购压力一直较大。如果元器件储备过量,储备费用就较高;如果储备不足,可能严重影响正常生产。采购部门通过统计近年来元器件的消耗量数据,对未来的采购需求进行预测。具体数据如表 1.2.1 所示。

表 1.2.1 2006~2009 年进口元器件消耗量

单位:万件

年份	2006	2007	2008	2009
1月	5	6	7	9
2月	7	8	10	11
3月	10	11	13	14
4月	11	13	14	16
5月	14	15	17	19
6月	15	16	18	20
7月	19	20	23	24
8月	17	19	22	23
9月	16	18	19	21
10月	12	14	16	17
11月	6	7	8	9
12月	4	5	6	6

预计 2010 年元器件的消耗量为 210 万件,请采用季节指数法预测 2010 年各季度的采购需求量。

3. 某公司专业生产自行车零件,该公司通过市场调查数据进行回归分析,得到的回归函数为:$Q=146+0.05Y-12.8P$。式中,Q 为产品需求量(单位:件),P 为产品价格(单位:元),可决系数为 0.633。

(1) 回归函数中各解释变量的系数的经济学含义是什么?

(2) 你认为回归结果可信吗?请说出你的理由。

4. 设某种商品市场上有 1000 位消费者,他们的个别需求函数相同,都为 $d=12-2P$。有 100 家厂商,他们的个别供给函数相同,都为 $s=20P$。计算:

(1) 均衡价格和均衡产量。

(2) 每位消费者收入增加,个别需求曲线右移 2 单位以后的均衡价格和均衡产量。

(3) 每家厂商的技术进步,个别供给曲线右移 40 单位以后的均衡价格和均衡产量。

四、论述题

1. 回归分析法的一般过程有哪些?

2. 某方便面生产厂家想了解方便面的市场需求状况,准备进行市场调查,你认为这项调查采取哪种调查方式比较合适?并请为该企业设计一份调查问卷。

3. 回归估计中回归方程的形式有哪些?请说明每种形式的系数的经济学含义。

4. 影响需求和供给的因素有哪些,并解释均衡价格的变动(按照需求变动和供给变动来讨论)。

5. 什么是需求价格弹性?具体有哪些种类,其影响因素又有哪些?

6. 简述需求价格弹性和厂商的总收益之间的关系。

五、案例分析

案例1 20世纪90年代,每当中国在国际农产品市场上采购农产品时,农产品的价格往往都会出现大幅上涨,这很明显不是农产品市场上价格自然的波动,而是国际农产品行业巨头们在抬高农产品价格准备从中国身上敲一笔,但这些农产品行业巨头是怎么知道中国需要什么农产品的呢?答案就是遥感卫星。每当中国在农业收获季节,这些农产品巨头都会用遥感卫星对中国的农业作物进行定产,哪些农作物歉收,哪些农作物丰收这些巨头都十分清楚,因此对中国的农产品需求这些巨头也早已知晓。

资料来源:百度文库.遥感在农业方面的应用[EB/OL].(2013-11-30). https://wenku.baidu.com/view/8fdd7e9bd1f34693daef3e60.html.

问:这个例子给你怎样的启示?

案例2 2019年1月21日,法国国家信息与自由委员会宣布,对谷歌处以5000万欧元的罚款,原因是谷歌没有正确披露如何通过搜索引擎、谷歌地图等服务收集数据,以展示个性化广告。实际上,只要通过Web进入互联网,Web客户端追踪几乎无时不刻不在发生。当我们网购时,即便没有登录,关掉浏览器后购物车的物品也不会消失;当你访问其他新闻、娱乐网站时,弹出的广告往往都是近期浏览购物网站的类似商品。在信息时代,科技企业通过对用户的信息追踪和收集,可以十分有效地了解到用户的真实需求,从而精确地投放个性化广告,大幅降低无效广告的投放。

资料来源:百家号.欧盟又对谷歌开出5700万美元罚款,问题来了,为什么总是谷歌?[EB/OL].(2019-01-24). https://baijiahao.baidu.com/s?id=1623503240466042388&wfr=spider&for=pc.

问:互联网时代,市场需求调查有哪些新技术和新趋势?

案例3 2019年10月17日,山东省政府新闻办举行新闻发布会,据有关人员介绍,今年前三季度,山东省共进口肉及杂碎121.3亿元,同比增长86.3%。其中,9月份单月进口肉及杂碎12.5亿元,增长17%。专家分析,前三季度,山东省肉类产品进口增长明显,主要是受国内猪肉供给偏紧,肉类产品进口需求增长;以及我国加快肉类产品市场准入,提升进口肉类来源多元化水平等因素的带动。从主要进口品种和来源地看,前三季度,山东省共进口猪肉22.9万吨,增加90.9%,主要进口来源地为西班牙、加拿大、巴西、德国和荷兰等;共进口牛肉15.9万吨,增加80.5%,主要来自阿根廷、乌拉圭、新西兰和澳大利亚等国家。

有关专家表示,下一步,海关将在严防疫病疫情传入和严把食品进口安全关的基础上,持续推动贸易便利化,并积极开拓进口来源,开展相关检验检疫工作,保证进口农产品、食品的供给和安全。

资料来源：今日头条. 山东省猪肉供给偏紧[EB/OL].（2019-10-17）. https://www.toutiao.com/a6748646674321252877/.

问：请根据相关知识并结合该案例，分析影响山东省猪肉供给的原因主要有哪些。

案例 4 年初以来，市场对全球经济增速放缓的担忧逐步加剧，国外原油机构纷纷下调对 2019 年全球石油需求增量的预期。其中，石油输出国组织（OPEC）将需求增量由年初的 129 万桶/天下调至当前的 98 万桶/天，美国能源信息署（EIA）同样将需求增量由 154 万桶/天下调到 84 万桶/天，各大机构对后市的石油需求形成了一致的悲观预期。

世界银行在 10 月 10 日发布的一份报告中称，由于全球需求疲软和不确定性加剧，出口和投资增速呈现双降趋势，将 2019 年全球经济 GDP 增速预测值从 2.6% 调低至 2.5%。另外，受全球紧张的贸易局势影响，预计 2019 年美国 GDP 增速为 1.6%，低于今年 6 月的预期值 1.7%。这进一步确认了宏观经济的疲软现状。

1. OPEC 原油供给恢复

最新一期 OPEC 月报显示，9 月 OPEC 原油产量为 2849.1 万桶/天，较前一月减少了 131.8 万桶/天，产量处于近 10 年来的最低水平。其中，沙特的原油产量减少 128 万桶/天，至 856.4 万桶/天，但是 OPEC 月报中沙特政府的官方数据显示，9 月沙特原油日产量仅仅减少了 66 万桶，远低于上述的 128 万桶/天。

沙特在石油装置遇袭之后快速采取修复措施，其原油产量的恢复进度要快于市场预期，目前沙特宣称其原油产量已恢复至 980 万桶/天的正常水平，产能也恢复到了 1130 万桶/天。而且近期沙特阿美 CEO 表示，沙特有望在 11 月将原油产能恢复至 1200 万桶/天的最高水平。而随着沙特产量的完全恢复，OPEC 的原油日产量将重新回到 2950 万桶以上的正常水平。

2. 供应增加需求减少

最新一周的美国原油产量为 1260 万桶/天，再创历史新高。美国在今年三季度投用了两条新的输油管道，增加了百万桶/天的原油运力，解除了二叠纪盆地的原油运输瓶颈，使得前期受到抑制的原油产能逐步释放。尽管三大石油组织对美国增产的预期持续下调，但美国原油产量在接下来的几个月中仍有一定的增长空间。

从 9 月中旬开始，北半球的夏季出行旺季基本结束，对汽油的消费量也从年度高位水平逐步回落，导致炼油厂对原油需求减少及炼油厂装置利用率走低。这种现象同样发生在中国和欧洲。季节性需求减弱将对油价形成一定的压制。

与此同时，美国的 EIA 商业原油库存也迎来了累库季，库存已连续四周增长，且这种局面将延续至明年一季度。尽管美国在冬季取暖油需求会复苏，但是取暖油的产量及消费量难以和汽油相比拟，原油的累库趋势难以扭转。

3. 运费价格大涨拉高内外价差

近期内外原油价差持续拉大，INE 与 Brent 原油价差已由 9 月 10 日的 5 元/桶上涨至当前的 44 元/桶。主要原因是国际运费大幅上涨。自 9 月 25 日美国宣布制裁几家中国航运企业以来，国际原油运输指数（BDTI）大幅上涨 105%，而中国进口原油运价指数（CTFI）更是大涨 329%。

10月11日伊朗油轮在红海海域遭到意外袭击,加剧了市场对原油运输安全的担忧,更是推动了海运价格的进一步走强并接近历史高位水平。不过,随着短期利多的兑现,原油运费的风险溢价也将再度回落,届时国内外原油价差或收窄至正常水平。

综合来看,后期原油市场仍将受到全球宏观经济疲软、供应增加需求减少的利空影响,在这种偏空氛围下,油价将以弱势运行为主。尽管全球贸易纠纷有所缓和,但仍面临一定的不确定性,对此我们应持谨慎态度,不可盲目乐观。

资料来源:金投网.供给恢复、需求减少,原油走势依旧不乐观[EB/OL].(2019-10-17). http://xianhuo.cngold.org/c/2019-10-17/c6635846.html.

问:请根据相关知识和该案例分析影响需求的因素主要有哪些,并论述这些因素对需求的影响机制是什么。

案例5 自今年3月初以来,全国鸡蛋价格持续上涨。近来,大商所鸡蛋期货价格更是频繁涨停。针对国内鸡蛋市场形势,记者采访了业内专家。

"以前一天的销量,现在只要半天就卖完了,市场上各个商户档口库存的鸡蛋数量明显减少。"北京新发地农产品批发市场统计部经理刘通对经济日报记者说。

10月25日,从北京新发地鸡蛋批发价为11.62元/千克,比一周前的10月18日上涨14.82%,月环比大幅上涨12.38%,年同比大幅上涨40%。同比涨幅明显放大。

"目前,鸡蛋供给已经基本恢复,但与旺盛需求相比,鸡蛋有效供给仍有缺口,导致了鸡蛋价格高位运行。"中国农业科学院农业经济与发展研究所副研究员、国家蛋鸡产业技术体系产业经济研究室骨干成员朱宁说。

农业农村部监测数据显示,国庆假期后,全国农产品批发市场鸡蛋价格曾出现短期下降,随后从10月14日的10.46元/千克上涨到10月30日的11.96元/千克,上涨幅度达到14.34%。全国农产品批发市场鸡蛋价格近一个月的走势呈现"V"字形波动特征。国庆假期成为近期鸡蛋价格的"洼地",主要原因在于国庆期间人们肉类产品消费增加,鸡蛋消费降低;同时,学校放假也导致鸡蛋需求减少,因而鸡蛋价格略有下降。

从今年前三季度走势看,全国农产品批发市场鸡蛋价格在3月份出现了今年最低点,随后快速上涨,上涨幅度达到59.38%。究其原因,朱宁认为有两点,一是替代消费。全国猪肉月均价从2月份的18.33元/千克持续上涨到10月份的44.09元/千克,上涨幅度高达140.53%,10月30日猪肉价格更是创下今年新高,达52.23元/千克。由于猪肉价格居高不下,作为优质廉价的动物蛋白质来源以及猪肉重要替代品,鸡蛋成为居民畜产品消费的增长点,需求旺盛,导致鸡蛋价格自8月份以来保持在10元/千克以上。二是供给略有不足。国家蛋鸡产业技术体系平谷综合试验站的大数据统计显示,今年前三季度全国在产商品蛋鸡月均存栏约9.87亿只,同比增幅11.90%,但与历年同期平均存栏10亿只相比,仍略有差距。

10月25日,从农业农村部举行的新闻发布会上传出消息,年底前生猪产能有望探底回升,明年有望基本恢复到正常水平。当前,由于蛋鸡养殖盈利区间较大,蛋鸡存栏量自进入春季以后增长较快,且新补栏蛋鸡已经进入开产期或产蛋高峰期,大部分养殖场完成了更新换代,预计全国蛋鸡存栏将恢复或略超历年同期平均水平。同时,随着气温下降,有利于鸡蛋生产,预期能够保障稳定供给。那么,全国鸡蛋价格会不会转跌呢?

朱宁表示,猪肉、牛肉、羊肉、鸡肉与鸡蛋价格的正向相关性较高,而且人们为了保证动物蛋白的摄入,会倾向于增加性价比更高的鸡蛋消费量。虽然鸡蛋供给充足,但由于生猪存栏以及能繁母猪存栏在今年可能很难恢复,猪肉供应偏紧以及价格处于高位的态势可能还将持续,鸡蛋对猪肉的替代效应仍会保持或略有增强。未来一段时间,人们对鸡蛋的消费需求仍会持续旺盛,鸡蛋价格可能仍将保持高位。

资料来源:中国经济网.鸡蛋消费需求旺 稳定供给有保障[EB/OL].(2019-10-31). http://www.ce.cn/xwzx/gnsz/gdxw/201910/31/t20191031-33480392.shtml.

问:请根据相关知识分析该案例。

案例 6 今年"五一"前后,猪肉就开启了涨价模式,到 8 月份突破 40 元/千克。10 月 15 日,记者走访兰山区老城区以及北城新区,在部分农贸市场和超市看到,肉价已达到 60 元/千克的关口。与此同时,鸡鸭鱼蛋等食品销量增加,价格稳定。

肉价不断攀高,市民都感受到了压力。很多市民坦言,现在收入提高,几斤猪肉还是吃得起,但是没有必要一定吃猪肉,猪肉的性价比没有鸡鸭鱼肉的性价比高。家住北城新区齐鲁园小区的胡女士告诉记者,她已经很长时间没有购买猪肉了。"以前炒菜用猪肉,现在要么用鸡蛋,要么干脆吃点鱼虾啥的,身体更健康。"孙女士笑着说,"孩子喜欢吃水饺,原来经常包猪肉韭菜馅的,现在我用大虾包三鲜的水饺,孩子同样胃口很好,虽然大虾比猪肉贵个几元钱,但是感觉花 30 元钱买虾不亏,买猪肉就有些不值当了。"

猪肉价格持续攀升,导致不少下游产品跟着涨价,其中最明显的就是肉夹馍、肉包子的价格。10 月 16 日,记者走访了金雀山路、红旗路的几家早餐店得知,前段时间这些店的肉夹馍都已经涨价了,涨幅在 0.5 元至 1 元之间。之前 3 元一个的肉夹馍大多成了 4 元,有一些店铺价格涨到了 5 元。

一些猪肉的替代品销量上升,但价格并未有明显上涨。记者在站前农贸市场看到,水产区非常热闹,鱼类销售火爆。经常吃的鲤鱼、草鱼、花鲢等淡水鱼销售情况不错。"这几天猪肉贵了,吃鱼就多了,价格还是原来的价格",正在购物的市民杜女士说。

无独有偶,鸡肉价格也没有涨,在活禽宰杀区,记者发现小公鸡仍然是 24 元到 30 元每千克。一位摊主告诉记者:"平时杀鸡的顾客少一点,周末由于都在家买的比较多,至于鸡腿、鸡肉等商品一般去超市买。"

活鸡卖得好,烧鸡等相关产品也是日趋火爆。在临沂大庄烧鸡、李记烧鸡等都是有名的品牌,因为成本未增加,相应的价格也就没有变化。市民王先生笑称每周消灭一到两只烧鸡:"和猪肉相比,烧鸡就比较实惠了。"

资料来源:百家号.猪肉价格突破 30 元大关 鸡鸭鱼蛋等食品销量增加、价格稳定[EB/OL].(2019-10-17). http://baijiahao.baidu.com/s?id=1647610117787290149).

问:请从互补商品和互为替代商品的角度分析该案例。

案例 7 在我们的生活中,经济学无处不在。大到跨国集团之间的经济博弈,小到日常生活的针头线脑买卖,任何存在商品和交易的地方,就有经济学的影子。我们的生活就是在经济学的各种规律的指导下进行,任何有趣的现象,都可以在经济学中找到相应的解释。2019 年新闻中经常会报道两类新闻。一类新闻就是某天猪肉价格又涨了。记者在菜市场中采访猪肉档主的时候,最常见的现象就是档主在抱怨,肉价涨了,买肉的人少了,以往一天能卖两头猪的,现在只能卖一头。而采访买菜的居民的时候,居民们都说,猪肉涨了那就少吃点猪肉,多吃点鸡蛋什么的。为什么会这样呢?为什么猪肉价格涨了,人们就买的少了呢?另一类新闻就是某天国内食用油集体调价了,结果人们一方面怨声载道,另一方面又赶快买点屯在家里,预防后面再涨,记者采访的时候,居民的反应就是,涨价都没办法了,也要买的了。这又是为什么呢?为什么食用油价格涨了,人们却没有减少购买呢?

资料来源:人人文库. 关于需求的价格弹性案例分析[EB/OL]. (2020-05-12). https://www.renrendoc.com/p-78512583.html.

问:请结合相关知识分析该案例的现象。

案例8 目前,新冠肺炎疫情在国际市场主要大豆、玉米、稻谷、油菜籽等农产品原料与成品生产、出口地区的暴发和持续蔓延,加上全球重要的小麦面粉出口国哈萨克斯坦禁止了小麦面粉、胡萝卜、糖和土豆等农产品的出口,越南暂停了新的大米出口合同,塞尔维亚停止了葵花籽油和其他农业物资的出口,特别是巴西、阿根廷出现了不利于大豆出口装运的现象等以后,部分国家的民众和政府恐慌性囤积食品,市场由此预计农产品尤其是可供人们食用的食品价格会大幅上涨,甚至有人认为一场全球性的粮食危机一触即发。

从国内农产品市场来看,随着近日豆粕等大宗植物蛋白原料与玉米等重要饲料原料价格的不断走高,期现货市场更是出现了"金玉米""金豆粕"等新名词,部分投资者还开始参照"金螺纹"的前期走势来投身于豆粕和玉米市场交易。此外,涉及小麦、稻谷、大米、油脂等的农产品原料与成品也受到了投资者的普遍关注。那么,国内农产品市场价格会出现一场"波浪滔天"的上涨行情吗?

综合分析国内农产品种植、进口、库存、需求等数据变化动态可以发现,国内农产品价格尤其是事关人们口粮的农产品价格出现大幅上涨的概率不大,小麦、稻米不但供应充足,而且不会受到国际市场相关农产品市场波动的直接冲击,价格仍会处在低价区。不过,受市场情绪波动较大影响,豆粕、玉米、油脂及下游产品价格存在上升空间,但类似于"波浪滔天"的涨势不会出现。整体可以归结于一句话——国内农产品市场主食无忧,副食也无大碍。

从新冠肺炎疫情对农产品市场所形成的重大影响来看,主要集中在以下几个方面:一是农产品的种植与产量;二是农产品的运输;三是农产品的需求;四是农产品的价格预期;五是市场心理。

从农产品的种植与产量来看,人们担心随着新冠肺炎疫情在更大范围的蔓延,在一些农作物新季开始的地区,农作物的播种会因此而出现较大的变化,如面积的减少、生产与田间管理投入的大幅降低,甚至还会出现一些弃种现象等,最终会导致农产品的产量与供应从源头上出现问题。

从农产品的运输流通来看,由于新冠肺炎疫情引发了面积较大、涉及范围较广的道路、港口与人流等交通管控,这让农产品的运输与流通不畅,有时还会造成运输与流通的中断,会导致农产品市场秩序陷入混乱状态,将对价格产生重要影响。例如,前一时期在国内新冠肺炎疫情爆发期,由于运输不畅,国内玉米产销区价格出现了"冰火两重天"现象。而近日,由于阿根廷、巴西等进行交通运输与人员流动的严格管控,直接影响了两国大豆出口的装运等工作,令部分市场蛋白原料——豆粕价格飞涨,国内一些地区豆粕价格在一个月之内就上涨了300元/吨,同时菜粕等原料纷纷跟涨。

从农产品的需求来看,新冠肺炎疫情的出现一方面会削弱一些产业需求,另一方面也会增加一些方面的采购与囤积需求,最终要看其对市场总需求量的影响与长远作用。

从农产品的价格预期与市场心理来看,只要新冠肺炎疫情引起市场恐慌,那么农产品价格肯定会普涨,但在这个过程中,投资者一定要分品种、分产业来认真的区别分析,因为不同的品种与产业会出现截然不同的行情。

市场专业人士认为,农产品价格如果由于新冠肺炎疫情而出现了较大变化,短期内肯定不是市场供应出了问题,而是新冠肺炎疫情引发了人们在心理与行为的变化。目前,已经有投资者开始担心如果无法在5月或6月收到所采购的大豆、玉米、小麦、高粱与稻米等,那该怎么办?这可能会导致全球粮食供应危机。从亚洲到欧洲再到美洲的消费者可能一直会在超市里恐慌性地购买食品,而如果未来有更多的国家实施严格的社会隔离措施抑制新冠肺炎疫情的传播,农产品市场的心理与价格等还会有更大的变化。

据了解,截至目前,除了我国等少数几个国家之外,全球新冠肺炎疫情形势仍在恶化,国内外大豆、豆粕、燕麦和小麦等农产品期现货价格出现了不断上涨。随着消费者食品囤积的继续,食品价格的通胀压力可能正在逼近。再加上全球经济的崩溃和高失业率,或许滞胀即将来临。

不过,从国内农产品市场发展态势分析,出现农产品供应危机的概率基本不存在,不但大宗口粮类农产品供应绝对安全、百姓米面无忧,而且国内居民的主副食食品供应也没有大碍。

资料来源:澎湃新闻. 多国因疫情限制粮食出口,农产品价格"波浪滔天"的涨势会出现吗?[EB/OL]. (2020-03-30). https://www.thepaper.cn/newsDetail_forward_6756063.

问:结合该案例,分析影响维持国内粮食价格水平总体平稳的因素。

案例9 沃尔玛的"女裤理论"是对"薄利多销"策略的最好解释:女裤的进价8美元,售价12美元,每条毛利4美元,一天卖10条,毛利为40美元。如果售价降到10美元,每条毛利2美元,但一天能卖30条,则毛利为60美元。

资料来源:豆丁网. 沃尔玛如何做到"天天低价、薄利多销"[EB/OL]. (2014-11-07). http://www.docin.com/p-952298206.html.

问:沃尔玛实施薄利多销战略的经济学理论依据是什么?如何保证薄利多销能够成功实施呢?

第3章 生 产 理 论

一、名词解释

1. 生产函数(Production Function)
2. 短期生产函数(Short-run Production Function)
3. 长期生产函数(Long-run Production Function)
4. 等产量曲线(Iso-quant Curve)
5. 边际技术替代率(Rate of Marginal Technical Substitution)
6. 规模报酬(Return to Scale)

二、简答题

1. 请解释边际报酬递减规律和边际技术替代率递减规律的概念。
2. 试述规模报酬变动的阶段和规模报酬变动的原因。

三、计算题

1. 某公司的生产函数为 $Q=KL-0.5L^2-0.32K^2$，在短期情况下，资本量 K 固定等于10。试求劳动的平均产量函数和边际产量函数。请计算当劳动量为多少时，总产量和平均产量分别达到最大。

四、论述题

1. 解释一种可变生产要素的合理投入阶段是如何划分的。为什么厂商只会在第二阶段上生产？
2. 运用"脊线"原理，说明生产的经济区域是如何确定的？

五、案例分析

案例1 全国政协委员、中央财经领导小组办公室副主任杨伟民表示，高质量发展有两个方面非常重要。一个是投入是高效率的。包括资本、劳动、资源、能源乃至环境的效率。另外一个是效益要比较高。投资要有回报，同时企业要有利润、员工要有收入、政府要有税收。"我们已经不在乎说，某一年或者某个季度增长速度提高或下降了零点几个百分点，对此没有必要大惊小怪，也没有必要惊慌失措。"3月8日，中财办副主任杨伟民在全国政协十三届一次会议推动经济高质量发展记者会上说。十九大报告提出，中国经济已由高速增长阶段转向高质量发展阶段，正处在转变发展方式、优化经济结构、转换增长动力的攻关期。2017年中央经济工作会议提出，要加快形成推动高质量发展的指标体系、政策体系、标准体系、统计体系、绩效评价、政绩考核，创建和完善制度环境，推动我国经济在实现高质量发展上不断取得新进展。多名全国政协委员在3月8日的上述记者会上也指出，高质量发展应该涉及效率的提高、债务风险的降低，以及实现创新驱动等方面，而淡化经济增速。今年政府工作报告指出，今年要大力推动高质量发展。围绕建设现代化经济体系，坚持质量第一、效益优先，促进经济结构优化升级。要尊重经济规律，远近结合，确保经济运行在合理区间，实现经济平稳增长和质量效益提高互促共进。杨伟民认为，追赶型国家，在发展前期，经济增长速度都是比较快的。但是当量积累到一定程度以后，质的提升就必然要提到日程上来。

过去经济增长主要依靠廉价劳动力，以及高债务投入或者货币投放，未来则需要靠高技术发展，以及劳动生产率提高来实现。因为过去高速增长的动力在减弱，原先的有利条件正在消失。比如无限的人力资源供给，廉价的土地和资源能源，以及货币投放条件也在改变。据21世纪经济报道记者了解，经济要实现高效率，其实就是要提高投入产出率。也就是说，经济要实现平稳较快发展，但是要投入更少的人力和资本，以及其他要素资源。根据今年的政府工作报告，今年中国经济增速目标被确定为6.5%左右，与去年一致，但是低于去年6.9%的实际增速。全国政协委员、清华大学经管学院院长钱颖一认为，把今年的预期目标定在6.5%，比去年实际增长低0.4个百分点，是为了转变留有空间。"虽然增长速度的预期目标低了一点，但是工作的压力和挑战更高了，因为高质量发展不像追求GDP增速那么简单，也很难用一个指标来衡量。所以挑战性更大。"他说。杨伟民指出，中国提出高质量发展只是刚刚开始，从全面建成小康社会到2035年基本实现现代化，再到2050年建成富强、民主、文明、和谐、美丽的现代化强国，整个过程都是追求高质量发展的过程。"在这个过程当中评价的体系、统计的体系、政策的体系、绩效的评价等等都会相应地做出一些调整，但是也不会一次就到位了，而是逐步完善。"杨伟民说。今年政府工作报告也提出，要防范化解地方政府债务风险。严禁各类违法违规举债、担保等行为。省级政府对本辖区债务负总责，省级以下地方政府各负其责，积极稳妥处置存量债务。多名政协委员认为，中国要实现高质量发展，需要解决债务水平高的问题，进而打好防范金融风险的攻坚战。全国政协委员、中国进出口银行董事长胡晓炼指出，一些机构高负债经营，金融风险很大。所以，对风险一定要早识别、早预警、早处置、早化解。对于有些杠杆率过高的企业，要督促它主动地降杠杆。对于一些脱离主业跑偏的企业，要督促它回归主业。杨伟民指出，债务涉及政府、居民和企业。中央政府、地方政府的显性债务是稳定的，但是地方政府的隐性债务需要关注。

杨伟民认为，居民债务最近呈现上涨较快的势头，要通过控制好房地产泡沫的方式来防范居民债务过快增长，这就需要建立新的住房制度和房地产长效机制。至于企业债务，特别要控制国有企业的债务增长。"因为（债务率）是和债务、GDP相关的，一个是分子，一个是分母，只要经济能够保持平稳持续增长，保持在6%~7%的水平，同时让债务的增长能够低于这样一个水平，我们的债务率就会逐步得到下降，债务风险就会得到有效控制。"杨伟民说。全国政协委员、清华大学中国与世界经济研究中心主任李稻葵在全国政协大会上发言指出，当前我国面临的经济金融风险主要有两个：一是实体经济负债规模较大，而且隐含较多的不良负债，应该利用好当前宏观经济企稳向好的时机，及时清理。二是我国金融资产的流动性太强，现金、银行存款和理财产品的总量已经大约172万亿人民币，与GDP相比超过

200%。这些随时可变现的资产会导致整体金融体系的稳定性较差。"因此,要从根子上改革,调整金融产品结构,引导储蓄者直接持有流动性低一点的债券或其他证券,提升金融稳定性。"李稻葵表示。

资料来源:定军.杨伟民解读高质量发展:生产要素投入要高效率[EB/OL].(2018-03-09).http://money.163.com/18/0309/05/DCEDG967002580S6.html.

问:根据相关知识并结合该案例谈谈你的理解。

案例2 又到五月间,一年一度的毕业季就要来临,应届毕业生们对将来在何处工作正在做出选择,对他们来说,这个选择将影响着他们的未来,对于城市来说,又何尝不是呢? 2017年,武汉首先推出大学生留驻武汉的招募计划拉开了二线城市争夺人才大战的序幕,各大城市纷纷效仿,到2018年,武汉、南京、成都、长沙、西安等都在不同程度上推出了大学生落户的优惠政策。就拿武汉来说,制定毕业生最低年薪指导标准、凭毕业证落户、大学生买房优惠20%等政策都表明了武汉招募人才的决心。

如今二线城市疯狂争夺人才的原因之一也是一线城市的人才趋于饱和,在没有优惠政策的前提下,一线城市对人才的吸引力是远大于二线城市的,对人才来说,无论是生活环境,还是个人发展,一线城市都是远优于其他城市的,唯一的烦恼可能就是房价,但从现实来看,这并没有过多减少求职者的热情。想要谋得城市的发展,不推行优惠政策争夺人才看来是行不通的。

人力资本一直以来就是一个国家和社会发展的最大动力之一,我国改革开放40多年来取得如此大的成就,与我国高人口数量带来的人口红利有着极大的关系。随着计划生育的成功实施,虽然我国的人口负担得到了缓解,但是同样的,人口红利也在逐渐消失,全社会也面临着老龄化的趋势,劳动力人口总量相比以往正在持续减少,然而这一时间各大城市的基础设施、医疗保险等逐步完善,正迎来自己的黄金发展期,需要人才来帮助城市进一步的发展,这才是如今各大城市对人才趋之若鹜的真正原因。

所谓人力资本,是相对于物质资本而言的,最初的人力资本理论是由美国经济学家、诺贝尔经济学奖获得者舒尔茨提出的。我们知道,物质资本最重要的特点之一就是具有边际报酬递减的性质,而人力资本不同,在大多数情况下,人力资本都表现出了较强的边际报酬递增的属性,这也是人力资本与物质资本区别的根本所在。

对于处在经济发展初期,工业化也刚刚起步的经济体来说,物质资本在经济发展中起着决定性的作用;然而当一个经济体的经济取得一定的发展,工业化也逐步完善之时,人力资本的积累和增加对社会发展和经济增长的贡献是远远大于物质资本和劳动力数量的。以美国为代表的发达国家用它们的发展历程证明了这一点,就以1990年的美国为例,当时的美国社会人均总财富为42.1万美元,其中24.8万美元由人力资本形成,占总量的59%。

如今的中国正是处在了需要通过人力资本为主体来完成社会经济发展的时期,对于武汉、成都等这样的二线城市来说尤甚。随着人口红利的逐渐消失,以往靠劳动力数量推动产业进步的现象也将会逐渐消失,数量减少导致生产力的降低必须要靠劳动力质量的提高来弥补。

进入21世纪以来,互联网成为了时代的主题,诸如大数据、物联网、人工智能等行业逐渐成为国家经济新的增长点,这与以往第一产业、第二产业为支柱的发展模式有着极大的区别,这些行业的共同点就在于科技含量足、知识凝结度高,想要在这些行业有所突破,人才的储备是相当重要的。

"抢人大战"的出现,是城市发展的需要,同时也给社会宣传了一个好的观点,那就是人才是会得到尊重和优待的,从长远来看,对整个国家的发展也有十分正面的影响。

资料来源:盘和林.抢人大战战火重燃,人力资本是城市发展最大推力之一[EB/OL].(2018-05-07). https://baijiahao.baidu.com/s? id=1599818333528561579.

问:请根据相关知识并结合该案例,从边际报酬的角度分析为什么会出现"抢人大战"这一现象?

案例3 截至2010年第二季度,我国网民为4.2亿,这个网民基数为互联网发展提供了广阔的空间。互联网网民规模继续保持快速增长,互联网在生成、汇集和传播更多内容的同时,也对人们信息采择的方式产生影响。特别是移动互联网平台层出不穷的网络终端新技术、新模式不断涌现,有效满足了多样化的文化需求,在社会主义精神文明建设中发挥着越来越重要的作用。

网络作为人们信息渠道的重要性,随着网络使用年限的增长而加强。即网络使用时间越长的用户,越多地首选网络获取信息。数据显示,网龄在1年以下的网民,最主要的信息获取渠道是电视比例为43.5%,高于网络(33.6%);网龄2~3年的网民,主要从电视获取信息的比例降至34.9%,选择网络的上升到47.7%;对于网龄在3年以上的网民而言,网络取代电视作为最主要信息源的作用更加突出,53.4%的人将网络作为自己最重要的信息途径,选择电视的比例下降为28.1%。

目前,有45.2%的网民将网络作为最主要的信息获取渠道,选择电视、报纸、杂志作为最主要的信息来源的比例分别为36%、12.5%和2.2%。网络媒体较之传统媒体的信息渠道优越性尽显无疑。

目前,我国网民数量正保持年均20%~30%的增长。随着网民规模的持续扩大和网络使用深度的不断增加,未来互联网作为人们信息源的地位必将更加突出。在传统媒体和网络媒体的此消彼长中,互联网不仅仅是草根网民的交流社区、企业商家的广告载体,也更多地承担了公共事件对外宣传发布的平台功能。

2010年8月,新闻门户网站日均覆盖人数环比增长4.8%,达到2335万人,新闻门户有效浏览时间环比增长13.6%,达到7861万小时。时尚网站整体日均覆盖人数环比增长0.3%,达到710万人,时尚网站有效浏览时间环比增长1.8%,达到1988万小时。垂直文学网站日均覆盖人数达1275万人,环比增长1.9%,垂直文学网站有效浏览时间达2.2亿小时。垂直财经网站日均覆盖人数环比增长9.6%,达到1934万人,8月垂直财经网站有效浏览时间环比增长16%达7768万小时。垂直IT网站日均覆盖人数达2130万人,8月垂直IT网站有效浏览时间环比增长12.5%达6350万小时。

另一数据表明,现阶段,全球仅带有".com"域名的网站注册数超过8000万,其中包括1190万个商业网站、180万个体育网站和430万个娱乐网站。威瑞信一项调查结果显示,2010年全球注册带有".com"域名的网站收益总额将达4000亿美元。至2020年,这一数字可能达到9500亿美元。

中国传媒大学广告学院院长黄升民发表演讲时曾表示,2010年互联网经济第二季度已经达到389亿元,已经超过实体经济的增长值。引领互联网经济的核心支柱主要有三块:一块是电子商务,占了27%的份额;一块是广告,占了21%的份额;网游和移动互联网,各占

20%和10%。

从这些数据可以看出,互联网已经占据整个市场经济很大份额。而整个互联网市场仍在高速的飞跃式发展中,互联网的经济价值在投资界、产业界和分析机构中广受认可,也驱动着行业内巨头、新生面孔和创业者向互联网疾行。

互联网的巨大营收推动着国内各类网站数量每年都在不断攀升,尤其就企业网站这块。中国无数企业都认识到企业网络营销的重要地位,并进行企业网站或行业门户网站的建设。网站建设技术也已经从第一代的代码输出进化到十分成熟第三代的智能建站系统,也就是内容管理系统(CMS)。

为满足互联网上各种网站应用的大量需求,CMS系统进入到爆发式增长期。从2002年只有SiteServer CMS、乔克等为数不多且具有前瞻性的老牌CMS系统,到现在随处可见的各种语言编写,各种功能定位的CMS系统,CMS市场到今天已经相当成熟。计世资讯发布2009上半年中国商业CMS调查报告,数据显示,2009年上半年中国国内本土品牌网站CMS市场规模达到10790万元,同比增长12.9%。

一直致力于高端CMS研发的SiteServer策划总监柏袍曾表示,成熟的CMS应用将受到越来越多政企用户的重视,很多大型单位已经将CMS与OA、ERP、CRM等系统一并作为信息化采购的重点,但市场竞争中还存在很多变数,创新仍是CMS行业中永恒的话题。

网站内容管理系统软件(CMS)的日趋成熟,使得基于Web应用,以业务为导向和驱动、专门用来快速构建应用软件的应用开发平台,具有了许多附带的技术和方案,并能够大大降低平台建设成本,无疑更能满足用户的需求。管理软件市场的成熟应用,为各种互联网产品提供更丰富的技术解决方案,整个互联网大市场进入到井喷式的技术增长期。互联网产品平台建设的平均成本迅速下降,与用户规模的二次方程式增长,构成了互联网经济独特的规模报酬递增性,即网络效应,体现了互联网经济无穷的价值增值潜力。

资料来源:比特网.互联网呈现规模报酬递增经济体系已成熟[EB/OL].(2010-09-29). http://www.techweb.com.cn/business/2010-09-29/690552.shtml.

问:请结合该案例,从规模报酬的角度谈谈你的看法。

案例4 中国汽车工业协会数据显示,8月份乘用车市场略有回暖,但与上年同期相比依然呈下降趋势。其中自主品牌相对惨淡,8月自主品牌销量为61.4万辆,同比下降10.2%,同比保持两位数负增长。放在更长的时间看,整个1~8月,自主品牌销量517.8万辆,同比下降高达19.5%。在这轮中国车市"深蹲"中,自主品牌显然受伤更深。原因可以罗列很多,但现阶段最重要的应该是寻找出路。最容易被唤醒的词便是技术创新,但对自主品牌而言,解决方案可能不在这条路上。

对于大多数汽车企业来说,掌握创新技术、尤其是在新能源领域取得进展,都是不错的选择,但具体到自主品牌上,这或许是个糟糕的选择。既无法满足短期市场销售目标,也难以坚持到长期目标实现的那天。其主要原因有两条:一是过度依赖补贴。现阶段新能源汽车技术仍有很多不成熟的地方,如果不是网约车市场短期仍在加大纯电车投放,自从今年6月底国家对新能源汽车的财政补贴下降50%、地方补贴全部取消之后,新能源汽车的销量下滑会比现在更为猛烈。作为自主品牌新能源佼佼者,8月比亚迪新能源汽车的销量为1.67万辆,同比下滑23.44%。北汽新能源虽然同比增长12.84%,但环比下降14.42%,江淮新能源甚至同比减少46.4%。短期来看,在这一领域的投入将面临巨大的成本和利润压力。

二是自主品牌目前仍缺乏长期作战的基础。追逐新能源新技术挤占过多资源,单靠目前的技术积累和研发机制,很难支撑单一企业突破新能源技术创新的系统性瓶颈。在自主品牌阵营中,虽然已经有吉利这样国际化布局和长城这种特定领域做到极致的厂商,但大多数自主品牌底子太过薄弱,汽车企业成长周期长,要有做百年产业的心态,而新技术、爆款、资本游戏虽然能在短期逐利,却容易让企业在成长期失焦,影响长期内功塑造。近年来,中国汽车企业整体经营绩效是退步的;中国大部分整车企业尚未达到规模最优区间,较多处在规模报酬递增的阶段;中国汽车企业的规模效率与综合技术效率、纯技术效率相比较而言,相对较高;规模较大的综合型汽车企业的规模效率相对更高。而且让人尴尬的是,这从来都不是新问题。一篇发表于2009年《社会科学辑刊》上的论文《中国汽车制造企业规模与绩效关系的实证研究》中提出:在规模的各个要素中,产量和销售收入与经营绩效之间存在着正相关关系,而企业职工人数、企业总资产与经营绩效之间的相关关系为负,这是比较特别的。对于企业职工人数与绩效的负相关,我们的分析结论是:因为中国现有的轿车制造企业大多具有国有企业背景,其管理上存在冗员现象,中国企业的产量职工人数比远远低于国外企业,所以这是由我国企业管理水平低下所造成的。另外,我国越是大型的汽车企业纵向一体化程度越高,从外部购买零件的比例越低,而从外部购买零部件可以通过提高产业专业化水平而提高效率,因此我国汽车企业出现了规模不经济。先放下那些好高骛远的念头,看看脚下,制造工业的基本面一直是生产效率的竞争,这决定了企业能走多远,还确定了企业能做多大,一个有效率的组织才能真正承受得住规模扩张的挑战。

资料来源:伟华频道.做好这一点,自主品牌将涅槃[EB/OL].(2019-09-20).https://news.yiche.com/hao/wenzhang/30833518.

问:请从规模经济的角度并结合该案例,谈谈我国汽车的自主品牌企业面临的问题和解决的方法。

案例5 田野地头间,他们深入一线宣传授信及扶贫政策,了解百姓资金需求,解决贷款难题;农户庭院中,他们尽职尽责,想客户之所想,急客户之所急,完善客户资料,为客户送"贷"上门。他们就是西藏拉萨市堆龙德庆区堆龙民泰村镇银行的服务队伍。

西藏堆龙民泰村镇银行结合当地实际,首创推出农户贷款模式——银村合作,并开展整村授信。通过银行与村委先期进行对接,签订银村合作协议书,以实际调查情况对各村进行集中授信。并开展了"银村合作,共建小康"试点活动,以"逐户调查、村委审核、一次授信、三年有效、随借随还、随用随贷"的方式,降低了广大农牧民的信贷门槛,便于更多的农牧民取得贷款,增加了农村信贷供给,更好地把政府精准扶贫政策落到实处,让农户体会到金融服务带来的实惠,使村镇银行在当地小康社会建设、乡村振兴战略中发挥重要作用。

"以前办个贷款需要东奔西走,跑个两三趟,耗时一两个月也不一定能办成。现在多好,办贷款只需要几天时间,太方便了。"在堆龙德庆区羊达村,记者见到了正在忙碌着的索朗多吉。索朗多吉在9年前开办了奶牛养殖场,主要经营鲜奶、酥油等。但因资金有限,近30头奶牛一直圈养在一个牛棚里,每年收入维持在10万元左右。2018年5月,索朗多吉通过西藏堆龙民泰村镇银行贷款6万元修建牛棚和仓库,奶牛的"卧室"宽敞了的同时,索朗多吉将建好的仓库出租,每年增收15万元以上。"今年又贷了20万元,我准备买一辆货运车在附近跑运输,这样一来,每年还可以增加8万元的收入。"索朗多吉说道,现在贷款额度大、效率快,为其增收帮了大忙。该行竭力为农牧民、小微企业提供了更加便捷、高效、灵活的金融服务,并始终将降低信贷门槛、完善农村金融体系视为己任,以小额信贷为特色品牌,以贴近弱势群体为出发点,坚持"做小做强"的市场定位,结合堆龙区实际,形成了适合当地的特色文化,树立了"廉洁、规范、高效、灵活"的服务品牌,推动了当地金融服务的改善,有效地支持了地方经济的发展。

数据显示,截至2019年9月末,西藏堆龙民泰村镇银行以"逐户调查、村委审核、一次授信、三年有效、随借随还、随用随贷"的方式,降低了广大农牧民的信贷门槛,便于更多的农牧民取得贷款,增加了农村信贷供给,更好地把政府"精准扶贫"政策落到实处,实现了堆龙德庆区辖内30个行政村"银村合作"全覆盖,惠及农牧民达1.5万户,4.7万人,授信总额达8.5亿元,当前已成功发放1.84亿元。西藏堆龙民泰村镇银行负责人冉彤告诉记者:"整村授信很好地帮助了当地农牧民发展特色种植、规模养殖、民族手工业及农业贸易,促进了区域经济发展,使村镇银行在当地小康社会建设、乡村振兴战略中发挥重要作用。"

资料来源:靳敏. 金融精准扶贫:从"输血"变"造血"[EB/OL]. (2019-11-12). http://www.tibet.cn/cn/fp/201911/t20191112_6707337.html.

问:请从规模报酬的角度分析金融精准扶贫的合理性。

案例6 构建现代农业生产体系,就是要转变农业要素投入方式,用现代物质装备武装农业,用现代科学技术服务农业,用现代生产方式改造农业,提高农业良种化、机械化、科技化、信息化、标准化水平。

(1)以高标准农田建设促农业增产。高标准农田建设是保障国家粮食安全的基础工程。2016年中央一号文件提出了大规模推进高标准农田建设,到2020年确保完成8亿亩、2022年完成10亿亩的高标准农田建设任务。2017年、2018年中央一号文件都提出了大规模推进农村土地整治和高标准农田建设,稳步提升耕地质量,国土资源部财政部《关于进一步做好中央支持土地整治重大工程有关工作的通知》鼓励实施农村土地综合整治,统筹土地整治,中低产田改造和高标准农田建设,开展农村散乱、闲置、低效建设用地整理,推进废弃、损毁土地复垦,增强"土地整治+"综合效应。2019年中央一号文件中更是提出到2020年确保建成8亿亩高标准农田,修编全国高标准农田建设总体规划,统一规划布局、建设标准、组织实施、验收考核、上图入库。国务院办公厅专门印发了《关于切实加强高标准农田建设提升国家粮食安全保障能力的意见》。今年中央一号文件明确要求:"以粮食生产功能区和重要农产品生产保护区为重点加快推进高标准农田建设,修编建设规划,合理确定投资标准,完善工程建设、验收、监督检查机制,确保建一块成一块。"实施"高标准农田建设项目F+EPC工程",各地都要通过申请新增耕地指标交易和包装申报国家农林项目、获取中央财政资金和地方财政配套资金,形成政府补贴资金、银行担保贷款、社会资本投入等多渠道的资金来源(F),获取项目前期所需要投入的资金,后期通过工程总承包(EPC)和投融资运营,促进项目落实。要按照"集中连片、旱涝保收、稳产高产、生态友好"标准,协同"田、土、水、路、林、电、技、管"推进,建成"田成方、林成网、沟相通、路相连、旱能灌、涝能排"的高标准农田。积极引进"债贷投"相结合的高标准农田建设模式,拓宽建设资金来源渠道。大规模推进农村土地整治和中低产田改造,稳步提升耕地质量。完善水利设施,围绕高标准农田建设,加强节水灌溉设施建设和水毁工程修复,解决灌区续建配套、老化失修等问题。加强地表水收集利用,加强与现有灌区渠道连接配套,不断提升水资源利用效率。完善田间道路建设,实现机耕路与乡村公路相连接、主要路段硬质化,满足大中型农机无障碍进田作业要求。强化高标准农田管护,明确管护责任主体,确保管护工作到位。

(2) 以农业科技支撑体系建设促农业增效。农业科技支撑体系建设是现代农业生产体系的题中应有之义。一要加强现代农业产业技术体系建设。采取长期稳定的支持方式,加强现代农业产业技术体系建设,扩大对特色优势农产品覆盖范围,面向农业全产业链配置科技资源。针对区域优势特色产业发展需要,围绕"凝练一支队伍、融入一个企业、创立一个品牌、培育一批人才、引领一个产业、造富一方百姓"目标,协同搭建起产学研用一体的覆盖全产业链的科技人才团队。科技人才团队的技术岗位设置、研究任务与经费使用贯穿产前、产中、产后全产业链,强化科技与产业的有效衔接。创新种业发展机制,构建育繁推一体化现代种业体系,组建专家牵头、企业主体的育种联盟,开展良种科技攻关,加快新品种繁育,培育一批具有自主知识产权的优良品种。既要中国碗装中国粮,而且要中国粮来自中国种。二要健全农业科技推广体系。强化基层农技推广体系建设,创新农业科技培训与农业科技入户方式。引导涉农企业、农民合作社、专业化服务组织开展农技推广服务。构建以政府农业技术推广机构为主体,农村合作经济组织为基础,农业科研、教学单位、涉农企业等社会力量广泛参与、分工协作、形式多样、服务到位、充满活力的农业科技推广体系。三要加快农业科技成果转化。认真落实"科技惠民计划""创新驱动乡村振兴发展专项规划(2018～2022年)"等重点科技支撑计划,加快农业科技成果示范推广。支持农业龙头企业、农民合作社与高校院所深度合作,开展新品种、新技术、新模式、智能农机装备、农产品加工机械等科技成果推广应用,支撑现代农业高精尖发展。支持各类农业园区建设科技成果转化中心、科技人员创业平台、高新技术产业孵化基地、专家工作站。支持大力发展技术交易市场,健全各级科技成果转化工作网络,落实科研成果转化及农业科技创新激励相关政策,打造现代农业科技成果转化基地。四要推进农机农艺融合。推进农机装备产业转型升级,推进主要作物生产全程机械化。推广良种良法、统防统治、测土配方施肥,推广地膜覆盖、机械深松、节水灌溉和稻油连作全程机械化等四大关键技术,推进旱作农业、保护性耕作示范。推进作物品种、栽培技术和机械装备集成配套,在主要农产品产区加强示范,促进农机农艺融合,提高农机装备智能决策和精准作业能力。

(3) 以现代农业园区促农业增值,农业品牌促农业增收。现代农业园区建设是现代农业的展示窗口,是生态型安全食品的生产基地,是现代农业信息、技术、产品博览园,是聚集智力创新要素、推动产业融合发展、实现农业现代化的重要载体。以"规划布局科学、产业特色鲜明、科技含量较高、设施装备先进、运行机制灵活、综合效益显著、辐射效应明显"为原则,集中力量抓好现代农业园区建设,整合涉农项目,拓宽融资渠道,推进土地、资金、技术、人才等要素向园区聚集。结合产业基础、环境容量、主体带动能力,推进园区产业转型升级,依托现代农业园区发展休闲观光、农耕体验、文化创意等,拓展园区多种功能,辐射带动农民生产就业、增收致富。组建现代农业园区产业联盟,对园区技术、策划、管理、营销等方面全方位指导帮扶。坚持政策创新和科技创新双轮驱动,促进创新要素向园区聚集,把园区打造成现代农业创新高地和返乡创业新平台。加大园区现代科技、灾害防控等先进适用技术应用,把现代农业园区培育成科研创新基地、成果转化平台、职业农民摇篮。在此基础上,加快资源跨区域整合,产业跨区域规划,集中连片打造市场前景好、带动能力强的规模化、标准化产业集群和田园综合体,通过建设大园区,发展大产业,带动大发展。

资料来源:赵强社. 转变农业要素投入方式 构建现代农业生产体系[EB/OL]. (2020-02-25). http://www.dfcxb.com/html/2020-02/25/content_9_1.html.

问：结合相关知识谈谈该案例中为何要转变农业要素投入方式。

案例7 面临着越来越广阔的市场，每个企业都有两种战略选择：一是多产业、小规模，低市场占有率；二是少产业、大规模，高市场占有率。格兰仕选择的是后者。格兰仕的微波炉，在国内已达到70%的市场占有率；在国外已达到35%的市场占有率。格兰仕的成功在于运用规模经济的理论，即某种产品的生产，只有达到一定的规模时，才能取得较好的效益。微波炉生产的最小经济规模为100万台。早在1996~1997年，格兰仕就达到了这一规模。随后，规模每上一个台阶，生产成本就下降一个台阶。这就为企业的产品降价提供了条件。格兰仕的做法是，当生产规模达到100万台时，将出厂价定在规模80万台企业的成本价以下；当规模达到400万台时，将出厂价又调到规模为200万台的企业的成本价以下；而现在规模达到1000万台以上时，又把出厂价降到规模为500万台企业的成本价以下。这种在成本下降的基础上所进行的降价，是一种合理的降价。降价的结果是将价格平衡点以下的企业一次又一次大规模淘汰，使行业的集中度不断提高，使行业的规模经济水平不断提高，由此带动整个行业社会必要劳动时间不断下降，进而带来整个行业的成本不断下降。成本低价格必然就低，降价最大的受益者是广大消费者。从1993年格兰仕进入微波炉行业到现在，微波炉的价格由每台3000元以上降到每台300元左右，降价了90%以上，这不能不说是格兰仕的功劳，不能不说是格兰仕对中国广大消费者的巨大贡献。

资料来源：百度文库. 格兰仕给中国制造业的启示[EB/OL]. (2010-04-10). https://wenku.baidu.com/view/95e6c838376baf1ffc4fad2f.html.

问：从规模经济角度并结合该案例，谈谈格兰仕的成功之道。

案例8 从20世纪90年代末至21世纪初，诺基亚一直被认为是优质手机的代名词。诺基亚的手机业务在2005~2009年到达了顶峰，此后迅速衰落，并最终出售了手机部门，将相关的品牌授权一并卖给了微软。之后，诺基亚转型为一家移动网络基础设施软件和服务、测绘导航和智能定位的硬件设备、软件服务供应商，并收购了阿尔卡特朗讯等企业，重新赢得了资本市场和相应行业市场的认可。

这样一家手机业界的"巨无霸"，为何错失了移动互联网到来的机遇？为何漠视"最危险"的挑战者苹果公司？诺基亚与微软的"抱团取暖"，怎么会以失败告终呢？近10年来，手机巨头诺基亚的陨落，一直是商业、资本领域热议的重要话题。一种有代表性的观点指出，诺基亚并没有做错什么，但苹果公司的iPhone太过成功，而谷歌主推的安卓阵营对诺基亚长期持排斥态度，这些因素带来了诺基亚的悲剧。

现任诺基亚董事长李思拓在其所著的《偏执乐观》一书中回顾了诺基亚在2008~2012年遭遇的"滑铁卢"，以及出售手机业务以调整业务方向，努力自救成功的经历。李思拓在2008年被邀加入诺基亚董事会，见证了诺基亚巅峰时期的业务运营方式、管理传统和决策风格，这些要素在当时已经导致诺基亚丧失了拥抱移动互联网机遇的可能。

加入诺基亚董事会时，李思拓已经是芬兰最大电信运营商的董事长，但公司规模显然与诺基亚无法相提并论。这也意味着进入诺基亚决策圈的他，只能位居最末。当年5月，他参加的第一次董事会上，苹果手机只被讨论了几分钟，而与会者拿到的材料以及现场讨论的主要议程，都紧紧围绕着诺基亚如何应对当时的主要竞争对手摩托罗拉、索尼爱立信。诺基亚当时还按照之前几年的业务增长规模，划定了未来几年的增长目标。

诺基亚的"傲慢"在当时或许不能称之为傲慢,因为 2008 年第一季度,苹果手机出货量才 170 万台,而诺基亚是 1.15 亿台。在当时的智能手机市场上,诺基亚占据了 44% 的市场份额。

《偏执乐观》一书中指出,诺基亚决策层当时并未意识到公司正处于高度危机之中:诺基亚依托的塞班系统运行缓慢,且缺乏足够、快速的功能支持和更新。虽然 2009 年 1 月,诺基亚推出了一款被支持者称之为"iPhone 终结者"的触屏产品(诺基亚 5800),但其性能、特点其实跟 iPhone 完全不同,其采用的电阻屏技术,用户用力戳屏幕才能让设备感知到触碰,根本达不到 iPhone 及安卓手机因采用电容触屏所实现的用户轻松滑屏。

作为当时的诺基亚董事会"外来人"、新来客,李思拓还发现了诺基亚相比苹果公司以及安卓阵营的多个竞争品牌公司的劣势:苹果等企业业务更简单,可以集合资源进行研发、推广,而当时的诺基亚却有着多种操作系统,每种系统又有多个产品版本,还互不兼容,这使得技术更新相当缓慢。在 2009~2010 年,诺基亚的决策会议中,许多与会者其实并没有用过 iPhone,虽然都意识到诺基亚已经面临严重危机,却将精力耗费在诸如财务问题、社会责任问题、薪酬待遇问题等本应该通过公司日常运营解决的问题,想当然地仍对诺基亚的技术优势抱以毫无根据的信心,不愿意在会议上讨论负面消息,更没有去挖掘负面消息背后需要引起警惕的严重现实问题。

这种糟糕的状况一直持续到了 2012 年甚至更晚。诺基亚在业务急速恶化情况下,与微软的合作又没能换来如期收益,最终决定将手机业务整体出售。这并不是一个容易作出的决定。因为在当时,虽然诺基亚的手机业务下滑严重,却仍然有一定的市场份额,人们可能会有侥幸心理,期待诺基亚也"等"来一个类似 iPhone 的革命性产品的重振机会。更重要的是,无论在芬兰还是世界其他地方,很多人对于诺基亚手机很有感情,出售这方面业务显然要引发拥趸的不满。

2012 年上半年,诺基亚的营业亏损就超过了 20 亿欧元。在这种情况下,李思拓成为公司新任董事长。他首先推动诺基亚董事会建立了新的行为规范,成为诺基亚整个公司去除官僚习气,重塑创新行动能力的黄金准则。上述准则包括:第一,增强透明性,保持管理、决策过程中的坦诚直率;第二,崇尚数据驱动、以数据分析为基础的理念,要求正视危机和问题,并针对问题设想不同的具体情景、设计不同的备选方案;第三,深入讨论公司业务;第四,鼓励争辩,但应保持彼此尊重,且不能掺杂个人情绪,争辩结束后要拥护最终决议;第五,持续改进各项流程、团队合作方式等。

李思拓带给诺基亚的最大改变,也就是这本书书名"偏执乐观"。偏执乐观指的是,对于外在的挑战保持高度警惕,对于现实及其未知风险都要心存敬畏,同时要基于情景去思考,在行动时保持着积极向上的态度。

李思拓说,偏执乐观主义帮助诺基亚辨别问题的所在,并养成习惯投入更多时间去探寻可能存在的情景,而不是过多地预先判断它们的合理性。为了避免忽略那些看似不可能发生的情景,需要进一步的自律,解放思想,预见更多可能性,为各种情景设计应对方案。为此,诺基亚设立了专门的"卡桑德拉"角色,专职研判相应的预警信息。因此,诺基亚得以将手机项目出售给了微软,买断了之前与西门子合资的项目,收购了阿尔卡特朗讯;在此基础上重新确立了公司愿景和战略,改善了原先高度细分、层级严密的公司结构,重新建立资本结构和业务体系。浴火重生的诺基亚,抓住了人工智能、机器学习、5G 技术等新科技的机遇。

诺基亚作为功能手机时代的"霸主",因为错失创新机遇而在很短时间内陷入困境,差点彻底退出历史舞台。以李思拓为代表的领导者重新为这家公司注入了发现和直面问题的勇气与能力,诺基亚才能够在艰难时世中重寻方向,最终再次回归科技创新企业的行列。

资料来源:郑渝川.诺基亚转型:重塑创新行动能力[EB/OL].(2020-02-08).http://www.cs.com.cn/xwzx/jr/202002/t20200208_6023720.html.

问:结合规模报酬原理分析该案例中诺基亚手机衰落原因。

案例9 北京时间9月16日消息,惠普宣布计划裁员2.5万至3万人,以此作为该公司企业服务业务重组和节省成本计划的一部分。

惠普在一份声明中称,计划中的裁员将从第四季度开始,将产生大约27亿美元费用。"过去几年,我们已经做了大量工作来削减成本、简化流程,这些最终措施将消除未来进行任何企业重组的必要性。"惠普CEO梅格·惠特曼表示。据悉,惠普将在新组建的惠普企业内部裁减员工,这家新公司由软件、咨询和数据分析等多个技术部门组成,将与惠普旗下PC和打印机业务拆分开来。今年晚些时候,惠普将分拆为两家上市公司,将PC和打印机业务与快速增长的企业硬件和服务业务相分离。

此项裁员计划意味着,在惠普工作的25.2万名员工中,有10%到12%的人将丢掉工作,这一措施将帮助惠普企业节约20亿美元左右的成本。根据惠普发布的2014财年报告,截至2014年10月31日,惠普在全球拥有约30.2万名员工。在梅格·惠特曼的领导下,惠普在过去几年时间里裁减了5.5万名员工。

惠普企业业务在2016年预计将实现自由现金流20亿美元至22亿美元,其中至少一半通过派息和股票回购的方式返还。惠普企业在2016年调整后的每股收益预计在1.85美元至1.95美元。

惠特曼称,分拆惠普将可给分拆后的两家公司都带来新生,这些公司将可更好地在各自领域中开展产品创新活动,从而为客户提供更好的产品。重组行动将为新惠普企业公司带来更具竞争力和更加可持续的成本架构。

资料来源:徐鹏.惠普裁员计划:企业业务裁员最多3万人[EB/OL].(2015-09-16).http://news.zol.com.cn/541/5415475.html.

问:结合该案例,如何正确理解边际报酬递减规律。

第4章 企业成本理论

一、名词解释

1. 机会成本(Opportunity Cost)
2. 显性成本(Explicit Cost)
3. 隐性成本(Intangible Cost)
4. 增量成本(Incremental Cost)
5. 沉没成本(Sunk Cost)
6. 经济利润(Economic Profit)
7. 会计利润(Accounting Profit)
8. 正常利润(Normal Returns)
9. 成本函数(Cost Function)
10. 短期总成本(Short-term Total Cost)
11. 固定成本(Fixed Cost)
12. 可变成本(Variable Cost)
13. 短期平均成本(Short-run Average Cost)
14. 平均固定成本(Average Fixed Cost)
15. 平均可变成本(Average Variable Cost)
16. 规模经济(Economies of Scale)
17. 长期总成本(Long-run Total Cost)
18. 盈亏平衡分析(Break-even Analysis)
19. 长期边际成本(Long-run Marginal Cost)
20. 长期平均成本(Long-run Average Cost)
21. 贡献分析法(Contribution Analysis Method)

二、简答题

1. 请解释"短期生产函数适用于企业经营决策,而长期成本函数适用于企业长期规划"的原因。
2. 简述短期平均成本曲线的最低点位于平均可变成本曲线最低点右侧的原因。
3. 为什么短期平均成本曲线和短期边际成本曲线都呈倒 U 形?
4. 简述盈亏平衡分析方法。
5. 简述成本函数的估计方法。
6. 简述边际分析法和增量分析法的共同点和两者区别。

三、论述题

1. 请解释长期平均成本曲线、长期边际成本曲线、短期平均成本曲线以及短期边际成本曲线之间的相互关系。
2. 请描述短期成本曲线与短期产量曲线的关系。
3. 短期平均成本与长期平均成本曲线的形状及其形成的原因。
4. 利润与贡献有何区别？在管理决策中如何正确使用？
5. 请论述规模收益递增时，长期平均成本递减，而规模收益递减，长期平均成本递增的原因。

四、计算题

1. 设某企业的生产函数为 $Q=\min(8L,4K)$，且 $P=2$，$P_K=3$，试求当 $K=10$ 时的 STC、SAC 分别为多少？
2. 已知 $SMC=9Q^2+4Q+5$，$TFC=1000$。分别求 STC、SAC、TVC 和 AVC 的函数形式。
3. 企业生产某产品的总固定成本为1000，平均总成本为50，平均可变成本是10，求企业现在的产量。
4. 某厂商的短期生产函数为 $Q=-0.1L^3+6L^2+12L$，其中单位劳动工资为2，试求平均可变成本最小时的产量是多少？
5. 假定某行业中所有企业的成本函数都是 $C=Q+100$，而且产品的市场需求量为1000，这时在一个占有40％市场份额的企业与一个占有20％市场份额的企业之间：
   (1) 哪一个企业在成本上占有优势？为什么？
   (2) 从长期角度看，企业规模是否处于规模不经济？为什么？
   (3) 有人认为该行业中企业产量水平越高，企业的利润也越高，这种想法正确吗？
6. 某摩托车厂销售的摩托车价格为8000元/辆，总变动成本为 $TVC=3500Q+10Q^2$，总固定成本 $TFC=500000$ 元。
   (1) 求盈亏分界点的产量。
   (2) 求利润最大化产量。

五、案例分析

案例1 "解决就业问题要从就业的供给和需求两端共同发力：一方面要做强经济，发挥经济增长对就业的拉动作用，创造更多的岗位需求；另一方面要增强劳动者的技能和竞争力，提高劳动力供给质量。同时，加强政策引导，强化配套保障体系建设，破解就业的结构性矛盾。"全国政协经济委员会主任、原中国银监会主席尚福林在参加人民政协报主办的"稳就业促双创聚人才，促中国经济高质量发展"座谈会时提出上述观点。

尚福林表示，就业问题事关全局，牵一发而动全身。从现阶段情况看，就业形势比较稳定，实现新增就业总体目标的压力不大；从长期看，国际经济形势复杂多变，影响国内经济的因素和困难挑战增多，就业结构性矛盾突出。

在就业需求端上，核心是大力发展经济，深化供给侧结构性改革，发挥市场在资源配置中的决定性作用：一是大力发展实体经济，加快传统制造业等劳动密集型产业的技术升级改造,增强产业吸纳就业的能力;二是充分利用京津冀协同发展、西部大开发、东北振兴、粤港澳大湾区、长江经济带等重大区域战略实施,在区域协调发展中有序引导产业转移,创造就业岗位,化解就业矛盾;三是鼓励发展共享经济、平台经济等新经济、新业态,探索拓展就业新模式;四是继续发挥民营、小微企业吸纳就业的主力军作用,把减税降费政策落到实处,构建良好的营商环境,增强企业发展信心,充分激发市场主体活力。

在就业供给端上,关键要抓好重点人群的就业问题,用好用足现有已经出台的就业政策,有针对性地研究重点群体的政策保障体系:一是大力发展以市场为导向的多层次、多元化的教育与人才培养体系。发展现代化高质量、高水平的职业教育、技工教育,抓紧补齐技术人才短板。二是完善稳岗转岗政策,加大产业结构调整后再培训、再就业力度,做好就业帮扶和托底安置。三是探索建立平台经济新业态下的符合灵活就业特点的劳动保护、社会保障体系。四是发挥金融杠杆的撬动作用,加大对于大学生创业、农民工返乡创业、下岗职工再就业等各类就业群体的金融支持。

资料来源:百家号. 尚福林:解决就业问题要从供给和需求两端共同发力[EB/OL]. (2019-10-06). http://baijiahao.baidu.com/s?id=1647507154583581319.

问:请根据相关知识并结合该案例论述如何通过供给与需求的关系解决就业问题。

案例2 中国制造企业有90%的时间花费在物流上,物流仓储成本占据了总销售成本的30%～40%,供应链上物流的速度以及成本更是令中国企业苦恼的老大难问题。美的针对供应链的库存问题,利用信息化技术手段,一方面从原材料的库存管理做起,追求零库存标准;另一方面针对销售商,以建立合理库存为目标,从供应链的两段实施挤压,加速了资金、物资的周转,实现了供应链的整合成本优势。

美的虽多年名列空调产业的"三甲"之位,但是不无一朝城门失守之忧。自2000年来,在降低市场费用、裁员、压低采购价格等方面,美的频繁变招,其路数始终围绕着成本与效率。在广东地区已经悄悄为终端经销商安装进销存软件,即实现"供应商管理库存"(以下简称VMI)和"管理经销商库存"中的一个步骤。

对于美的来说,其较为稳定的供应商共有300多家,其零配件(出口、内销产品)加起来一共有3万多种。从2002年中期,利用信息系统,美的集团在全国范围内实现了产销信息的共享。有了信息平台做保障,美的原有的100多个仓库精简为8个区域仓,在8小时可以运到所有地方。这样一来美的集团流通环节的成本降低了15%～20%。运输距离长(运货时间3～5天的)的外地供应商,一般都会在美的的仓库里租赁一个片区(仓库所有权归美的),并把其零配件放到片区里面储备。

在美的需要用到这些零配件的时候,它就会通知供应商,然后再进行资金划拨、取货等工作。这时,零配件的产权,才由供应商转移到美的的手上——而在此之前,所有的库存成本都由供应商承担。此外,美的在ERP(企业资源管理)基础上与供应商建立了直接的交货平台。供应商在自己的办公地点,通过网页(WEB)就可登录到美的的交货平台上,看到美的的订单内容:品种、型号、数量和交货时间等等,然后由供应商确认信息,这样一张采购订单就已经合法化了。

实施VMI后,供应商不需要像以前那样疲于应付美的的订单,而只需做一些适当的库存即可。供应商则不用备很多货,一般有能满足3天的需求即可。美的零配件年库存周转率,在2002年上升到70～80次/年。其零配件库存也由原来平均的5～7天存货水平,大幅降低为3天左右,而且这3天的库存也是由供应商管理并承担相应成本的。

库存周转率提高后,一系列相关的财务"风向标"也随之"由阴转晴",让美的"欣喜不已":资金占用降低、资金利用率提高、资金风险下降、库存成本直线下降。

在业务链后端的供应体系进行优化的同时,美的也正在加紧对前端销售体系的管理进行渗透。在经销商管理环节上,美的利用销售管理系统可以统计到经销商的销售信息(分公司、代理商、型号、数量、日期等),而近年来则公开了与经销商的部分电子化往来,以前半年一次的手工性的繁杂对账,现在则进行业务往来的实时对账和审核。

在前端销售环节,美的作为经销商的供应商,为经销商管理库存。这样的结果是,经销商不用备货了。经销商缺货,美的立刻就会自动送过去,而不需经销商提醒。经销商的库存"实际是美的自己的库存"。这种存货管理上的前移,美的可以有效地削减销售渠道上昂贵的存货,而不是任其堵塞在渠道中,使其占用经销商的大量资金。

2002年,美的以空调为核心对整条供应链资源进行整合,更多的优秀供应商被纳入美的空调的供应体系,美的空调供应体系的整体素质有所提升。依照企业经营战略和重心的转变,为满足制造模式"柔性"和"速度"的要求,美的对供应资源布局进行了结构性调整,供应链布局得到优化。通过厂商的共同努力,整体供应链在"成本""品质""响应期"等方面的专业化能力得到了不同程度的发育,供应链能力得到提升。

目前,美的空调成品的年库存周转率大约是10次,而美的的短期目标是将成品空调的年库存周转率提高1.5~2次。目前,美的空调成品的年库存周转率不仅远低于戴尔等电脑厂商,也低于年周转率大于10次的韩国厂商。年库存周转率提高一次,可以直接为美的空调节省超过2000万元人民币的费用。由于采取了一系列措施,美的已经在库存上尝到了甜头,2002年度,美的销售量同比2001年度增长50%~60%,但成品库存却降低了9万台,因而保证了在激烈的市场竞争下维持了相当的利润。

资料来源:百度文库.成本控制的案例分析[EB/OL].(2012-05-17).https://wenku.baidu.com/view/c8d711f3f61fb7360b4c6513.html.

问:美的的成本控制给你带来怎样的启示?

案例3 供应链概念提出以后,越来越多的企业将主要精力集中在核心业务,纷纷将物流业务外包。同方环球(天津)物流有限公司(以下简称TFGL)作为丰田在华汽车企业的物流业务总包,全面管理丰田系统供应链所涉及的生产零部件、整车和售后零件等厂外物流。作为第三方物流公司,TFGL在确保物流品质、帮助丰田有效控制物流成本方面拥有一套完善的管理机制。整车物流和零部件物流虽然在操作上有很多不同,但从丰田的管理模式来看,两者具有以下共同特点:月度内的物流量平准;设置区域中心,尽可能采用主辅路线结合的物流模式;月度内物流点和物流线路稳定;物流准时率要求非常高。

TFGL是第三方物流公司,主要负责物流企划的制订、物流运行监控和物流成本控制,具体的物流操作由外包的物流承运商执行。TFGL对物流承运商的管理原则如下:(1)为避免由于物流原因影响企业的生产、销售的情况发生,要求物流承运商理解丰田生产方式,并具有较高的运行管理能力和服务水平。为此,TFGL采取了一些必要的措施:① TPS (Toyota Production System)评价。TFGL把理解生产方式作为物流承运的首要条件,并按照丰田生产方式的要求,制作了详细的评价表。TPS评价是丰田生产方式对承运商最基本的要求,包括对承运商的运输安全、运输品质、环保、人才培养和运输风险控制等过程管理的全面评价。通过评价,不仅淘汰了不合格的承运商,也使达到要求的承运商明确自己的不足之处。② 必要的风险控制。在同一类型的物流区域内,使用两家物流商,尽可能降低风险。(2) 对物流承运商进行循序渐进的培养。(3) 建立长期合作的伙伴关系。对入围的物流承运商,TFGL秉承丰田体系一贯的友好合作思想,不会因为运输事故多或物流价格高就更换承运商,而是采取长期合作的方式,共同改善。

在维持良好合作关系的基础上,TFGL通过以下五种方法科学系统地控制物流成本:(1) 成本企划。每当出现新类型的物流线路或进行物流战略调整时,前期的企划往往是今后物流成本控制的关键。企划方案需要全面了解企业物流量、物流模式、包装形态、供应商分布、物流大致成本等各方面的信息,此外,还要考虑到企业的装卸货和场内面积等物流限制条件。TFGL在前期企划中遵守以下原则:① 自始至终采用可信的数据;② 在综合分析评价后,分别制定一种或几种可行方案,并推荐最优的方案;③ 各方案最终都归结反映为成本数据;④ 向企业说明各方案的优劣,并尊重企业的选择。从以上几点可以看出。方案中的数据大多涉及丰田的企业战略,所以TFGL和企业之间必须充分互信,而且要有良好的日常沟通渠道。(2) 原单位管理。原单位管理是丰田物流管理的一大特色,也是丰田物流成本控制的基础。丰田把构成物流的成本因素进行分解,并把这些因素分为两类,一类是固定不变(如车辆投资、人工)或相对稳定(如燃油价格)的项目,丰田称之为原单位;另一类是随着月度线路调整而发生变动(如行驶距离、车头投入数量、司机数量等)的项目。称之为月度变动信息。为了使原单位保持合理性及竞争优势,原单位的管理遵循以下原则:① 所有的原单位一律通过招标产生;② 定期调整;③ 合理的利润空间。(3) 月度调整路线至最优状态。随着各物流点的月度间物流量的变动,区域内物流路线的最优组合也会发生变动。TFGL会根据企业提供的物流计划、上月的积载率状况以及成本KPI分析得出的改善点,调整月度变动信息,以维持最低的物流成本。(4) 成本KPI导向改善。对于安全、品质、成本、环保、准时率等物流指标,TFGL建立了KPI体系进行监控,并向丰田进行月次报告,同时也向承运商公开成本以外的数据。通过成本KPI管理,不仅便于进行纵向、横向比较,也为物流的改善提供了最直观的依据。(5) 协同效应降低物流费用。TFGL作为一个平台,管理着丰田在华各企业的物流资源,在与各企业协调的基础上,通过整合资源,充分利用协同效应,大大降低了物流费用。

资料来源:百度文库.丰田公司管理案例分析[EB/OL].(2012-02-06). https://wenku.baidu.com/view/583dbdc25fbfc77da269b1dd.html.

问:丰田以及TFGL的物流成本控制举措带给你哪些启示?

案例4 宜家作为当今全世界最大的家具和家居用品跨国零售企业之一,以低廉的价格提供了种类繁多的美观实用的家居用品,同时公司的销售额在全球也迅速地增长。低廉的价格背后是有效的成本控制。

(1) 产品定价。为了自己可以控制产品的成本、取得最初定价权,并且控制产业链的上游,宜家一直坚持自己设计所有产品并拥有专利。其"低价"策略也体现在"从价格标签开始设计"的独特定价方法上。由全球资深经理人组成的产品战略委员会,根据对顾客消费习惯的监测结果,为宜家的产品开发团队制定开发方向。然后,这个方向被传达给产品经理,由他们使用宜家的"价格矩阵"方法,来确认在市场上有竞争力的未来产品线,也就是新产品的价格。在确定价格以后,宜家在全球范围内寻找合适的生产商。在完成上述流程以后,才进入真正的设计阶段——宜家利用内部竞争方式挑选设计师,为产品找到最后的设计方案。所有的100多名设计师在设计新产品的时候激烈竞争,竞争集中在同样价格的产品"谁的设计成本更低"。所有的产品设计确定之后,最终确定哪些供应商可以在成本最低而又保证质量的情况下,生产这些产品,以确保实现低价的工作始于生产车间。

同时,宜家还采用一种"模块"式设计方法(宜家的家具都是拆分的组装货,产品分成不同模块,分块设计。不同的模块可根据成本在不同地区生产;同时,有些模块在不同家具间也可通用),例如:佳兰特、维卡比斯克等桌面产品从欧洲不同的国家采购,而配套这些桌面的不同尺寸或材质的桌腿却是在中国生产的。这样不仅设计的成本得以降低,而且产品的总成本也能得到降低。

(2) 销售预测。在宜家做销售预测被认为是组织有效供应链的基础,也帮助完善产品的生产计划。科学的销售预测是指导有效生产、维护高服务水平、优化库存、降低产品整体成本的前提条件。

销售计划对供应链的管理表现在用于测算实际生产计划以及对某一个产品寻求最优的产地和最合适的销售市场。同时现有的供应链容量受到实时监控,根据实际市场需求尽快做相应调整。新的容量计划一旦制订,就需要寻找最佳的采购市场以保证今后供应链的顺利实施。

(3) 采购供应。为了更大程度地降低成本,宜家不断加大在中国的采购力度,2001年,宜家在中国采购量占其全球采购份额的14%,而到2007年这个数字已经到达22%,取代了波兰成为宜家最重要的成品供应国。目前宜家在中国共有370多家供应商和3家自己的工厂,逐渐争取了价格优势。

更进一步的是宜家让顾客成为自己的合作伙伴,由顾客自己动手、自己运输和自己组装来换取产品的低价格。因循这种思路,宜家形成了自己特有的风格。在宜家商场,家居用品应有尽有,它把各种商品组合成不同风格的样板间,淋漓尽致地展现每种商品的现场效果,激发人们的灵感和购买欲,一切鼓励顾客自己去体验。"到宜家去DIY"也逐渐成为流行世界的潮流。

(4) 物流配送。具体到物流运作,体现在物流中心的全球布局上,宜家把全球市场分为8个区域,全球有28个配送中心分布在17个国家,其中,欧洲有19个配送中心,美国5个,在亚洲的上海、马来西亚也各设有1个。

宜家把全球近28家配送中心和一些中央仓库大多集中在海陆空的交通要道,以便节省时间。所有商品被运送到全球各地的中央仓库和分销中心,宜家通过科学的计算,决定哪些产品在本地制造销售,哪些出口到海外的商店。同时每家"宜家商店"根据自己的需要向宜家的贸易公司购买这些产品。因此,整个供应链的运转,从每家商店提供的实时销售记录开始,反馈到产品设计研发机构,再到贸易机构、代工生产商、物流公司、仓储中心,直至转回到商店,宜家严格地控制着物流的每一个环节,以保证最低成本。

1956年开始推行至今的"平板包装",把所有的产品都做成顾客可以方便安装的零部件,并由此得出"可拆装家具"生产得越多,运输途中的破损现象就越少,运费成本就越低的结论,避免了无谓地把空气运来运去,大大提高了运输的效率,而且节省了大笔产品组装的成本,这对保持低价具有至关重要的作用。为了进一步降低运输成本,公司还不断在产品上做文章,这包括适合托盘大量运输的杯子,或者抽掉空气的枕头。

(5) 高流量、低流量策略。为了提高配送效率,不能把所有产品以相同的方法加以配送,将产品按照销售情况加以分类不失为一个提高效率的办法,原因是宜家看到80%的销售业绩和货物流量来自仅占全部产品线20%的产品,如何在供应链中加以区分高流量产品和低流量产品,使供应链更有效地运转,建立中央仓库和靠近销售地的配送仓库就显得尤为必要了。事实证明,到商店越短的交货期,对提升产品的服务水平越有效。

资料来源:知学学园. 宜家:全球最大的家具和家具用品领用商,居然是"非营利机构"[EB/OL]. (2015-03-01). https://mp.weixin.qq.com/s?src=11&timestamp=1601106038&ver=2607&signature=Z7EjepdZfaGAxr5usi6Bi*g6Zl*o2sv6q8xUyK0gSrw1Fz*jkYEo0*0QIjTd5o2saq7ibTy9uggUBi3AhJ5OG5qAhsdYL6XMKTCKy*fgfSmeDg9y*9ytVqziY9*KvuXh&new=1.

问:宜家的成本控制举措带给你哪些启示?

案例5 京东的价值链可以分为供应链管理、仓储管理、客户关系管理三个主要环节,各个环节下又包含具体的价值活动。京东的具体价值活动包括采购、仓储、营销、物流配送、网上交易、售后服务等基本环节;研发、信息基础设施、人力资源、信息系统维护、后勤等辅助活动。这些价值活动的成本动因包括验货、仓储布局、规模、数量、订单处理、审核、包装、装卸、配送、销售人员规模、退换货、客服、信息系统、网站运营、通信、支付系统、技术人员、工人规模、管理人员规模、美工、网站、系统建设、数据挖掘、质检、仓储等。根据战略成本动因可以分为电子商务显性成本动因和隐性成本动因。

(1)信息流成本控制。京东的电子商务平台为其快速发展提供了支撑。强大的电子商务平台提升了客户购物体验。京东的信息系统主要包括网站和移动客户端应用、供应商接口、客户关系管理系统、库存管理系统、配送管理系统、订单处理系统、智能商务系统。京东建立了企业论坛、网络社区等为客户提供交流信息的平台。先进的信息系统有助于实施更加有效和有针对性的商品信息展示,降低客户信息获取成本。在强大的电子商务信息系统支持下,京东的信息流动速度变得更加快速,京东能够及时对市场做出反应。网络营销模式使得信息在企业与客户之间的传递更加快捷,缩短了价值链环节,节省了经销商、代理商、零售商等层层加价的环节,为客户节省了大笔成本。京东通过建立强大的电子商务技术平台,从客户界面到后台管理系统,信息都可以无缝地、准确地传递,信息处理效率显著提升。京东通过在线咨询、畅销产品排行榜、售后评价以及价格保护机制、24小时客户服务电话和全国免费上门取件、上门装机、电脑故障诊断以及家电清洗等线下服务,降低了客户成本等隐性成本。

(2)物流成本控制。京东的仓储成本控制主要体现在即时库存管理和精细化库存管理两个方面。第一,京东采用大数据、云计算、数据挖掘等先进技术预测客户需求,提前规划库存量,降低库存成本。通过及时库存管理,京东提高了库存周转率,缩短了供应链的账款回收期,也降低了供应商的成本,增强了自身的议价能力。第二,京东对"货品摆放—订单拣货—货品分拣—订单开票—出库包装"实行精细化管理。根据商品的畅销程度对库存商品进行摆放,确保畅销的商品放置于较短的作业范围之内;商品的摆放同时遵循一定的顺序,方便拣货。拣货完成之后,分拣人员按照电子商务订单进行分拣作业,直到商品校验、开票、包装、出库的每个环节都尽可能减少资源耗费。京东通过自建物流体系和第三方物流的方法对配送成本进行控制。通过自建物流体系,京东得以对物流成本进行控制,合理规划物流线路,打造物流服务标准,降低物流成本。此外,京东通过严格的筛选机制,成立物流联盟,严格监督第三方物流服务质量来控制风险。依托于即时库存管理和自建物流体系的"211"工程,只要客户在上午11点之前提交订单,当日就可以送达客户手中,夜里11点之前提交的订单保证次日上午送达。依赖于京东高效的库存和配送体系,除"211"工程以外,京东还推出了包括"次日达""极速达""夜间配"等具有京东特色的物流配送模式,提高了客户的满意度,降低了隐性成本。

(3) 资金流成本控制。对于资金流的管理,京东通过自建支付体系来降低资金流成本。早期的京东并未关注支付系统的建设,而是通过与支付宝、财富通合作来进行电子商务资金交易。京东的资金流信息、交易信息完全暴露在第三方的监控之中,有些甚至是京东的商业秘密,将自身的支付体系建立在第三方基础上具有很大风险。为了降低资金流相关成本,京东通过收购网银在线将资金流掌握在自身手中。京东通过自建支付平台,一方面降低了资金流成本(如手续费等),另一方面降低商业机密泄露等隐性成本。

资料来源:百度文库. 京东基于价值链的全面成本管理[EB/OL]. (2022-04-08). https://wk.baidu.com/view/576668c6adaad1f34693daef5ef7ba0d4a736d8c.

问:结合成本知识分析该案例。

案例6 格兰仕在微波炉王国独步天下的奥秘就是集中一点,紧握规模经济这张牌。回顾格兰仕的发展历程,格兰仕能从千万家默默无闻的小厂中脱颖而出,其良好的企业发展战略功不可没。现代企业战略大师哈佛商学院教授迈克尔·波特在广泛研究不同企业成败经验的基础上,总结出三种通用的战略:一是成本领先;二是差别化;三是集中于一点。格兰仕在短短的四五年时间内能在微波炉行业独步天下,傲视群雄,就得益于其能将以上这些貌似简单的战略发挥得淋漓尽致,从而取得国际、国内市场的主动权。

1992年以前,格兰仕是一家以生产羽绒制品为主的乡镇企业。在当时国内羽绒制品市场还比较好的时候,厂长梁庆德毅然决定寻找新的突破口。当时,格兰仕所在的广东顺德及其周围已是中国最大的家电基地。如当时最大的冰箱厂(容声)、空调厂(华宝)、电风扇厂(美的)、热水器厂(万家乐)等。这些企业的产品都是当时的热销产品。然而梁庆德经过考察,毅然决定选择不被人重视的微波炉作为其主攻方向。并将从事羽绒生产十几年的积累全部投入微波炉项目。

1992~1995年,我国宏观经济处于相对高涨的时期,许多企业进行了大规模的多元化经营,一些企业迅速进入了金融、房地产、保健品等与自己过去的主业完全不相关的热门行业,而且有些企业还取得了相当的成功。在处于经济高潮、新兴行业的进入障碍较低、而收益又非常好的情况下,要抵挡住多元化的诱惑,对每个企业来说都是一个巨大的挑战。格兰仕这时不仅没有多元化,而是全面地收缩,将企业的资源全面集中于微波炉的开发、生产与销售,为1996年之后企业全面实现领先战略打下了坚实的基础。1995年,格兰仕微波炉在中国市场已占据领导地位后,同时也一直在努力寻求规模经济以获得成本领先。从1996年开始,格兰仕一方面迅速扩大自己的生产能力,另一方面又在获得规模经济的基础上,通过降价和立体促销来扩大市场容量,提高市场占有率。

格兰仕看到中国家电市场竞争的残酷性,毅然决定进行大规模降价和立体促销活动,迫使许多企业退出该领域的竞争,使另一些企业望而却步。当然,格兰仕并没有单纯寻求生产上的规模经济,而是努力寻求技术上的突破和开发出新的产品,以刺激市场需求,这也消除了降价会使消费者产生持币观望或怀疑的心理。格兰仕在国内家电企业中并非顶尖的企业,却通过国内市场上的残酷竞争使许多国际品牌(如 LG、松下、夏普、惠而浦)在中国市场上捉襟见肘,进而格兰仕又大举进军国际市场,尤其欧洲和南美市场。尽管格兰仕进军国际市场时要部分地依靠国外的品牌(以 OEM 方式为别人生产,目前占出口的 70% 左右),但只要市场份额拿下来,只要能使国际竞争对手的份额大幅降低,格兰仕就能在国际市场上逐步取得主导地位。

资料来源:百度文库.格兰仕成功之路[EB/OL].(2011-11-06). https://wenku.baidu.com/view/79f7e386767f5acfa0c7cdaf.htmll.

问:结合规模经济知识分析该案例。

案例 7 永安百货公司的总店是位于香港中心街区的少数几个大型商店中的一个。该店在一层占有约 2323 平方米的面积,同时在另外三层还拥有约 5945 平方米的店面。附近大厦临街的店面的租用者有银行、快餐店和珠宝店。1993 年,该公司的收入为 22.36 亿港元,成本为 22.10 亿港元,净利润为 2600 万港元。

与此同时,永安百货总店附近的零售店的每月租金情况是:一层大厅 1076~1614 港元/平方米,其他楼层 323~538 港元/平方米。这些数据可用来计算一下永安百货总店店面租金使用的机会成本。保守估计,我们以每月 100 港元和 30 港元的价格来进行计算。以一年为期,使用一层店面的机会成本约为 3000 万港元(2323×1076×12),使用其他楼层的机会成本是 2304 万港元(5945×323×12),总的机会成本是每年 5304 万港元。

为了评估该商店的经营状况,永安集团会考虑该店每年至少要保证 5304 万港元的净收入,而只要将该店面出租给附近的银行和快餐店,这笔收入就可以容易得到。

资料来源:豆丁网.百货商店核心竞争力研究:以永安百货有限公司为例[EB/OL].(2011-08-16). http://www.docin.com/p-728917966.html?docfrom=rrela.

问:结合机会成本知识分析该案例。

第 5 章　企业竞争理论

一、名词解释

1. 总收益(Total Revenue)
2. 平均收益(Average Revenue)
3. 边际收益(Marginal Revenue)
4. 利润(Profit)
5. 市场结构(Market Structure)
6. 集中度(Concentration Ratio)
7. HHI 指数(Herfindahl-Hirschman Index)
8. 斯威齐模型(Sweezy Model)
9. 价格领导模型(Price Leadership Model)
10. 卡特尔(Cartel)
11. 完全垄断市场(Monopoly Market)
12. 寡头垄断市场(Oligopoly Market)
13. 垄断竞争市场(Monopolistic Competition Market)
14. 完全竞争市场(Perfect Competition Market)

二、简答题

1. 市场结构的类型有哪些？它们的特征是什么？
2. 垄断竞争和完全竞争最主要的区别是什么？
3. 完全竞争市场结构的基本条件有哪些？
4. 在一个完全竞争行业里的企业获得的利润高于正常利润，从长期来看价格将会发生什么变化？引起价格变化的原因是什么？
5. 斯塔克模型与古诺模型的区别是什么？
6. 完全垄断市场的成因有哪些？

三、计算题

1. 某机器厂是一家完全竞争的企业，其长期成本函数为：$TC=50Q-6Q^2+0.1Q^3$。假定这家企业的成本函数可以保持稳定，则其产品长期价格应为多少？
2. 某手机制造企业处在垄断竞争市场中，其需求方程为 $P=400-Q$，长期总成本方程为 $TC=40Q+6Q^2+0.15Q^3$。

(1) 该企业的长期均衡价格和产量是多少？
(2) 该企业的经济利润是多少？
(3) 长期均衡下，边际收入是否等于边际成本？

3. A 企业是一家垄断企业，其产品需求方程为 $P=400-6Q$，固定成本为 150 元，总可变成本为 $TVC=4Q^2$。

(1) 利润最大化的价格和产量是多少？
(2) 利润最大化时，企业的经济利润是多少？

4. 贝贝公司是一家生产玩具车的公司，该公司有一条弯折的需求曲线 $\dot{\omega}_1=90'-15Q$（当 $Q\leq 20$ 时），$\dot{\omega}_2=120-4Q$（当 $Q\geq 20$ 时），公司总成本函数为 $TC=80+10Q+Q^2$。

(1) 该公司属于什么市场结构？
(2) 该公司获得利润最大化的价格和产量是多少？

5. 某国的苹果由三家大农场供应，这三家农场组成了一个卡特尔，规定每箱苹果为 50 美元，且五年之内价格不允许私自调整。这三家农场生产苹果的边际成本为：

$$MC_1=10+0.005Q_1$$
$$MC_2=18+0.002Q_2$$
$$MC_3=3.5+0.01Q_3$$

问：这三家农场产量各为多少卡特尔利润可以最大？

6. 某寡头行业有两家企业，企业 1 的成本函数为 $C_1=15Q$，企业 2 的成本函数为 $C_2=Q^2$。若该市场的需求函数为 $P=300-10Q$，求该市场的古诺模型解。

7. 假设现在有两家飞机制造企业，企业 1 的成本函数为 $C_1=27Q$，企业 2 的成本函数为 $C_2=3Q^2$。若整个市场的需求函数为 $P=500-20Q$，设该市场符合斯塔克寡头市场，企业 1 为领导者，企业 2 为追随者，求市场的均衡价格和两个厂商的各自利润。

四、论述题

1. 完全竞争企业的长期供给曲线是怎样的？
2. 政府提高或降低企业所得税税率会对企业产品的价格和产量决策有何影响？
3. 一位垄断企业的员工认为只要将企业赚取的超额利润返还给社会，公司实行垄断价格就不会影响社会整体福利。你觉得他说的对吗？
4. 完全垄断企业一定会损害经济吗？
5. 请举出现实生活中属于卡特尔组织的例子，并简单介绍一下卡特尔的特征。

五、案例分析

案例 1 2004 年 8 月 27 日包括旧金山和洛杉矶在内的美国加利福尼亚州多个城市政府联合对微软公司提出起诉，控告其滥用在个人电脑操作系统领域的垄断地位，对商品制定不合理的价格。原告律师之一丹尼斯埃尔雷拉说："这是妨碍正常竞争的掠夺行为，损害了消费者和纳税人的正当利益。我们必须通过法律途径，寻找合适的解决办法。"微软发言人斯泰茜德拉克表示，公司方面尚未就此案进行彻底研究。但她同时强调："我们珍惜与各城市之间的关系，一直以十分有竞争力的价格向顾客提供出色的软件。"

资料来源：百度百科. 微软反垄断案[EB/OL]. (2021-12-1). https://baike.baidu.com/

item/微软反垄断案/6673876? fr=daddin.

问：事实上，这不是微软公司第一次因垄断市场而受到起诉，请你查阅有关资料，分析微软是否滥用了其在个人电脑操作系统领域的垄断地位。

案例2 铜矿出口国政府联合委员会(Intergovernmental Council for Copper Exporting Countries, ICCEC)，是由世界主要铜出口国智利、秘鲁、赞比亚和刚果民主共和国于1967年6月在赞比亚首都卢萨卡举行的铜矿出口国会议上决定成立的，1968年5月在巴黎正式成立。在西方跨国公司竭力压低铜价，使国际铜价的背景下这个铜矿卡特尔希望垄断国际市场的铜矿出口，以拉高铜矿价格。铜矿出口国政府联合委员会的成员国共占有约33%的世界铜产量，而且这些国家的生产成本要比别的国家更低，但是这个铜矿卡特尔并没有将铜矿的价格抬高很多，铜的价格一直维持在1500美元到3000美元之间。

资料来源：百度百科．铜矿出口国政府联合委员会[EB/OL]．(2015-11-26)．https://baike.baidu.com/item/铜矿出口国政府联合委员会/4495565? fr=aladdin.

问：请你根据本章所学的知识，分析铜矿出口国政府联合委员会没有能够有效提高铜的价格的原因。

案例3 自2015年成立之后，拼多多用短短的3年时间积累起3亿用户，毫无疑问地成为了当下互联网市场中最亮眼的电商平台。而拼多多所获取的成功，正是在不断跟随平台用户的消费习惯和供给两端生态的演进，将电商平台的"匹配"价值发挥到最大。"另一种消费升级"：匹配中国最广大人群的需求。

拼多多从创业之初选择的经营模式，就是去满足和匹配中国最广大人群的消费需求。即使有人将之称作为"消费降级"，拼多多仍然坚定不移地去执行，因为拼多多敏锐地洞察到了被忽视的二三线甚至乡村市场，会是一个很好的甚至是目前电商领域唯一的切入点了。

拼单和低价并不是目的，拼多多认为中国电商业内之前长期关注的是如何让大城市人过上巴黎的生活，而这个市场已经被各大电商巨头和跨境电商所分割，然而数量更加广大的中小城市或者乡村的需求却被忽略，让他们过上大城市的生活其实是另一种"消费升级"，而这里仍然是一片未被开垦的"蓝海"！"匹配最广大群体的商品需求"正是拼多多的竞争力所在，也是其两年积累3亿用户的秘诀所在。中国互联网市场中还有许多不能被忽视的价值需求，背后蕴藏着巨大的潜在用户群体，而拼多多作为电商平台正是要去发现这些需求，满足这些需求，同时也成就自身的价值与成功。因此，"低价"并不是拼多多或者后来者电商平台唯一的武器，善于发现被忽视的用户群体，如果规模足够巨大，任何人都可以成为下一个电商独角兽。电商平台生态领域中的第二个基本现状就是"从流量玩法向场景推荐过渡"，这也是黄峥做出的一个判断。在互联网下半场的游戏中，拼多多选择作为电商界的"今日头条"，打破传统搜索模式中人找商品的旧格局，选择商品信息流匹配用户需求的玩法来实现平台价值。从本质上来看，BAT模式都是互联网第一阶段的"流量模式"。但是在人工智能和海量信息的双重前提下，机器智能分发推送已经成为当下的主流，就像今日头条的信息推荐分发模式给百度搜索带来巨大冲击一样。这就是黄峥要把拼多多做成电商界"今日头条"的逻辑起点。起初是借助微信去了解和匹配用户的需求，这是拼多多在"一穷二白"之时最便捷有效的做法。现在，当拼多多完成3亿用户的消费特征需求积累之后，便开始了"将机器选品代替人工推荐纳入发展战略"等一系列尝试，真正让场景化竞争成为拼多多平台价值核心优势所在。当拼多多模式开始被电商领域接受并且凭借超大的体量成为一种现象之时,平台市场的生态也随之发生了更加深刻的变革,"便宜有好货"的理念开始深入人心。而拼多多为了不断更新其与平台用户需求"匹配"的能力,逐渐将平台价值的实现延伸到供应链。

资料来源:金融界.咸宁新闻网理财拼多多爆红探因:平台做好需求与供给端"匹配"[EB/OL].(2018-06-07). https://baijiahao.baidu.com/s?id=1602592070750630872&ofr=spider& for=pc.

问:请根据相关知识和该案例,从供给和需求的关系角度谈谈你对该案例的理解。

案例4 蓝则罗提是加纳利群岛中的一个岛屿,是个一年四季都非常受欢迎的好去处。该岛的主要景点是波尔多卡门,那儿以前是一个渔村,现在的规模比以前扩大了很多。该岛的政府制定了一些规章制度,以保护其特有的环境,如限制当地旅馆和饭店的数量。因而,大多数的度假者不能在驻地吃饭。在旧城区内和约160千米的海岸线上有很多小店铺,其中大多是小饭店和小咖啡馆,它们可以提供各式各样欧亚风味的佳肴。它们的规模都很小,仅能容纳30~40人就餐。地方政府明令禁止做广告。这些小店铺绝大多数是家庭式的。你可以在一天之内走遍所有的饭店,逐个研究它们的菜谱和室内设施。

由于以上因素所致,这些饭店都只能是价格的接受者。实际上饭店有可能在现行市价下(一道主菜大约1000比塞塔)对价格稍作更改来吸引顾客,但极少或几乎没有饭店实行低价。举例来说,某地方议会试图建立一个附属于地方大学的能够提供高标准饮食和服务的培训餐厅,但不到一年就以失败而告终。由于其价格是市价的1.5倍还多,因而无人光顾。

现在我们可以运用本章学过的理论模型来解释和预测这一市场中饭店的行为。

第一,本章模型能解释蓝则罗提现存的情况吗?案例中所给的情况与完全竞争市场非常相近。所有的企业都具有相同的成本结构。由于消费者具有市场的完全信息,因此,所有企业的需求曲线和边际收益曲线都相同,都是水平的。任何试图通过降价来获得市场份额的企业都将以亏损和倒闭而告终,任何涨价的企业都将促使消费者到别处购买产品,因而,其结果或是倒闭或是把价格调回到市价水平。市场中的所有企业只能取得正常利润。

第二,假使一个地方连锁超市兼并了占有地理优势的20家饭店,这会对市场产生影响吗?大型超市经营多样化的战略使其介入餐饮业,从而在餐饮业的现有规模下轻易形成了垄断竞争的局面。融资和市场营销的规模经济能使这个强大的竞争者降低成本,甚至用更高的价格来树立品牌形象、提高产品在消费者心目中的信誉,这样就可以获得超额利润。与此同时,弱小的饭店将退出市场,市场集中便开始了。

第三,假设又一个处于竞争地位的超市企业兼并了20家饭店,这又将对市场产生什么影响呢?如果另一个强大竞争者的加入,使前面介绍过的市场集中过程得以继续。两个实力强大的集团开始控制整个市场,实力弱的企业不断退出市场。这两个大集团所面临的需求曲线不是水平的,而是向右下方倾斜的,两者都可获得超额利润。两大集团所做出的战略决策将决定以后发生的一切。可能的情形有:① 如果两大集团都要通过价格战从对方夺取市场份额,那么,在长期两者将会发现它们的超额利润被竞争夺去了,同时,小的饭店将继续退出市场,除非它们在市场中找到了合适的位置。② 如果两大集团在价格上进行协商,而以非价格因素进行竞争,它们将继续获得超额利润。这使它们能够通过兼并更多的小企业来扩大市场份额,从而提高市场集中比率。从消费者的角度来讲,垄断加强了。如果企业此时大做广告就会增加其竞争成本,反而使状况恶化。与竞争性市场相比,消费者的选择减少了,价格却提高了,而市场中的产品质量更接近了。

资料来源:马尔科姆·格林伍德,马丁·卡特.企业经济学原理与案例[M].阙澄宇,译.大连:东北财经大学出版社,1999.

问:在该案例中,一家饭店通过产品的差异化能取得暂时的优势吗?

案例5 改革开放以来,我国制造业开始了向市场经济的转轨过程。按照西方经济理论和改革理论,竞争能促进效率改进、技术进步和产业组织结构的改善,我国许多制造业的转轨过程也表明了这一点。然而,棉纺织业在转轨过程中的表现,却提供了一个颇具挑战性的案例。

棉纺织业是我国制造业中开始转轨最早、产品市场进入竞争状态时间最长、竞争程度最激烈的行业之一。根据理论推断,它也应该是增长最快、效率改进最显著、产业组织结构最合理的行业之一。但是,在经历了20余年转轨过程之后,这个行业却成为我国制造业中持续亏损时间最长、效益最差、产业组织结构改善最不明显的行业之一。1991~1997年这7年间,棉纺织行业有6年全行业亏损。我国制造业转轨过程中受到批评最多的问题如生产分散、企业规模趋小、重复建设、重复生产等,在棉纺织行业中都有典型表现。按通常使用表述,这个行业存在严重的"生产能力过剩"和"过度竞争"的问题,尚未建立起"有效的竞争秩序"。棉纺织行业的困境已经引起中央决策层的关注,并将解决其困境作为"国有企业改革和解困的突破口"。

为什么同样处在转轨过程中,不同行业的实绩如此不同?为什么竞争会导致如此不同的结果?这是经济研究者有责任回答的问题。否则,人们有理由对竞争的作用产生疑虑,并将解决转轨过程中出现的问题和改善某些行业状况的努力建立在加强政府干预的基础上。

用"过度竞争"更能恰当地描述棉纺织行业的现状。"生产能力过剩"所指的现象易于理解,而"过度竞争"这个概念首先需要定义。这里使用日本学者给予的如下定义:"过度竞争"指的是这样一种状态:某个产业中由于进入的企业过多,已经使许多企业甚至全行业处于低利润率的状态,但生产要素和企业仍不从这个行业中退出,使全行业的低利润率或负利润率的状态持续下去。可以看出,"进入企业过多""全行业长期低效益"和"竞争及低效益不能产生淘汰作用"是"过度竞争"的三个主要表现。然而在中国,"过度竞争"的行业往往还有另一个特征,即在"过度竞争"状态下,仍有许多新企业继续进入这个行业。也就是我们常讲的"边积压、边亏损、边生产、边建设"的问题。显然,与生产能力过剩相比,用"过度竞争"来描述我国棉纺织工业存在问题的特征更为贴切。

资料来源:百度文库.转轨过程中的低效率竞争:以棉纺织行业为例[EB/OL].(2021-08-01). https://wenku.baidu.com/view/22a04004eff9aef8941e069c.html.

问:为什么棉纺业竞争没有产生"优胜劣汰"和改善产业组织结构的显著作用?主要原因是什么?

案例6 1984年到1991年是海尔实施品牌战略的阶段,别的企业上产量,而海尔扑下身子抓质量。此战略在海尔创立之初即以张瑞敏砸冰箱的戏剧化举动宣告推出。此后的六七年间,海尔完善了生产过程的全面质量管理,同时在销售方面推出星级服务的概念,在消费者心目中树立起质量超群的国产品牌形象。海尔在实践中,逐渐形成一套以人本主义为核心的企业文化。在此基础上,海尔在20世纪90年代初提出了OEC工作法,它的中文表述则为"日事日毕,日清日高"。至此,海尔以其全面质量管理和OEC工作法、以星级服务为特色的营销方式和顾客导向的产品改进与开发,形成了一个高效率、高品质的经营管理体系。

20世纪90年代初,海尔集团年利润不过3000多万元,因此其发展必须采取低成本扩张的方式。海尔从本地政府和武汉、广东等外地政府手上以低廉的价格接管了多家亏损企业,并依托这些企业建立了空调、洗衣机和彩电等新生产线,1991年海尔兼并青岛空调器厂和电冷柜总厂,标志着大规模多元化进程的开始,并持续到1998年。

由于拥有明显高于大多数国内企业的管理能力并善于将其植入被兼并的企业,同时借助公司上市募集的资金在海尔工业园新建了一批企业,海尔在20世纪90年代将自己扩展为一个横跨白色家电(冰箱、空调)、黑色家电(彩电、音响)、米色家电(电脑等)、各种小家电以及制药、生物工程、金融服务等领域的多部门公司。海尔为适应其多产品的产业格局,在组织结构上完成了事业部制结构的改造,形成了成本中心、利润中心和资源调度中心的三级架构。

资料来源:东奥会计在线.海尔的品牌战略[EB/OL].(2013-07-12). https://www.dongao.com/gaoji/anlifenxi/201307/108639.shtml.

问:在该案例中,请分析海尔集团都采取了哪些战略。

案例7 滨化集团是在建于20世纪70年代的小型化工厂基础上发展起来的一个新型化工企业。它首先依靠当地的资源优势建起了氯碱化工、石油化工和精细化工几套装置,在此基础上,探索完成了各装置产品之间的相互关联,形成了具备自身优势的范围经济。在1994年成品油市场低迷和1996年氯碱市场过度饱和的情况下,企业不仅经受住了冲击,反而在各套装置的相互拉动下,企业得到了迅速发展。在1997年亚洲发生金融危机时,企业的范围经济又一次经受了考验。在这过程中,企业领导者适时调整决策,使各套装置相互拉动,协调发展,逐步走上了规模经济之路,企业得到不断发展。在后来的买方市场的经济大环境下,企业领导更是审时度势,战略决策与时俱进,通过"两个联合",企业的效益规模飞速发展。与中国海洋石油公司联合成立了中海沥青公司,拉动了企业石化行业的高速发展,与天津石化的联合带动了氯碱和精细化工,企业规模经济的优势更加明显,同时也跳出了自身范围经济的圈子,形成了企业之间的大规模的范围经济。在此基础上,企业又制定了今后发展的宏伟蓝图。

资料来源:刘同顺.滨化集团:关于范围经济与规模经济的小化工发展案例[D].大连:大连理工大学,2002.

问:从成本的角度思考滨化集团的规模经济和范围经济。

第6章 企业定价理论

一、名词解释

1. 定价目标(Pricing Objectives)
2. 成本加成定价法(Cost-plus Pricing)
3. 增量分析定价法(Incremental-cost Pricing)
4. 差别定价法(Discrimination Pricing)
5. 多产品定价法(Multiple Products Pricing)
6. 转移定价法(Transfer Pricing)
7. 心理定价策略(Psychological Pricing)
8. 折扣定价策略(Discount pricing)
9. 新产品定价策略(New Products Pricing)
10. 高峰负荷定价法(Peak-load Pricing)
11. 地区性定价策略(Geographical Pricing)

二、简答题

1. 企业价格制定的主要影响因素有哪些?
2. 什么是成本加成定价法?
3. 差别定价可以分为哪些类型?
4. 简述高峰负荷定价法。
5. 简述撇脂定价法的适用情况。

三、论述题

1. 在什么条件下可以施行差别定价法呢?
2. 什么是增量分析定价法?并简述增量分析定价法与成本加成定价法的异同。
3. 影响企业制定价格的因素有哪些?
4. 企业定价决策目标有哪几种?
5. 折扣定价策略的种类。

四、计算题

1. 假定 AA 公司生产水果刀的平均可变成本(AVC)为每件 10 元,标准产量为 50 万件,是生产能力的 80%,总固定成本(TFC)为 250 万元。如果企业的目标成本利润率为

30%,求产品价格。

2. 某高速铁路客运公司打算开辟一条客运线。支线的票价为每人400元,估计每天有乘客200人次。开辟支线的成本为每天12万元。由于开辟了支线,可使干线上的客运量增加,预计干线上的总收入将每天增加12万元,干线的成本每天增加7万元。开辟这条支线是否划算?

3. 假设一家垄断企业同时在两个分割的市场上销售产品。两市场的需求函数分别为 $P_1=40-4Q_1$ 和 $P_2=16-Q_2$。边际成本为8,不随产量的变化而变化。为使利润最大,企业应如何运用差别定价法在两个市场上分别确定销售量和价格?

4. 假定某摩托车制造公司拥有磨具厂M和机械加工厂J,且都自负盈亏。假定A的磨具生产产量只能满足J的需求且没有其他厂商对M的磨具有需求,J也只能从M取得磨具,且没有外部市场。已知J公司生产的机械设备的需求曲线为:$P_2=1000-10Q$,磨具的边际成本函数为:$MC_1=80+20Q$,用磨具生产机械设备的边际成本 $MC_2=120$(不包括磨具的转移价格)。求该公司磨具的转移价格。

五、案例分析

案例1 中国塑料门窗业开始于20世纪80年代,初期发展缓慢,到20世纪90年代末进入高速发展时期。国内型材生产企业大体可分为三个梯队:一是外商独资企业;二是国内特大型企业;三是国内地方型企业。这些企业规模不同,产品质量和价格差异也很大。

加拿大皇家集团是北美最大的化学建材生产企业,1997年在上海投资建立的全资子公司皇家建筑系统(上海)有限公司,主要产品为塑料门窗型材,共22条生产线。1998年10月正式投产,初期担心市场对高档塑窗产品的需求有限,而且主要竞争对手维卡、柯梅令等德国企业已成功进入中国市场近5年时间,故皇家集团实际只安装并投产了15条生产线。不到1年时间,皇家集团凭借其雄厚的技术力量、优良的产品品质、独特的营销方式以及"皇家"世界知名的品牌效应,迅速发展成为与德国维卡并列的中国市场上两大高档塑窗型材品牌之一,现有生产线接近满负荷运转。

进入2000年下半年后,由于市场需求旺盛,各地纷纷上马塑料门窗型材生产企业,扩充生产线。2001年以后,在全国由南到北掀起一股声势强劲的销售热浪,在激烈的市场竞争下,生产企业纷纷大幅度降价销售,有些企业甚至不惜牺牲产品质量降低成本,工程质量问题不断出现。此时皇家集团面临重大选择,如果22条生产线全面上马,从管理经济学角度看,扩充生产能力后,增加产量的边际成本小于平均成本,在供给方面存在规模经济。关键问题是,在其他企业大幅降价、销售出现困难的情况下,能否顺利销售增加的产品。于是皇家集团采取了灵活有效的定价策略来实现扩充销售量的目标。

通过市场调研,皇家集团制定了差别定价策略:

(1) 按客户每年的订货量,根据管理经济学二级差别定价原则,对不同消费数量段规定不同的价格,制定出相应的价格优惠比例。

(2) 塑料门窗型材每吨价值不是很高,运输体积较大,不适合长途运输,高档型材生产厂家均采取直销方式,所以在高档型材市场上没有中间商,各个销售区域之间相互隔离。因此,该企业根据三级差别定价原则,对不同区域的客户实行区别定价,即对内地经济欠发达、消费水平较低地区的客户,在上述第一条价格优惠的基础上,再优惠降低3%。

(3) 根据一些实际市场情况,制定一些灵活的价格优惠政策。

通过综合论证,公司正式决定增加生产线,扩大产能,并全面进行产品升级,于 2003 年投产。

资料来源:卢峰.商业世界的经济学观察:管理经济学案例与点评[M].北京:北京大学出版社,2003.

问:请你运用本章所学知识分析一下皇家集团的产品定价策略。

案例 2 2010 年 8 月 9 日一大早,记者来到家乐福梅林店蔬菜片区,场内包括木耳菜、菜心、菠菜、生菜、地瓜叶等十多种蔬菜的价格统一为每斤 0.98 元。疯狂的低价引起周边居民极大的抢购兴趣,不少人在购物车里放了三四种蔬菜。正在挑选通心菜的白女士表示,她家就在福田农批市场附近,但是她还是"舍近求远"来这里买菜。一方面购物环境相对比较优越,另一方面最重要的就是产品的价格,"我比较过附近一些超市和肉菜市场,像这样的通心菜其他的超市都要卖两三块一斤,而这里一块都不到,比农产品批发市场还要便宜。"

据记者了解,从本周开始家乐福开展名为 Color Day 炫彩生活的折扣活动,具体为:绿色星期一,全场 19 种蔬菜的销售价格为 0.98 元/斤;蓝色星期二,草鱼价格低至 4.88 元/斤;红色星期三,全场猪肉的价格为 5.98 元/斤;白色星期四,冷冻鱼全部打 7.5 折。此外还会在每个周末推出不同类型的超低价商品。无独有偶,上周末沃尔玛打着周年庆的招牌在深圳福星店进行大规模的低价促销。连续 39 个小时不打烊,包括衣食住等方面不同种类商品疯狂打折。在业内看来,这恰好证明了价格是最容易触动深圳消费者敏感神经的武器。以家乐福、沃尔玛为代表的大卖场通过近期一系列的动作充分表明:它们正采用自己最擅长的武器——低价,来应对市场的变化。

从去年开始,在扩大内需的政策感召下,包括天虹、新一佳、华润万家等超市在深圳加快了开店扩张的步伐。在这样的大背景下,大型卖场面临着种种压力,一方面物价的上升必然会减低市民的购买欲望,另一方面各种新开的特色超市又在不断蚕食市场的份额。为了打破市场的不利局面,沃尔玛、家乐福等大型卖场经过权衡后,最终还是采取了低价策略来迎接对手的挑战。沃尔玛中国总裁兼首席执行官陈耀昌在接受记者采访时表示,低价高品质始终是企业的首选目标,别的企业可能通过其他方式进行市场细分,但是低价就是沃尔玛最大的特色。

据记者观察,这次大卖场的"低价反击战"其品种广度与价格深度跟之前的促销有很大的区别。比如家乐福的"绿蓝红白"销售策略,它挑选的品种都是跟家庭日常消费息息相关的,以蔬菜、水产、肉以及水果类产品作为主打。以前进行促销,它们只是以单品的形式做噱头来吸引顾客的注意力,但这次每个类别基本都有 10 款左右的产品成为折扣商品。此外,在价格上呈现出来的则是低于市场最低价的策略。

家乐福深圳公关部负责人邱嘉萍介绍,部分民生商品的价格甚至是深圳市场价的 30%,而且企业特别成立了核价队伍搜罗各超市信息,每 3 个小时一次调整销售价格来确保促销商品的持续低价。

深圳零售业协会一位不愿具名的人士认为,"这次采取的低价策略我认为是非常明智和及时的。虽然价格低廉看起来没什么赚头,但是从大卖场的规模化采购来看,这部分产品还是可以达到保本的状态。商家更为看重的是由此带来的人流量以及消费黏性"。

资料来源:陈勇坚.家乐福沃尔玛生鲜低价战略增加顾客黏性[EB/OL].(2010-08-12). www.linkshop.com/news/2010140040.shtml.

问:试分析上述案例的定价依据。

案例3 许多经理在定价时使用成本加成定价法的一些变形,但是成本之上的加成必须根据市场的承受能力来确定。快餐店就是一个很好的例子。

彼得·萨本格先生在科罗拉多拥有好几家温迪饭店。为了确定菜单中各种菜肴的价格,萨尔格先生要计算成本,特别是食品的成本。他的目标食品成本约为一餐零售价格的30%~31%。后来又调低到28%~29%。萨尔格先生定的价格,务必使食品成本在价格中所占的百分比不超过目标。有些食品,如饮料,成本在价格中的比重只有20%。另外一些食品,如汉堡包,成本约为销售价格的一半。如果他发现食品成本在价格中的比重超过了31%就提价,但是在这样做之前,他要去麦当劳那里走一走,看看他们是怎样定价的。

如果他发现麦当劳汉堡包的价格比他的价格高出10美分,他就试着把自己的价格提高5美分。如果涨价后没有达到他的目标成本,他就会再适当提高其他食品的价格。"除非万不得已,我是不会提价的,"萨尔格先生说,"我每次涨价都会丢失顾客。"他尽量少提价,这样失去的顾客也少。

萨尔格先生还注意到,他的色拉柜台的需求对价格没有如此敏感。"生菜的价格波动很大,以至有时候不得不把色拉的价格提高30美分。但是即使这样涨价,我的色拉销售量也没有减少多少。"

资料来源:李静江,刘治兰.管理经济学[M].北京:华文出版社,2002.

问:请简要介绍一下成本加成定价法。

案例4 2001年3月份,就在彩电市场大打价格战时,空调降价的风声也越来越紧,科龙却一反常态,宣布全面上调其冰箱的价格,在业界引起普遍的关注。科龙集团提价冰箱涉及20余款。尽管最高升幅达到8%,平均升幅4.5%,然而市场销售却并未因此降温,经销商打款提货的销势更旺。

对于提价,科龙方面称有三点原因:① 品牌拉力。据权威评估机构最近公布的数据,科龙品牌价值达96.18亿元。科龙集团最近加强传播攻势,在中央电视台黄金广告时段投标成功,并投入5000万元强化品牌传播,给其冰箱产品足够的拉力。② 好卖的产品当然提价。科龙、容声冰箱去年发起技术战,投下巨额资金,开发新品,两大品牌冰箱一、二月销售业绩比去年同期增长了15%,部分市场出现脱销、供不应求的状况,因此,科龙集团冰箱营销本部"顺应经济规律"对20余款新品提价。③ 冰箱提价后,市场反应良好,提价自然要坚持。

细究下去,科龙对提价其实早有准备,由于几大巨头之间的默契,国内冰箱市场多年来波澜不惊,少有价格战的身影。有关资料显示,目前全国有30余家国家定点冰箱生产企业,年生产能力达到2000万台以上,而市场对冰箱的年需求量为1200台,年需求增长10%左右。在如此供大于求的状态下,国产合资品牌一直暗中较劲,抢夺市场。科龙旗下的容声冰箱在全国冰箱行业销量第一的位置已经连续保持了9年,早有海尔、新飞、美菱虎视眈眈,更有伊莱克斯、西门子两大合资品牌在一、二级零售市场上蚕食国产品牌的零售份额。对此,科龙 2000 年开始进行了一系列改革,为冰箱价格提升做足了准备。

资料来源:百度文库.企业定价策略经典案例[EB/OL].(2022-04-11). https://wenku.baidu.com/view/bbd53ab11a37f111f1855bc4.html?sxts=1573012797515.

问:根据该案例,你认为科龙的定价策略合理吗?

案例 5 休布雷公司在美国伏特加酒的市场上,属于营销出色的公司,其生产的史密诺夫酒,在伏特加酒的市场占有率达 23%。20 世纪 60 年代,另一家公司推出一种新型伏特加酒,其质量不比史密诺夫酒低,每瓶价格却比史密诺夫酒低一美元。

按照惯例,休布雷公司有 3 种对策可选择:① 降低一美元,以保住市场占有率;② 维持原价,通过增加广告费用和销售支出来与对手竞争。③ 维持原价,听任其市场占有率降低。

由此看出,不论该公司采取上述哪种策略,休布雷公司都处于市场的被动地位。

但是,该公司的市场营销人员经过深思熟虑后,却采取了对方意想不到的第 4 种策略。那就是,将史密诺夫酒的价格再提高 1 美元,同时推出一种与竞争对手新伏特加酒价格一样的瑞色加酒和另一种价格更低的波波酒。这使得休布雷公司获得了大量的利润,并渡过难关。

资料来源:百度文库.企业定价策略经典案例[EB/OL].(2022-04-11). https://wenku.baidu.com/view/bbd53ab11a37f111f1855bc4.html?sxts=1573012797515.

问:请你评价一下休布雷公司的定价策略。

案例 6 日本东京银座美佳西服店为了销售商品采用了一种折扣销售方法,颇获成功。具体方法是这样:先发一公告,介绍某商品品质性能等一般情况,再宣布打折扣的销售天数及具体日期,最后说明打折方法:第一天打九折,第二天打八折,第三天和第四天打七折,第五天和第六天打六折,以此类推,到第十五天和第十六天打一折,这个销售方法的实践结果是,第一天和第二天顾客不多,来者多半是来探听虚实和看热闹的。第三天和第四天人渐渐多起来,第五天和第六天打六折时,顾客像洪水般地拥向柜台争购。以后连日爆满,没到一折售货日期,商品早已售缺。这是一则成功的折扣定价策略。妙在准确地抓住顾客购买心理,有效地运用折扣售货方法销售。人们当然希望买质量好又便宜的货,最好能买到二折或一折价格出售的货,但是有谁能保证到你想买时还有货呢? 于是出现了头几天顾客犹豫,中间几天抢购,最后几天买不着者惋惜的情景。

资料来源:道客巴巴.定价策略案例分析[EB/OL].(2012-05-14). https://www.doc88.com/p-539793614081.html.

问:结合该案例简要介绍一下折扣定价策略。

案例 7 亚马逊公司的差别定价实验。作为一个缺少行业背景的新兴的网络零售商,亚马逊不具有巴诺公司那样卓越的物流能力,也不具有像雅虎等门户网站那样大的访问流量,

第1部分 习题与案例

第6章 企业定价理论

亚马逊最有价值的资产就是它拥有的 2300 万注册用户,亚马逊必须设法从这些注册用户身上实现尽可能多的利润。因为网上销售并不能增加市场对产品的总的需求,为提高在主营产品上的盈利,亚马逊在 2000 年 9 月中旬开始了著名的差别定价实验。亚马逊选择了 68 种 DVD 碟片进行动态定价实验,实验当中,亚马逊根据潜在客户的人口统计资料、在亚马逊的购物历史、上网行为以及上网使用的软件系统确定对 68 部碟片的报价水平。例如,名为《泰特斯》的碟片对新顾客的报价是 22.74 美元,而对那些对该碟片表现出兴趣的老顾客的报价则为 26.24 美元。通过这一定价策略,部分顾客付出了比其他顾客更高的价格,亚马逊因此提高了销售的毛利率,但是好景不长,这一差别定价策略实施不到一个月,就有细心的消费者发现了这一秘密,通过在名为 DVDTalk(www.dvdtalk.com)的音乐爱好者社区的交流,成百上千的 DVD 消费者知道了此事,那些付出高价的顾客当然怨声载道,纷纷在网上以激烈的言辞对亚马逊的做法进行口诛笔伐,有人甚至公开表示以后绝不会在亚马逊上购买任何东西。更不巧的是,由于亚马逊不久前刚公布了它对消费者在网上的购买习惯和行为进行了跟踪和记录,于是,这件事情曝光后,消费者和媒体开始怀疑亚马逊利用其收集的消费者资料作为其价格调整的依据,这样的猜测让亚马逊的价格事件与敏感的网络隐私问题联系在一起。

为挽回日益凸显的不利影响,亚马逊的首席执行官贝佐斯只好亲自出马做危机公关,他指出亚马逊的价格调整是随机进行的,与消费者是谁没有关系,价格试验的目的仅仅是为测试消费者对不同折扣的反应,亚马逊"无论是过去、现在或未来,都不会利用消费者的人口资料进行动态定价"。贝佐斯为这次事件给消费者造成的困扰向消费者公开表示了道歉。不仅如此,亚马逊还试图用实际行动挽回人心,亚马逊答应给所有在价格测试期间购买这 68 部 DVD 的消费者以最大的折扣,据不完全统计,至少有 6896 名没有以最低折扣价购得 DVD 的顾客,已经获得了亚马逊退还的差价。至此,亚马逊价格试验以完全失败而告终,声誉也受到了严重的损害。

资料来源:皮修平,周镕基. 经济学综合案例教学[M]. 北京:中国人民大学出版社,2010.

问:试分析亚马逊差别定价实验为什么会失败。

案例 8 柯达公司生产的彩色胶片在 20 世纪 70 年代初突然宣布降价,立刻吸引了众多的消费者,挤垮了其他国家的同行企业,柯达公司甚至垄断了彩色胶片市场的 90%。到了 80 年代中期,日本胶片市场被富士公司所垄断,富士胶片压倒了柯达胶片。对此,柯达公司进行了细心的研究,发现日本人对商品普遍存在重质而不重价的倾向,于是制定高价政策打响牌子,保护名誉,进而实施与富士竞争的策略。他们在日本发展了贸易合资企业,专门以高出富士二分之一的价格推销柯达胶片。经过 5 年的努力和竞争,柯达终于被日本人接受,走进了日本市场,并成为与富士平起平坐的企业,销售额也直线上升。

资料来源:百度文库. 企业定价策略经典案例[EB/OL]. (2022-04-11). https://wenku.baidu.com/view/bbd53ab11a37f111f1855bc4.html?sxts=1573012797515.

问:请简要介绍一下新产品定价策略。

案例9 日本某著名品牌，在日本生产机械产品，在国内销售，该公司开发出一种新产品（在日本应用比较多），在业内某个应用领域处于领先的技术水平，该新产品具有节能环保且控制精度高的特点，目前没有同行拥有同样的技术，但是这种特点并非企业生产的必需品，有其他普通类型的产品可以替代，完成同样的工作，同时该公司也在经营普通产品。该公司对于该特性产品的定价在进入市场初期就非常高，通常比国产普通替代品高2到3倍，即使比自产的普通产品也要高出差不多一倍的价格。进入市场3年多时间，市场占有率一直非常低，没有形成批量，最近，有同行厂家开发出具有类似特点的产品，但是价格要低大约30%，无奈，该公司选择跟随降价，但整体市场表现仍然不好。

资料来源：百度文库. 企业定价策略经典案例[EB/OL]. (2022-04-11). https://wenku.baidu.com/view/bbd53ab11a37f111f1855bc4.html?sxts=1573012797515.

问：试分析该企业定价策略失败的原因。

第 7 章　企业风险理论

一、名词解释

1. 企业风险(Enterprise Risk)
2. 风险识别(Risk Identification)
3. 敏感性分析(Sensitivity Analysis)
4. 杜邦分析法(DuPont Analysis)
5. 风险调整后的贴现率(Risk-adjusted Discount Rate)
6. 信息的价值(The Value of Information)
7. 最小最大惋惜规则(Minimax Regret Rule)

二、简答题

1. 请简述企业风险的特点与分类。
2. 企业降低风险的主要途径有哪些？
3. 企业的决策情况有哪几种？分别应该采用什么方法进行决策？
4. 试述风险管理的目标。

三、计算题

1. 某公司大厦存在火灾风险，其最大可保损失为 1000 万元，假设无可保损失，公司防损部现针对火灾风险拟采用以下处理方案：

(1) 自留风险；
(2) 购买保费为 4.2 万元，保额为 600 万元的火灾保险；
(3) 购买保费为 6 万元，保额为 1000 万元的火灾保险。

大厦火灾损失分布经验数据如表 1.7.1 所示：

表 1.7.1

损失金额(万元)	0	30	100	300	800	1000
损失概率	0.8	0.1	0.08	0.017	0.002	0.001

试利用损失期望值分析法比较三种方案，并指出最佳方案。

2. 有两个投资方案。方案 1：投资 500000 元，在以后 10 年中每年的期望净现金效益 100000 元；方案 2：投资 500000 元，在以后 10 年中每年的期望净现金效益 90000 元。方案 1 风险较大，变差系数为 1.2；方案 2 风险较小，变差系数为 0.8。企业根据两个方案变差系数的不同，规定方案 1 的贴现率为 10%，方案 2 的贴现率为 6%。

问:在不考虑和考虑风险的两种情况下,哪种方案更好?

四、论述题

1. 风险识别方法都存在一定的局限性,说明理由。
2. 试举例说明当下我国企业风险管理面临的创新与挑战。

五、案例分析

案例1 2005年,真维斯连锁店到达1100余家,全年营业收入超过20亿元,成为了绝对的行业领军者。此后10年,真维斯稳扎稳打,2014年,在全国拥有2400余家门店,销售额也突破了40亿港元,为母公司旭日集团贡献了58%的营业收入。

近5年,真维斯落伍了。从财务上来说,转折发生在2016年和2017年,2016年,真维斯尚能获得税后利润6674.7万港元,但在2017年全年亏损4509.6万港元,在2018年剥离旭日之前,真维斯中国2018年前5个月亏损高达4594.2万港元。伴随着亏损,一二线城市的门店也开始大规模收缩,2014年时真维斯门店数量为2284间,到2017年年末为1298间,几乎每天都有一家真维斯关门。此外,真维斯在香港的门店数量也从2017年的12家变为2018年年末的11家,在旭日的年报中,对香港真维斯的描述为:大体上仍能维持,加盟商表现参差不齐,订货量低于去年。

当然,亏损和关店只是表象,真实的原因还是出在了自己身上。其实真维斯的扩张步伐一直是非常谨慎和稳健的,在90年代的500余家门店中,80%属于直营店,对于门店管理,真维斯在一开始做得很好,但是由于品牌老化、"洋品牌"冲击,加之没能跟住电商,导致了销售业绩不佳,反噬了产品质量,2018年,武汉市工商管理部门就在抽检中发现真维斯服装在多个指标上不合格。

服装行业从业人士说,在早期,本土品牌"装"得很像进口品牌,从品牌名称到设计款式全面西化,由于信息的不对称,把国外品牌的款式拿过来改一改就能在内地卖得非常好,但如今,互联网电子商务已经几乎把这种信息不对称消减的一干二净,消费者能够轻易地发现和买到质量更好、款式更加新颖的服装。这种情况不仅出现在一二线城市,三四线城市也在享受着同样的便利,服装品牌的生命力源于能够持久更新,紧跟时代的设计,而真维斯长久以来都是在跟风,没有形成自己的品牌语言,更不要说设计理念上的进步了。

面对困境,真维斯只能通过打折来维持销量,平衡库存,十年前我们能找到29元的真维斯T恤,现在依然能找到29元的T恤,整体产品价格甚至比十年前还要低,这样的定价策略虽是不得已而为之,但它直接造成了品牌价值感下降,整个价格体系全面崩溃,甚至在一些消费者的心目中被定义为廉价品牌。真维斯的起势和失势告诫着服装行业的后来者们,做好产品才是生存的根本。

资料来源:搜狐新闻. 再见! 真维斯……[EB/OL]. (2019-04-10). https://m.sohu.com/a/307046947_100232859.

问:根据题中资料,指出真维斯公司面对的有哪几种风险。

案例2 A汽车生产商的内部审计部门正就旗下生产的渣土运输车进行尾气排放测试。内部审计部门发现,公司针对渣土运输车向外公布的尾气排放信息与内部记录的实际数据有重大差异。内部审计部门经理表示,测试样本显示的尾气排放量实际上要高于对外公布的排放量,有可能涉及虚假披露和违反环保法律法规。虽然已向相关部门主管报告,但该部门主管只承认错误并未采取任何改进措施。

资料来源:东奥会计在线.2017高级会计实务精华答疑:风险内容[EB/OL].(2017-08-09). https://m.dongao.com/c/2017-08-09/776337.shtml.

问:(1)简要说明企业在该事件中所暴露的与风险相关的主要问题。

(2)针对上述事件,应对企业内部控制的内部环境方面提出哪些改进措施?

案例3 B公司成立于1998年,主营业务为中药研发、生产和销售,现成为一家销售网络遍布各地的医药公司。2018年初,公司股东大会决定筹备公司上市申请事宜。为了进一步完善公司治理,股东大会重组了董事会,引入3名独立董事。改组后的董事会包括7名成员,董事会主席由公司总经理翟某担任,并成立了审计委员会等4个专业委员会。审计委员会由3人组成,分别是独立董事某大学会计学教授李某、独立董事卫生管理部门退休医学专家张某和公司董事兼财务总监赵某。

一年来,独立董事张某就公司战略制定、总经理任免和公司高管薪酬发表了独立意见。独立董事李某就公司内部控制、风险管理和大股东占用公司资金问题发表了独立意见。审计委员会成立一年来开展了一系列的工作:召开了1次审计委员会会议,讨论建立健全公司内部控制事宜;与内部审计师、总经理一起讨论公司内部控制缺陷事宜;向董事会建议由甲会计师事务所为公司提供年报审计服务,因为卓越会计师事务所(Excellent Accounting Co.)今年初已经为公司提供了验资服务,董事会以损害审计的独立性为由否决了该提案。

资料来源:华课网校.公司战略管理试题[EB/OL].(2019-03-06).https://www.examw.com/shiti/32252072/.

问:试说明B公司审计委员会组成的缺陷和日常工作中存在的问题。

案例4 国家税务总局近日印发《关于实施便利小微企业办税缴费新举措的通知》,推出8条便利小微企业办税缴费新举措。

新举措中推出"搭建线上诉求和意见直联互通渠道"和"优化涉税违法违规信息查询"两项具体措施,要求各级税务机关在线下直联方式基础上,运用信息化技术搭建与小微企业的线上直联互通渠道,更加广泛采集、精准分析并及时反馈小微企业实际诉求,进一步提升小微企业诉求和意见快速响应效率。各省份税务局将依托电子税务局,为小微企业提供涉税违法违规记录线上查询服务,便利小微企业及时了解本企业相关情况,防范涉税风险。

新举措中推出"制发小微企业办税辅导产品"和"制发税收优惠事项清单"两项具体措施,税务总局将针对小微企业日常办税事项,编制《小微企业办税一本通》;编写、发布并动态调整税收优惠事项清单,第一批清单包含小微企业相关的18类491项优惠事项,方便小微企业充分及时享受政策。

通知要求,各省份税务局要加强与政府部门协作,利用政务服务平台,实现新办企业开办涉税事项信息"一次填报、一网提交"。

此外,通知聚焦制约小微企业发展的融资难问题,要求各省份税务局积极与银保监部门沟通,将申请"银税互动"贷款的受惠企业范围由纳税信用A级和B级企业扩大至M级企业。在风险可控的前提下,探索为纳税信用A级和B级的小微企业创新流动资金贷款服务模式,切实缓解小微企业融资难、融资贵问题,激活小微企业发展内生动力。

资料来源:中国财经时报网.小微企业享8条便利办税缴费新举措 防范涉税风险[EB/OL].(2019-11-15).中国财经时报网.http://www.3news.cn/24hot/2019/1115/377023.html.

问:请根据相关知识分析该案例。

案例5 前不久,山东省烟台市市场监管局制定出台了《开展企业信用风险分类管理试点工作方案》,利用互联网、大数据等现代技术手段,探索企业信用风险监测预警和分类管理,实现监管资源合理配置和高效利用。

"本次试点工作是探索构建企业信用风险分类指标体系和自动化分类模块,对企业信用风险进行自动识别和分类,对主要风险点进行精准识别和监测预警,实现对风险行为早发现、早提醒、早处置,提高监管及时性、精准性、有效性,更好地服务'双随机、一公开'监管,提升智慧监管能力。"该局工作人员介绍,下一步,将加大企业信用风险数据归集和分析力度。

此外,本次试点工作还将探索按照企业信用风险类别实行差异化管理和风险预警。对信用风险较低的企业,合理降低抽查比例和频次;对信用风险一般的企业,按照常规比例和频次抽查;对信用风险较高的企业,适当提高抽查比例和频次,依法依规实行严管和惩戒。对存在较高风险的行业、地域,采取有针对性的监管措施,必要时发布风险预警信息,及时防范化解风险,实现智慧监管。

资料来源:中国质量新闻网,山东省烟台市市场监管局开展企业信用风险分类管理试点工作[EB/OL].(2019-11-01).http://www.cqn.com.cn/zgzlb/content/2019-11-01/content_7712519.html.

问:请结合风险识别的相关知识分析该案例。

案例6 一起让7人获刑的A股并购案!最高被判15年半,券商主办人判3年,追缴近5亿,当事三方均未幸免。粤传媒前几年的一桩并购案近日浮出水面,包括粤传媒三位时任高管、并购方香榭丽三位负责人以及中介机构东方花旗证券原投行部董事,因合同诈骗罪或行贿罪等,均被判以实刑,刑期从3年到15年半不等,这或将成为A股市场最令人唏嘘的一场并购案。

事情还得从6年前说起。2012年9月,叶玫、乔旭东等股东将公司整体变更为股份有限公司,名称为上海香榭丽广告传媒股份有限公司,叶玫担任董事长、总经理,乔旭东担任副总经理,兼北京分公司总经理,梁志欣担任董事会秘书,周思海任公司财务总监。2013年6月,香榭丽公司经东方花旗证券公司郑剑辉介绍,与粤传媒开始洽谈并购事宜。为了尽可能提高公司的估值,叶玫安排乔旭东、周思海及梁志欣等人,以制造虚假业绩的方法,使香榭丽公司出现业绩和盈利都持续增长的假象。2013年9月,叶玫、乔旭东代表香榭丽公司与粤传媒签订粤传媒并购香榭丽公司意向书。随后,粤传媒委托第三方中介机构进驻香榭丽公司进行尽职调查。在尽职调查的过程中,香榭丽公司向第三方中介机构提供虚假财务资料,中介机构出具了错误的报告。2013年10月,香榭丽公司叶玫、乔旭东等全部股东与粤传媒签订协议,粤传媒同意以4.5亿元并购香榭丽公司。2014年7月完成本次交易。并购完成后,叶玫分得粤传媒股票750万余股,乔旭东分得206万余股及现金808万余元,周思海作为香榭丽公司的高管,通过与叶玫约定获得工作奖励100万元,香榭丽公司其他股东分得剩余的现金及股票。根据上述协议,叶玫、乔旭东继续经营管理香榭丽公司,并履行协议约定的义务。在不具备合同履行能力的情况下,叶玫、乔旭东、梁志欣、周思海等人继续隐瞒业绩及加大造假行为,以多种方式冲抵虚假业绩带来的应收账款,制作虚假合同降低公司阵地成本。在此期间,2014年9月和2015年1月,粤传媒两次增资香榭丽公司共计4500万元。叶玫、乔旭东等人所持有的粤传媒限售股被锁定限制出售,以用于未完成利润承诺时对粤传媒进行业绩补偿,在明知此约定的情况下,叶玫、乔旭东等人仍将其所持有的限售股票质押给东方证券股份有限公司,套现5436万元。法院认为,叶玫、乔旭东、周思海的上述行为,造成香榭丽公司的财务状况混乱,公司严重亏损,导致被害单位粤传媒并购资金及对香榭丽公司经营投入4.95亿元的巨大损失。承诺业绩不但没实现还巨亏,按道理讲,香榭丽的原股东应该补偿,然而,香榭丽部分原来的股东在限售期内已经将其持有的部分粤传媒股票进行了质押,而后又因债务担保纠纷等原因致使股票被司法冻结。香榭丽在2016年9月就申请了破产,至2017年6月30日,香榭丽的净资产为5.2亿。最终粤传媒在2017年9月份以1元钱的价格将香榭丽转让出去。

资料来源:新浪财经.粤传媒并购香榭丽案:最高被判15年半 当事3方无幸免[EB/OL].(2018-05-29). http://finance.sina.com.cn/stock/s/2018-05-29/doc-ihcffhsv2050451.shtml.

问:请结合相关知识分析粤传媒并购香榭丽过程中存在哪些方面的风险。

案例7 钢贸企业是我国制造业的重要组成部分,其发展状况直接影响制造行业的整体发展质量和水平。近年来,经济全球化发展趋势不断增强,这为钢贸企业带来了前所未有的发展机遇,同时也带来了更加激烈的竞争和挑战。为了在国际市场经济中获得进一步的生存和发展,钢贸企业应不断提升综合竞争力,加强资金管理力度,提高企业资金风险防控能力,为钢贸企业的长远健康发展提供必要的资金保障。钢贸企业是钢材贸易企业的简称,通常情况下与钢厂签订的是年度销售合同,并且按照约定的年度采购量和采购价格,钢厂销售先付款然后再交货,也就是说钢厂会利用钢贸企业的资金进行生产,再将产品销往钢贸企业,由其垫付资金购买钢厂产品,以此来供应施工单位,在交货、开具销售发票并送达到施工方之后的一个月内进行货款的回收。钢贸企业实际上是以中间商的形式存在,承担着整个钢材贸易的资金压力和风险。在采购过程中要先付款然后再交货,并且在供应方面是先交货后收款,导致钢贸企业在资金方面完全失去了控制力,不仅需要承受采购所预付的资金压力,而且也要承担应收账款的回笼风险。在采购的过程中需要先付款,但是如果钢材的行情下跌,那么钢贸企业就需要承担跌价所带来的风险,如果价格上涨的话,钢厂的产品就会出现供不应求的状况,钢贸企业为了有效保证供应,就会迫使在零售市场通过高价采购部分产品的方式来满足应急的需求,在销售环节也会先给施工单位发货然后按月结算供应款。钢贸企业的销售款回款周期至少是两个月,如果无法回笼资金的话,就会导致供应商的既得利润被侵蚀,甚至导出出现呆账或者坏账,产生较大的资金风险,会对钢贸企业的生存发展造成致命打击。

资料来源:卢亚松.钢贸企业资金风险问题及防范对策探讨[J].财经界,2010(19):21-22.

问:请结合相关知识分析钢贸企业有哪些预防风险的方法。

案例8 随着社会经济的不断发展,房地产行业作为我国重要的经济支柱之一,虽然发展前景十分可观,但房地产企业在开发项目的过程中,往往会受到各种风险的影响,导致经济效益受到一定程度的影响。

在现阶段,房地产属于一种投资资金密集的大型产业,在房地产行业中,绝大部分企业都保持着较高的资产负债率,房地产企业主要是利用拆借、发行公司债券、抵押贷款等方式来取得银行的融资,企业在未取得预售许可证之前,所有的开发项目几乎无法取得利润或收入,因此,需要投入巨大的财务成本,并且还需要支付相关的管理费用,这种模式给房地产企业的经营带来巨大的压力,并且存在较大的资金管理风险,一旦在某一环节出现失误,将会给房地产企业的正常运营带来巨大的影响。

在一般的情况下,房地产开发报建过程中所存在风险与政府部门的行政效率和审批政策有着最直接的关系,房地产企业在获得对应项目的土地权之后,首先需要通过贷款的途径支付前期开发的巨额费用,也就是拆迁、土地出让等款项,由于涉及拆迁或者是土地出让等工作,需要动用巨额资金,因此,巨大的财务成本长期以来都是影响房地产企业发展的重要问题,在现阶段,只能通过加快进度投入施工、预售等方式来实现资金的回笼。但在目前阶段,项目在开发报建过程中,常常受到规划、土地、建设、预售等手续在办理阶段问题的影响,这就是风险,目前绝大部分影响都来自政府行政效率和审批政策等方面的问题,而且不同的地区政策条款存在一定的差异,因此在处理各项问题过程中延长了项目开发报建的时间,这无疑给房地产企业带来一定的经济损失。

在房地产项目开发过程中,其中图纸的设计与施工环节作为核心部分,一旦前期的施工图设计存在不规范的问题,在后续审查阶段就会遭遇反复修改的问题,这种设计变更的问题严重延长了项目的施工周期;而在施工阶段,一旦未能严格根据设计图纸的方向进行施工,就会引起多个施工环节需要返工的情况,对后续的验收工作带来影响,此外,在施工环节中,部分项目开发商或者是总包单位为了实现成本的控制,常常会在材料、降低施工标准等工作中大做手脚,再加上施工过程中本身存在不可抗力因素,包括施工安全事故等问题导致停工,严重耽误了施工工期,工程未能如期交付,这给房地产企业带来巨大的经济损失。

房地产项目的销售环节是决定整个项目最终盈利目标的重要因素,但在现阶段,项目的销售环节常常受到市场的景气程度、最终建成的产品是否满足市场要求与预期、标竞品的实际入市情况等因素对房地产企业回笼资金快慢的影响,同时也对整个项目的预期营收以及后续项目滚动开发造成一定程度的影响,因此,营销回款环节中所存在的风险必须得到房地产企业的重视。

资料来源:黄树强.房地产开发全过程风险分析及防控[J].居舍,2020(2):7.

问:请结合相关知识分析房地产企业应对开发过程中风险的策略。

第8章 企业投融资理论

一、名词解释

1. 资本结构理论(Capital Structure Theory)
2. 代理成本理论(Agency Cost Theory)
3. 投资(Investment)
4. 净现值(Net Present Value)
5. 内部报酬率(Internal Rate of Return)
6. 获利指数(Profitability Index)
7. 企业融资(Corporate Financing)
8. 债券融资(Bond Financing)
9. 投融资管理(Investment and Financing Management)

二、简答题

1. 简述企业资本结构理论内容。
2. 简述新资本结构理论的主要观点
3. 什么是投资？投资的定义包含什么内容？
4. 投资和融资产生的原因分别是什么？
5. 什么是企业融资？企业融资的方式主要有哪些？
6. 企业投融资理论概述。

三、论述题

1. 什么是代理成本？它们是怎样发生的？分别表现是什么？
2. 企业投资的风险有哪些？在投资过程中应如何防范这些风险？
3. 企业融资的风险有哪些？在融资过程中应如何防范这些风险？
4. 企业投融资管理存在哪些问题？如何解决？

四、案例分析

案例1 马来西亚南北高速公路全长912千米，最初是由马来西亚政府所属的公路管理局负责建设，但是在公路开始建设400天后由于财政方面的困难，政府无法将项目建设下去，采取其他项目融资成为唯一可取的途径，在众多的融资项目中马来西亚政府选择了BOT融资模式。BOT(Bulid Operate Transfer)融资模式，即建造—运营—移交方式。这种方式最大的特点就是将基础设施的经营权有期限地抵押以获得项目融资,或者说是基础设施国有项目民营化。在这种模式下,首先由项目发起人通过投标从委托人手中获取对某个项目的特许权,随后组成项目公司并负责进行项目的融资,组织项目的建设,管理项目的运营,在特许期内通过对项目的开发运营以及当地政府给予的其他优惠来回收资金以还贷,并取得合理的利润。特许期结束后,应将项目无偿地移交给政府。在BOT模式下,投资者一般要求政府保证其最低收益率,一旦在特许期内无法达到该标准,政府应给予特别补偿。

历时两年多的谈判,马来西亚联合工程公司在1989年完成了资金安排,使得项目得以重新开工建设,马来西亚政府和马来西亚联合工程公司签署了一项有关建设经营南北高速公路的特许合约。马来西亚联合公路公司为此成立了一家项目子公司——南北高速公路项目有限公司。以政府的特许合约为核心建立起来项目的BOT融资结构由三部分组成:政府的特许合约、项目的投资者和经营者以及国际贷款银团。在本案例中,项目发起人为马来西亚政府,项目经营者为南北高速公路项目有限公司,项目的贷款银行包括马来西亚银团(马来西亚银行和其他金融机构)和国际银团(国外银行组成的国际银团)。项目资金来源为马来西亚联合工程公司投入11.5亿美元(股本资金)、马来西亚银团投入5.81亿美元、国际银团投入3.4亿美元。

资料来源:杨光. 项目融资案例分析[EB/OL]. (2010-10-07). https://max.book118.com/html/2020/1006/6122240243003003.shtm.

问:请你查阅资料详细了解BOT融资模式,评述一下本案例中的融资结构。

案例2 莫桑比克共和国希望通过对外开放和私有化促进本国经济发展,因而提出了包括N4 Platinum收费公路、Ressano-Garcia铁路以及马普托港三个项目在内的马普托走廊项目。马普托港项目的前景主要取决于港口的货物处理量。在内战爆发前,马普托港年货物处理量为1500万吨,相比之下,同一时代南非德班港的年货物处理量也仅为2200万吨。1997年,在英国上市的港口运营商Mersey码头港口公司,瑞典建筑业巨头Skanska投资部门,南非的货运和物流公司Grindrod,葡萄牙集装箱码头运营商Liscont Operadores de Contentores S. A和莫桑比克Gestores S. A. R. L公司组成的联合体被选中为最优投标者,组建了一家名叫马普托港发展公司(MPDC)的本地公司来运作该项目。2000年9月,MPDC和国家铁路港口运营商(CFM)签订特许经营协议。根据协议,MPDC在15年的特许期里享有管理港口的服务,并对港口特许经营区进行融资、管理、运营、维护、建造和优化的权利。在适当的条件下,特许期可以再延长10年。尽管拥有以上有利因素,但是项目融资直到2003年4月才最终完成。

本项目中,发起人为莫桑比克政府,项目经营者为马普托港发展公司(MPDC),项目的贷款银行和机构主要包括国际银团(南非商业银行、南非发展银行)、荷兰发展金融公司以及一系列出口信贷机构。其中,马普托港发展公司(MPDC)出资3500万美元,国际银团(荷兰发展金融公司、南非商业银行、南非发展银行)出资2700万美元,荷兰发展金融公司出资500万美元,荷兰发展金融公司出资800万美元。

资料来源:杨光. 项目融资案例分析[EB/OL]. (2010-10-07). https://max.book118.com/html/2020/1006/6122240243003003.shtm.

问:请简要分析一下项目各参与方的得益。

案例3 公私合营模式(PPP),以其政府参与全过程经营的特点受到国内外广泛关注。PPP模式将部分政府责任以特许经营权方式转移给社会主体(企业),政府与社会主体建立起"利益共享、风险共担、全程合作"的共同体关系,政府的财政负担减轻,社会主体的投资风险减小。截至2019年9月底,温州市累计入库PPP项目80个,总投资额达1128.73亿元,在与市民生活息息相关的"大干交通""精建精美"等领域,随处可见PPP的身影。于日前实现全线贯通运营的市域铁路S1线一期工程,正是采用了PPP合作模式,总投资额90亿元,政府通过"转让—运营—移交"的方式将30年运营权转让给项目公司,由项目公司负责项目设施的运营、维护、管理、更新改造和追加投资等工作。与S1线同时通过国家PPP综合信息平台项目管理库入库审核的七都大桥北汊桥工程,PPP合作总投资28.4亿元,采用"建设—运营—移交"方式与项目公司合作,合作期14年,项目公司负责项目投资、建设和运营养护。为争取让更多项目进入国家PPP项目库,市财政局主动与上级部门汇报对接,使PPP模式能在S1线和七都北汊桥、瓯海龙舟基地等重点公共服务项目上充分推广运用,有效缓解了温州市的财政资金压力,起到充分调动民间资本普惠民生的作用。

为给PPP项目提供更多的机制保障,市政府和市财政局都建立了PPP工作领导小组和定期会议通报协调机制,并出台系列政策推动PPP工作制度化、机制化、规范化发展,目前项目落地率达93%。与此同时,温州市已打通"中央—省—市"三级基金合作链条,与中国PPP基金签署100亿元"一揽子支持计划"战略合作协议;与省级PPP基金合作设立10亿元规模的温州基础设施投资基金;市级则组建了50亿元大建大美投资保障基金,充分发挥基金的撬动作用。

资料来源:浙江新闻.PPP入库数据全省第一总额超千亿元温州民资在公共领域遍地开花[EB/OL].(2019-10-16). https://zj.zjol.com.cn/news.html?id=1308203.

问:请你查阅资料,分析BOT模式与PPP模式的异同,并说明PPP模式有哪些优点?

案例4 蒙牛乳业(集团)股份有限公司(简称蒙牛乳业或蒙牛),成立于1999年8月,总部设在内蒙古呼和浩特市和林格尔县盛乐经济园区。作为中国领先的乳制品供应商,蒙牛专注于研发生产适合国人健康的乳制品,截至2017年12月,蒙牛根据市场潜力及产品策略布局产能,建立了38个国内生产基地,1个海外基地,年产能达922万吨。2017年,蒙牛实现收入601.56亿元,比2016年的537.793亿元增长11.9%;净利润20.478亿元,同比增长33%。

而在1999年蒙牛成立之初,蒙牛的启动资金仅有蒙牛创始人牛根生东拼西凑来的900万元。创立之时,蒙牛面临的是"三无状态":一无奶源,二无工厂,三无市场。但是包括牛根生在内的10位创业者有5位是来自伊利,可谓经验丰富、往绩彪炳。牛根生团队对乳品行业的运营规律有着深刻的认识和把握,他们拥有广泛的人脉关系和可供利用的市场渠道。蒙牛在第一个年头剩下的3个半月就实现了3730万元的销售收入。2000年是2.467亿元,2001年升至7.24亿元,2002年再升至16.687亿元,2003年跃过40亿元!

2002年已驶入快车道的蒙牛对资金十分渴求,要开拓市场、建立自己的产业链条,在全国铺建生产和销售网络,必须有资本!资本的注入对其成长至关重要。融资渠道:① 银行贷款。对于蒙牛那样一家尚不知名的民营企业,又是重品牌轻资产的商业模式,银行贷款是有限的。② 上市融资。2001年开始,他们开始考虑一些上市渠道。首先他们研究当时盛传要建立的深圳创业板,但是后来深圳创业板没做成,这个想法也就搁下了。同时他们也在寻求A股上市的可能,但是对于蒙牛当时那样一家没有什么背景的民营企业来说,在A股上市恐怕需要好几年的时间,蒙牛根本就等不起。2002年初,蒙牛股东会、董事会均同意,在法国巴黎百富勤的辅导下在香港创业板上市。但是,香港创业板除了极少数公司以外,流通性不好,机构投资者一般都不感兴趣,企业再融资非常困难。③民间融资。国内一家知名公司来考察后,对蒙牛团队说他们一定要求51%的控股权,对此蒙牛不答应;另一家大企业本来准备要投,但被蒙牛的竞争对手给劝离了。

就在蒙牛融资困难之时,摩根士丹利与鼎晖(私募基金)通过相关关系找到蒙牛,要求与蒙牛团队见面。摩根与鼎晖劝牛根生团队应该引入私募投资者,使资金到位,帮助企业成长与规范化,企业做大做强后可以直接海外上市。海外上市存在三种途径:境外设立离岸控股公司境外直接上市、境内股份制公司境外直接上市、境内公司境外借壳间接上市,外资创投首选的是第一种。蒙牛上市就是采用第一种方法。

2002年6月,摩根士丹利、鼎晖、英联机构投资者在开曼群岛注册了开曼公司。同月,成立开曼公司全资子公司——毛里求斯公司。2002年9月,蒙牛乳业的发起人在英属维尔京群岛注册成立了金牛公司。同日,蒙牛乳业的投资人、业务联系人和雇员注册成立了银牛公司。金牛和银牛各以1美元的价格各自收购了开曼群岛公司50%的股权。

由于中资企业不经批准是不可以在海外上市的。在企业重组后他们对蒙牛的控股方式由境内身份直接持股变为了通过境外法人间接持股。通过境外注册公司和间接持股变化解决股东身份问题和上市身份问题。2002年10月17日,三家投资机构以认股方式向开曼群岛公司注入约2597万美元(折合人民币约2.1亿元),取得了90.6%的股权和49%的投票权。该笔资金经毛里求斯公司最终换取了大陆蒙牛66.7%的股权,其余股权仍由发起人和关联人士持有。由于蒙牛的发展速度令人吃惊,2003年税后利润达2亿元,但是蒙牛的资金缺口依然很大,要蒙牛上市融资还需一年期准备,因此2003年10月三大机构决定再次对蒙牛注入资金3523万美元。

2004年6月蒙牛股票在香港持牌上市。摩根、英联、鼎辉三家国际投资机构成为最大的赢家。三家机构两轮投资共支付6120万美元(4.77亿港元)。本次IPO由于市场反应热烈三家机构如果全额行使"超额配股权"增加售股额至1.525亿股,套现近6亿港元。2004年12月,摩根士丹利等国际投资者行使第一轮"可换股文据",即3.67亿股蒙牛乳业可转债的转换,债券转换股票价格为每股0.74港元的30%(合约规定了行使债转股的价格为每股净资产的价格)。增持股份1.105亿股。增持成功后,国际投资者立即以6.06港元的价格抛售了1.68亿股,套现10.2亿港元。2005年6月15日,摩根士丹利等国际投资者行使全部的剩余"可换股文据",共计换得股份2.58亿股,并将其中的6261万股奖励给管理层的代表——金牛(BVI)。同时,摩根士丹利等跨国机构把手中的股票几乎全部抛出变现,共抛出3.16亿股(包括奖给金牛的6261万股),价格是4.95港元,共变现15.62亿港元。三机构共剩余131万股,按合约规定,蒙牛必须每年对其分红,三大机构在蒙牛的成长业绩中继续获利。至2005年6月,三大风投机构共套现31.82亿港币(抵扣各种费用,最终获利25亿港币),投资报酬率超过550%。

资料来源:叶长燊.蒙牛风险投资案例分析[EB/OL].(2010-12-09). https://wenku.baidu.com/view/217693859f3143323968011ca300a6c30c22f12a.html.

问:请你思考一下,为什么我国的风险投资者没有在蒙牛融资困难的时候及时出手从而失去了获得超额收益的机会?

案例5 2017年2月28日,上海交通大学互联网金融研究所、京北投资联合重磅发布《2016年度中国互联网金融投融资分析研究报告》,对2016年互联网金融投融资进行全方位的深度扫描。

报告显示,2016年度中国互联网金融投融资市场发生的投融资案例共计459起,完成融资的企业数为427家,融资金额约为901亿元人民币。相较于2015年度互联网金融投融资金额约为493亿元人民币(排除中国邮政储蓄银行获得战略投资451亿元事件),2016年度的互联网金融市场投融资规模增长达182%以上。

(1) 从细分领域来看,获得投资最多的细分领域为网络贷款类,而互联网保险成为继贷款与理财外获得风险投资青睐第三多的细分赛道。

(2) 从投融资轮次来看,2016年互联网金融领域A轮及A+轮投融资案例数量最多,获得B轮及以后占比达到19.17%,一半以上完成融资的企业融资规模属于千万级别。

(3) 从投融资地区来看,北京、上海、广州、浙江四省市依旧是2016年度互联网金融投融资的高发地,成都、重庆等地互联网金融也在逐步发展。

(4) 从投资机构所投案例数来看,京北投资、IDG资本、经纬中国、顺为资本、真格基金成为2016年中国互联网金融领域投资数量最多的专业股权投资机构TOP5,同时相较于去年,越来越多的投资机构将互联网金融作为其重点投资方向之一。

2016年度中国互联网金融领域就投融资案例数来看,获得投资最多的细分领域为网络贷款类,共139起,占整个年度投融资案例数的30.28%;除此之外互联网保险成为2016年度最为火热的细分领域之一,投融资案例数占比从2015年度的4.88%上升至10.89%,成为继贷款与理财外获得风险投资青睐第三多的细分赛道。

就投融资金额来看,获得投资最多的细分领域为金融综合服务,获得投资573.21亿元人民币,占整个年度投融资总额的63.57%。互联网金融经过几年的发展,金融对于全产业链的价值已经逐步凸显,无论是上市公司还是原有的互联网巨头,以及已经在细分赛道成长为独角兽的企业都已经开始集团化发展,朝着金融综合服务迈进。

2016年度中国互联网金融投融资市场上A轮及A+轮投融资案例数量最多,共计150起,占整个年度投融资案例数的32.7%,获得B轮及以后轮次的投融资案例数也占到了整个年度投融资案例数的19.17%。从融资规模来看,一半以上获得投资的企业融资规模属于千万级别,并且获得亿元及以上的投资案例占整个年度融资案例数的17.64%,巨头格局已然显现。

报告显示,从投融资案例数来看,人民币融资392起,占总投融资案例数的90.53%,美元融资41起,占总投融资案例数的9.47%,由此可以看出,人民币基金在互联网金融投融资领域依旧占据绝对主流地位。

但从投融资金额来看,2016年中国互联网金融领域,人民币投融资总额约为370.43亿元,美元投融资总额约为531.24亿元,美元投融资金额约为人民币投融资金额的143.41%。数据表示因为国内目前金融机构上市政策还不明朗,海外上市还是诸多互联网金融巨头(陆金所、蚂蚁金服、分期乐、51信用卡)的首选,这也是数量不到10%的美元投资案例占据了融资金额59%的最为重要原因。

目前,我国网贷平台数量锐减。2016年底网贷行业正常运营平台数量达到了2448家,相比2015年底减少了985家,预计2017年网贷行业运营平台数仍将进一步延续平台数量递减的趋势,或许在2017年底将下降至1~1200家以内。

网贷成交量却逆势生长。2016年网贷行业成交量达到了20638.72亿元,相比2015年(9823亿)增长了110%,累计成交量接连突破2万亿元、3万亿元两个大关,单月成交量更是突破了2000亿元。预计2017年将继续增长,突破年成交量3万亿元。

在大数据金融领域,可以助力企业展开用户行为分析,实现精准营销,并为金融业提供风险管控,那么从贷前进一步向下延伸,互联网+大数据+催收是否是新的风口?那么掌控场景(资产端),具有金融产品设计能力(产品化),并且能通过轻量级风控、征信能力合理规避风险,对接各类型金融机构(资金端)的架构设计是否成为大数据金融公司的发展方向?

传统的供应链金融,是以银行或传统金融机构主导,通过绑定核心企业来给核心企业授信,并给予其上、下游企业一定支持。这对于供应链金融企业的BD能力以及自身资源能力提出很大的挑战。近期以B2B或SaaS模式切入供应链金融,从"三流"切入成为供应链金融最容易弯道超车的商业模式。

中国互联网保费规模从2011年的32亿元飙升至2015年的2234亿元,增长了约69.81倍,在保险业总保费中的比重从0.2%攀升至9.2%。但2016年12月26日保监会开展以网络互助计划形式非法从事保险业务专项整治工作的通知,让处于2016年度互联网保险领域最大风口的网络互助一时间草木皆兵。从实际情况来看,传统保险公司通过与其他主体合作开发线上销售渠道,并与自身线下优势协同(提升服务+二次销售),而互联网巨头(BAT、京东、东方财富等)利用自身的流量优势完善自身综合金融生态圈,布局保险形成闭环。

2016年第三方支付整体交易规模达到87万亿,同比增长了73%。其中,线下POS收单流水增长54%至22万亿元,占整体比重约25%;互联网支付交易规模达到65万亿,占比75%,其中PC端增长为36%,移动支付增长达到110%。一句话总结:巨头已瓜分完市场,但机会还远没有完结。

区块链对于金融,与其说是提供了一种强安全技术机制的支付、清算与交易体系,更为本质的在于其创造了一种新兴的金融监管模式。但目前国内的区块链企业还主要处于发展早期,更多的在于理论的研究与检验,应用层面还不够成熟。

总体来看,互联网金融仍是创业与投资的风口之一,京北投资、天使茶馆创始合伙人桂曙光指出,随着科技不断进步,创新模式、创新业态将不断产生,转型与跨界融合的大趋势愈发明朗,将为大数据金融、互联网保险、互联网证券、供应链金融、消费金融、金融资产交易、催收等细分领域的持续成长提供契机,更多以金融为本质并更好地运用互联网手段的优秀创业企业,将会持续获得资本的青睐并迎来巨大的发展机会,并在2017年成长为新的独角兽。

资料来源:猎云网.2016年互联网金属投资案例共计459起,融资901亿元[EB/OL].(2017-02-28).https://www.lieyunwang.com/archives/278596.

问:你认为未来互联网投融资前景如何?

案例6 中小企业作为国民经济的组成部分,对一国经济的持续、稳定、协调发展起着重要作用,这一点得到国内外的广泛认可。改革开放以来,我国中小企业迅速崛起。全国4200多万家在工商部门注册的企业中,中小企业已超过4000万户,超过全国企业总数的99%。根据国家发展改革委的统计,我国中小企业占全国企业销售收入的60%,创造了74%的工业增加值和50%的工商税收入。全国城镇就业岗位中有80%左右是由中小企业提供的,中小企业在我国经济发展中具有举足轻重的地位。然而,我国大多数中小企业都面临着融资难的困境,中小企业难以获得流动资金以及技术改造、基本建设所需要的资金,资金短缺成为制约中小企业发展的主要瓶颈。

我国中小企业从银行那里只获得了不到25%的贷款份额,但是它创造的GDP却占全国的60%。根据2010年上半年显示的数据可以看出,中小企业贷款份额只占银行总贷款的15%,银行业不良贷款率的平均水平是2%而中小企业却达到了11.6%,贷款风险偏高是中小企业的明显特征;2011年上半年的数据显示,小企业贷款占中国金融机构贷款总额的8.5%;从中国人民银行的数据反映出一个问题,政府融资占中长期贷款的70%,中小企业只获得贷款的10%～15%左右。据不完全统计,在一份调查问卷中显示,2000多家的中小企业把资金短缺放到了制约企业发展的首位,绝大部分的企业都面临着融资难的问题。

余欣是一家服装公司的老板,2005年10月,他由于生意上的需要,收购了一家本地的小服装厂,本来值得高兴的事情,却没让余欣高兴起来:两个工厂相隔太远,而且人员的骤增,给生产、销售、人事等各个环节就带来了很多麻烦。就拿财务一项来说,每个月发工资的时候都得两边跑好几趟,仔细核算账务。

秘书小刘无意中跟余欣提起的一套企业管理ERP软件让他很心动,而办公室老王天天来找他,说想增加一套性能高点的服务器和存储设备。于是余欣就打电话问了问,一套软件加服务器,要40多万元!而且工程师也说了,可能还要根据公司的情况对软件进行二次开发。总算下来,没有50万元可能下不来。这下余欣犯难了:上次公司需要一套造价60万元的模具,自己都没舍得买。但ERP和服务器的确是必需的,于是余欣试图向银行贷款100万元解决模具和软件的问题。

但是,余欣腿都跑细了,也没有结果。在当地,服装企业多达上千家,像余欣这样不到200人规模的生产企业并不引人注目,而在银行看来,这样的企业还没有进入银行信贷部的视野。余欣很郁闷:几个月的短期借款几乎是没有风险的,银行为什么偏偏不做我的生意?在余欣看来,现在的民营企业,受重视的只有为数不多的大型企业。"大企业的贷款都是银行上门送来的,而小企业呢?求也求不来。"他说。

万般无奈之下,余欣只好求助于当地的一家"大老板",由于对方是自己多年的朋友,加上他对余欣的业务状况也还比较了解,对方才答应帮忙。然而,这笔贷款也绝不是免费的午餐,余欣必须支付每月3%的利息。

此案例的融资成本在中小企业的融资案例中属于偏高的,其借款融资的月息为3%,对于该案例中的这样的小型企业,其需要的资金其实并不多,而且其融资的时间也不长,在这样的情况下,采取从民间借贷的形式来获取资金,从本质上来讲是不划算的,但是银行的借款要求高,并且该公司需要资金的时间是比较急的,所以说,在经过银行的一系列风险信用评估之后,该公司就很有可能丧失融资的有效性,所以,从时间效率来讲,从民间资本的途径来融资又很好地解决了这一方面的问题。对于该企业,我们权衡利弊,在民间资本十分充裕,银行的融资途径还不便捷的情况下,该企业选择从民间借贷的方式来获取资本是明智的,有效地解决了其急需资本的问题,但是也付出了比较高的资金代价。

资料来源:孙国军. 我国中小企业融资难的经济分析[EB/OL]. (2019-05-15). https://ishare.iask.sina.com.cn/f133DiIQRGWpM.html.

问:中小企业融资难的根本原因在哪儿?如何从根本上化解中小企业融资难的问题呢?

案例7 从2005年开始,中国的经济进入了快速发展阶段,政府加大了对于产业结构的调整,促进并购活动进行,促使了我国资本市场上的再分配,增强了企业的竞争力,同时城市化进程加快,在这样的经济高速发展的背景下,并购浪潮在2007年到达一个巅峰阶段。虽然受经济危机的影响,我国年度并购总量在2008年有所回落,但随着2010年《国务院关于促进企业兼并重组的意见》的文件的出台,政府放宽对民营资本的准入限制,大大减少了企业并购重组的障碍,继而并购市场在2010、2011两年有较大回升。然而2012年,在全球经济疲软的冲击之下,中国经济遇到巨大挑战,相应并购行情出现低走趋势,但随着2012和2013两年政府出台的《关于鼓励和引导民营企业积极开展境外投资的实施意见》《关于加快推进重点行业企业兼并重组的指导意见》等鼓励措施,并购市场回暖。

将我国上市公司2014年并购重组案例作为样本对象,通过分别测量2013年(并购前一年)、2014年(并购当年)、2015年(并购之后一年)、2016年(并购后两年)企业的相关财务指标以确定企业绩效,根据一定条件对样本进行筛选,剔除不符合条件的样本从而提高研究结果的可靠性。(剔除异常数据的条件如下:没有并购成功的样本;交易事项在2014年12月31日之前未完成的样本;重组类型除资产收购及股权转让以外的样本;金融行业并购交易事项的样本;并购双方披露的资料或财务数据不全、ST公司的样本;并购交易总额为0或1的样本;并购交易成本小于0的样本。)最终得到样本205份。在205个并购事件样本中,关联交易并购发生71起,所占比例约为34.63%,较以往年份相比有所下降;用现金支付的并购案例有170个,用股票支付或者混合支付的仅有37个,由此可见我国的并购活动中大部分以现金支付方式为主;并购规模最大的事件中,并购企业将目标企业完全收购,并购规模最小的企业仅并购目标方1%的股份。从公司自身情况来看,处成长期中实施并购活动的企业有139个,所占比重67.8%,超过一半以上,说明大多数企业选择在成长期扩大企业规模;资产规模是指在并购前并购方总资产的自然对数,资产规模从某种程度上代表着企业的财力状况,较大的并购规模往往需要较多的资金、股票等其他资源。由资产规模平均值得到实施并购活动的资产平均在39亿元左右。从股权结构而言,相对于2010年之前数据,国有控股比例明显降低,最大比例为50%,一些公司无国有控股,管理层控股比例中最大值为69.8%,平均值也较高为24.2%,目前公司常见的一种激励手段,就是将一部分股权派发给管理层,使公司目标与管理层目标一致,有利于提高企业绩效;社会股东持股比例最高,最大值甚至到达100%。营业利润率和净资产收益率在并购当年有所上升,但是并购后呈下降趋势,营业利润率下降幅度没有超过第一年迅速下降后的上升幅度,净资产收益率在并购后一年低于并购前一年;并购当年营业收入增长率迅速下降,在并购后两年间呈缓慢上升;资产负债率在并购当年有所上升,可能是通过债务融资进行并购,使公司负债压力增加,此后资产负债率较为平稳。

资料来源:宫正,张科学.我国上市公司的并购绩效分析[J].中国市场,2019(15):6.

问:请结合材料给上市公司并购重组提出建议。

案例8 近日安徽省政府出台《关于金融支持服务实体经济发展的意见》(以下简称《意见》),缓解实体经济特别是小微企业和"三农"发展融资难题,改善金融服务,促进经济持续健康发展。

设立续贷过桥资金。省财政安排10亿元,按各市、县(市、区)上年度小微企业纳税额、上年末小微企业贷款余额分别在全省占比(权重各半)合并计算比例分配,于9月底前以超调库款资金形式拨付到市,由市统筹使用。各市、县(市、区)按不低于2倍配套,以市或县(市、区)为单位设立续贷过桥资金,对本地范围内依法合规经营、生产经营正常、具有持续经营能力和财务状况、信用状况良好、还款能力与还款意愿强、没有挪用贷款资金、没有欠贷欠息等不良行为、原流动资金周转贷款为正常类,且符合新发放流动资金周转贷款条件和标准的小微企业提供短期过桥资金。

实施新型政银担合作机制。全省政策性融资担保机构新发生的单户在保余额500万元以下各类融资担保业务全部纳入"4321"政银担合作试点。省财政每年安排3亿元,建立省级融资担保风险补偿专项基金。不动产登记部门和工商、公安、林业等部门要为融资担保机构提供最高额抵质押、余值抵质押、多个债权人共同抵质押等多种形式的登记服务,合理设定抵质押有效期,不得指定或强制评估。各级政府要积极运用业务补助、创新奖励、增量业务奖励等方式鼓励和引导银行、担保机构进一步扩大"4321"模式应用范围。

开展"税融通"业务。对已有纳税记录、无不良信用记录、纳税信用级别不低于B级的中小微企业发放"税融通"贷款。需要融资担保的,市县以企业近2年年平均纳税额的1倍至5倍核定担保额度,由政策性融资担保机构提供低费率担保增信服务。经办银行应及时向已核定公示担保额度并提出申请的企业发放贷款,并给予利率优惠。从企业提出申请到最终放款,在材料齐全情况下原则上办理时间在5个工作日以内。

同时,《意见》还对提高贷款审批效率、推进"两权"抵押贷款试点、鼓励农村商业银行发行金融债券、支持企业上市(挂牌)、积极发展小微金融服务主体、发挥互联网金融普惠功能、完善小微企业贷款统计监测制度等方面作了具体部署。

资料来源:搜狐新闻.设立续贷过桥资金安徽省财政10亿元帮扶小微企业[EB/OL].(2015-10-10).https://www.sohu.com/a/34892856_114812.

问:请结合所学知识分析安徽省"续贷过桥资金"的运用对宏观经济的作用。

案例9 万科股份有限公司成立于1984年5月,在公司发展初期,主要从事进出口业务。四年后进入房地产行业,后不断调整业务路线,万科逐渐聚焦于住宅地产业务,产品主要定位于城市主流住宅市场。经过三十多年的不断努力,万科建立了优秀的品牌效应,成为中国房地产行业第一个驰名商标。2019年上半年,万科实现营业收入1393.2亿元,同比增长了31.5%,其中,来自房地产业务的结算收入比例为95.5%。万科不仅拥有高效的筹资渠道,另外,它的回报率也高得惊人,是市场筹资上最优秀的公司之一。

2019年上半年,万科先后发行了住房租赁专项公司债券和美元中期票据计划。从融资构成来看,银行借款占比59.2%,应付债券占比为25.7%,其他借款占比15.1%。履行稳定管理的原则,万科保持良好的财务状况不是问题。2019上半年,公司持有货币资金1438.7亿元,远远高于短期贷款和一年期长期贷款的总和666.5亿元。到了期末,公司的净负债率只有35.04%,在行业中保持低位,是行业中的佼佼者。自2014年以来万科公司在吸收投资以及发行债券取得的资金逐渐增加,2014年和2015年在借款上取得的资金逐渐减少,2018年相较于2017年基本持平。说明万科公司在努力控制借款水平,减小借款不确定性带来的风险。据万科公司2018年度报告,在全年间接融资取得的70.59亿元中,新增短期贷款

43.42亿元,占比61.52%,比重较高。然而,房地产行业资金回收周期长,短期借款与较长的行业资金回收期不相匹配,易加剧财务风险。万科公司2018年负债约12.92959亿元,其中长期借款仅占1.20929亿元,占比非常低,说明万科公司筹资来源还是依靠短期借款,仍然具有一定的筹资风险。

资料来源:汪馨妮.上市公司筹资存在的问题与对策:以万科为例[J].中国乡镇企业会计,2020(8):31-32.

问:请结合所学知识分析万科融资方面存在的问题及解决方法。

第 9 章　企业共享经济理论

一、名词解释

1. 企业共享经济(Sharing Economy of Enterprise)
2. 交易成本理论(Transaction Cost Theory)
3. 多边平台理论(Multi-Sided Platforms Theory)
4. 协同消费理论(Collaborative Consumption Theory)
5. 零边际成本理论(Zero Marginal Cost Theory)

二、简答题

1. 企业共享经济的含义及其构成要素主要有哪些？
2. 企业共享经济的主要特征有哪些？

三、论述题

1. 企业共享经济的理论基础有哪些？并分别进行介绍并加以论述。
2. 企业共享经济商业模式有哪些？并进行简要概述。
3. 企业共享经济的盈利模式有哪些？分别进行说明。

四、案例分析

案例1　近日，AUTOPROS 2019智慧出行决策者大会在上海开幕，华夏出行有限公司（以下简称"华夏出行"）荣膺"2019最具影响力出行服务商"奖项。此次大会围绕"智慧出行的未来"议题展开，各界政要、专家学者和工商界风云人士齐聚，全面展示国内外的智慧出行商业模式与落地方案，同时也为国内出行领域带来新的行业思考。在智慧出行论坛现场，华夏出行党委书记、总经理岳殿伟与参会嘉宾分享了出行产业格局与未来，引起各界的广泛关注和认同。

共享出行领域早已成为硝烟四起的战场，但无论是从培育经济增长新动能，推进汽车产业转型升级，还是满足消费者被抑制的巨大的潜在需求来看，共享汽车行业在后汽车市场的作用远未充分得到释放，抢占未来的出行市场以及由此带来的数据和流量入口成为众企业当下最关注的问题，而出行行业和人工智能技术的相互促进，打造智慧出行的产业理念，则被以岳殿伟为代表的业内人士一致认为是未来致胜的法宝。当出行产业发展为人工智能技术的创新应用提供了丰富的场景，人工智能技术则成为共享汽车商业模式创新的重要支撑，出行行业将是智能化技术、交通制度和汽车行业组合式的创新方式，能够大幅降低交易成本,提升资源配置效率。

AUTOPROS大会上岳殿伟向与会嘉宾详细介绍了华夏出行的业务布局,围绕"智慧出行的生态圈"议题展开了主题演讲。华夏出行作为北汽集团由传统制造型企业向制造服务型和创新型企业全面转型的标志性企业,秉承"绿色出行、智慧出行、快乐出行"的经营理念,规划了"出行"和"服务"两大业务集群,打造分时租赁、网约车、城市物流等绿色全业态出行服务体系,并提供会议会展、商务差旅、越野自驾、医疗福祉等出行衍生服务,构建了华夏出行覆盖出行全场景的城市出行解决方案,为城市出行创建低碳环保、畅通高效的立体化出行服务体系,打造综合出行服务生态圈。

目前,华夏出行旗下分时租赁品牌"摩范出行"已经构建起了以华北、华东、华中、华南、西南五大区域为核心,全面覆盖北京、天津、河北、福建、湖北、广州、重庆、四川等20余个省、直辖市、自治区的业务规模,在全国48个城市运营,累计布局4万辆车,注册会员数达380万。下一步"摩范出行"将以已有城市及卫星城为基础,出点到面铺开,辐射周边二三线城市的"摩范出行网",实现区域联动及各区域各城市间的异地还车和智慧调度。城市居家物流品牌"摩范速运"在今年六月启动伊始就以成都等8个城市为首批试点落子布局,致力于为中小型企业及个人用户提供城市物流服务、无忧搬家服务以及新能源物流车型的租售服务,累计投入市场的服务车辆已达1725台,至今年底将突破5000台的规模。在华夏出行的服务业务矩阵中,"华夏行达"涵盖营销顾问、会议会展、商务旅行和私人订制旅游为主营业务的全景式服务单元。"华夏健康"以私人医生、预约挂号、海外就医疗养等业务承担专属健康顾问。"华夏318"这一国内首创的越野自驾专业品牌,以越野自驾、出行向导、大小交通、医疗救援等配套服务提供泛西部地区越野自驾的不二选择,大力弘扬中国的越野文化和自驾文化。品牌升级后的华夏出行整体战略设计更为清晰,也更容易在用户心智上占位,形成品类联想矩阵。华夏出行通过覆盖全出行场景,来满足消费者多元化、不同层次的出行需求,致力于打造自驾与乘坐、短途与长途、载人与载物、长租与短租相互结合打通的全出行生态圈,一举将智慧出行的理念全面普及,颠覆人们传统的出行概念。岳殿伟强调,共享出行的未来必须要走跨界融合的发展道路,要嫁接与百姓生活息息相关的衣食住以及旅游等其他场景,形成生态链紧密连接的发展模式才是未来的盈利前景。华夏出行致力于打造的是全出行产业链,以"不谋一域,而谋全局"的八字方针,以"出行+增值服务"的发展模式兼容并进。未来还将深入探索将出行与多场景的深度结合,让车辆不只是交通工具,成为人们移动的生活场景。未来的出行产业必将是高度智能化技术的落地结晶,预计在2025年,无人驾驶技术将在特定场景下实现应用,这必将对交通出行行业带来颠覆性变革。未来,华夏出行将继续实践智慧出行行业健康发展的正确方向,坚持出行和服务业务的全面发展,围绕智能化综合交通服务平台建立起的绿色出行服务体系,为用户提供舒适、便捷、经济、高效的出行方式,为创造面向未来的出行服务创造条件,从而最终推动整个出行产业链的变革。

资料来源:佚名.打造出行共享经济新生态 华夏出行在城市交通中破局[EB/OL].(2019-10-14). http://www.cherun.com/2019-10-14/110141653.html.

问:请结合相关知识谈谈你的看法。

案例2 近年来,在"互联网+"推动下,生活服务等领域发展迅猛,催生新兴工种的出现。快递、外卖骑手、网约车司机、房产经纪人等职位的出现,提供"新蓝领"就业机会。即时配送,共享经济催生出的新蓝海,闪送——即时配送领域最火热的代名词,据闪送年度报告显示,截至 2018 年度,闪送累计服务用户数量达 1.38 亿人,其中活跃用户数量环比增长 58.9%,年人均下单频次为 10.06 次,环比增长 49.1%。大量即时订单催生其迅速发展,快递员需求量越来越大,灵活便成为平台与快递员的共同需求,时间上的灵活,雇佣上的灵活,操作上的灵活。作为快递员可以选择兼职,接不接单全靠自己掌握,时间也是靠自己掌握,按工作量获取劳动报酬,通过这样的一种合作模式,快递员自由度高,可以多劳多得。而快递平台可以省去长期聘用和留养人才的高额薪资,按需匹配用工数量,有效避免闲散劳动者增大用工成本,大大降低企业运营成本。

当然,不仅快递行业,其他如物流运输等人力密集型企业,也常出现"订单经济"推动下的"用工波峰波谷"。由此可见,在企业临时性、批量化的用工需求之下,灵活用工、劳务派遣等相对灵活的用工方式,已经成为企业首选。

"金柚蓝精灵"是金柚网针对传统全日制用工模式流动频繁、管理难度、风险高等痛点,通过产品创新与服务保障,为用工企业与广大基层蓝领求职者构建的人力资源服务平台,可以让企业基于用人需求,以"零工人员"替代全职人员,使得企业可以更高效地进行人员管理,从而节省运营成本,提升管理效能。

对企业来讲,金柚网帮助企业通过灵活用工方式免除招聘固定员工时的固定成本支出,同时也保证了灵活用工劳动力加入和抽离工作岗位的灵活性,避免了固定员工要在法定工作时间的额外加班压力,规避用工风险。从而使得企业在面对业务高峰期时产生的用人冲击,可以更加灵活、从容地应对。

随着政策方面释放出灵活用工市场的利好信号,现代服务业呈现出快速发展势头,新蓝海需要新人力,金柚网将凭借自身创新的产品和服务,助力现代服务行业用工转型,实现降本增效。

资料来源:佚名.共享经济促服务业野蛮生长 灵活用工解锁人力新技能[EB/OL].(2019-10-16). https://www.joyowo.com/xwzc/xwdt/2125.

问:请根据共享经济的相关知识并结合该案例谈谈共享经济的盈利模式。

案例 3 过去很长一段时间,共享经济充满了话题性。一方面是互联网公司、科技型企业、创业者和投资者对共享经济的粉饰,充分利用互联网时代的传播手段,极力宣传共享经济所带来的便利、舒适和个性化的生活享受,其核心便是以优步、滴滴为代表的网约车出行平台;另一方面是普罗大众、网约车司机、监管部门和媒体对于共享经济的矛盾心理,选择共享经济带来便利和实惠,同时也承受着共享经济所引发的风险。共享经济的引领者网约车更具有互联网时代的典型特征——分享、传播、时尚、个性等,因而迅速掀起了一波浪潮,并且这种模式很大程度上重构了社会劳动关系。

美国作家亚历克斯·罗森布拉特的新作《优步:算法重新定义工作》,从科技革命、社会分工和互联网文化等多重视角出发,为我们探索优步的演进逻辑,揭示出以优步为代表的共享经济模式引发的社会劳动关系的转变。事实上,优步作为作者探讨的核心案例对象,更多的是专注于共享经济背后的驱动,包括技术支持、大数据、算法思维等等,进而集中反映在网约车出行平台的司机管理、工作规则、劳动关系的重新定义。从大众化的视角来看,以网约车出行平台为代表的共享经济的确带来了便利,作者并不避讳科技对生活方式的巨大影响,并且这种科技隐含在算法的深度学习上。共享经济的诞生具备天时地利人和的背景。

亚历克斯·罗森布拉特在《优步：算法重新定义工作》中提出了一种全新的社会劳动关系模式，即用算法驱动的雇佣模式，这能够改变我们对工作的定义以及工作的组织形式。作者经历了25个城市的走访和体验，观察超过400名网约车司机，采访了125名司机，对于优步的运营模式和监管方式有非常深刻的了解。优步的运营模式与商业化营销、科技消费等密切融合，撬动了共享经济的大转盘，深刻改变了各个利益相关者所处的关系和环境。但是，作者在数年的研究中不断产生对优步这种共享经济和算法模式的质疑。事实上，基于算法的科技并未如硅谷科技精英所宣扬的那样改变收入不公的问题。相反，网约车出行平台的算法违背了其中立精神，更像是中间商，通过数据、预定价利用网约车司机，从司机和消费者身上获利。本书的独特之处在于，亚历克斯·罗森布拉特的研究富有浓厚的社会学、经济学和文化内涵，而不是单纯的技术性分析，这与作者本身的学科背景、专业出身、职业生涯和研究兴趣密切关联。因此，作者也提出优步的算法打破了既有的法律和标准，重新定义员工的法律地位、工作方式和规则，这种影响是极其深远的。优步的成功并不偶然，而是科技时代所赋予的自由空间，算法的介入和互联网的商业运营填补了因经济衰退、高失业率的空白，为更多的失业人群、自由职业者提供就业机会。起初这种模式非常人性化、开放和自由，极富想象空间，劳动者和消费者的互动性更强，似乎是一片蓝海，打开了共享经济的新局面。但是，这本书翔实的研究给了我们不一样的思考，关于共享经济、算法和社会劳动关系的重构并非理想状态，而是夹杂着大量的法律、监管、伦理和社会问题。近几年国内发生的多起网约车出行平台事件已经敲响了警钟，盲目的发展和不合规的运营已经打破了共享经济模式的最初设想，亟待整治和规范。亚历克斯·罗森布拉特在书中同样关注到以优步为代表的网约车出行平台的诸多问题，而这不仅仅是优步与司机的矛盾关系，更重要的是逃避监管以及逾越法律的行为已经饱受诟病。作者的研究和分析显得异常冷静。书中写道，"在共享经济所做的天花乱坠的市场营销与是谁为了什么来从事司机这份工作的冷峻现实之间，有一道残酷的鸿沟。"这本书的结构比较独特，穿插优步司机、乘客以及大众形象的实证分析，通过六大章深度剖析优步在共享经济崛起中的语境、优步不同群体司机的动机、优步的故事和话术、优步的内部规则、公平性问题以及重新审视优步的问题。科技的社会伦理与法律问题一直是学术界、媒体和大众关注的焦点。虽然科技改变生活，而且带来了极大的便利，甚至深刻影响到人们的生活方式、消费方式和工作模式，但是其中存在的诸多社会伦理与法律问题却无法回避。早期的共享经济受到了投资者、消费者和市场的高度认可，迎合了互联网时代的个性化、自由开放的文化，但是，随着以优步、滴滴等网约车出行平台为代表的共享经济模式相继出现风险事件，对这种算法和数据管理的质疑声也愈发密集。亚历克斯·罗森布拉特认为，即使优步消失了，这种共生关系留下的影响也会重塑整个社会在劳工关系、科技和法律方面的未来趋势。

资料来源：邓宇.共享经济重构社会劳动关系[EB/OL].(2019-10-12). https://www.cs.com.cn/xwzx/jr/2019/0/t20191012_5989538.html.

问：请从共享经济理论基础的角度分析该案例。

案例4 共享经济是在互联网平台下的一种去中心化经济模式。目前，我国共享经济平台发展面临盈利困境等现实问题，应精准增加有效供给，进一步强化平台运营管理，加强和优化平台监管，实现我国共享经济平台持续健康有序发展。

近年来，我国共享经济伴随着"互联网＋"得到持续快速发展，这种新模式也带来了大数据、云计算、人工智能等信息技术的充分应用,有力地促进了包容性增长。相关统计数据显示,2012年我国共享经济市场规模不到3000亿元,2017年市场交易总额已近5万亿元,2018年突破7.5万亿元。与此同时,共享经济影响范围也在逐步扩大,从起初的房屋、汽车高价值领域向自行车等其他领域不断延伸。

共享经济融合了理念、技术、模式以及制度等多层面的创新,已成为我国经济发展中较为活跃的新动能。当前,我国共享经济发展仍面临诸多挑战,尤其是盈利已成为行业发展"痛点"。应抓住我国共享经济发展的症结,精准增加有效供给,强化平台运营管理,进一步加大对平台的监管力度,推动共享经济平台走出盈利困境,实现持续健康有序发展。

行业火爆难掩盈利困境。作为一个面向不特定人群的服务性平台,判断用户需求是共享经济平台解决的首要问题。比如,共享经济若计划在私厨领域发展,就应当准确评估私厨的需求以及目标,同时还应妥善处理饮食卫生以及价格的问题。一旦判断失误,则很难盈利。

尤其值得关注的是,用户需求具有动态变化的特点,其变化不止是用户需求变化所致,还与共享经济发展过程中所应用的程序、技术以及成本等因素有关。其次,共享经济平台只有拥有足够的用户黏性,才能持续盈利。一方面,在共享经济平台发展的早期阶段,很难保障有效供给;另一方面,共享经济的风险存有不确定性,也在很大程度上影响着用户黏性。这两方面的因素不仅限制了共享经济平台的利用率,也影响了供需双方的积极性,降低了盈利模式的价值。

在平台运营方面,标准的服务、有效的用户评价、具有市场需求的物品、适当的经济规模等问题,都是共享经济平台运营必须考虑的重点。优步、爱彼迎等公司之所以成为行业中的佼佼者,是由于其为用户平台提供了住宿与载客服务,并且住宿与出行对每个用户而言都是刚性需求,有着很高的频率,因此这些公司能够在较短的时间内建立相应的评价体系与指标。相较而言,以租借为主的共享经济平台,由于供给方给予的物品没有明确的标准,需求方很可能在平台不能获得与预期相匹配的服务以及品质。

在监管方面,我国共享经济的迅猛发展衍生了不同类别的共享经济平台。最初的共享经济平台是为了分享闲置资源和平台一起获得收益。然而,由于监管缺失、市场混乱,许多资源在日趋饱和的状态下呈持续增加态势,让共享经济市场逐渐"变味",多余的产能和闲置资源不仅加重了社会负担,也偏离了共享经济的初衷。比如,共享单车的盈利模式并不是简单的经济盈利,已异化为通过押金租赁的方式获得社会资金,这种盈利模式存在很大的风险隐患。

抓住"痛点"精准施策。推动共享经济平台走出盈利困境,需要抓住共享经济发展存在的问题和症结,精准增加有效供给,强化平台运营管理,进一步加强和优化平台监管,实现持续健康有序发展。

第一,共享经济平台需要增加有效供给,推进持续盈利,提升共享经济的盈利和效益。首先,应识别用户的有效刚需。为提升有效刚需分析的科学性,可以借助市场调查、数据整理等方式收集材料。其次,应结合用户体验,提高用户黏性。为了确保供给的有效性,用户密度必须小于资源密度,唯其如此用户才能随时找到资源满足要求。而针对密度不足的情况,可以自建资源池,改善相关资源的供应密度。

第二,共享经济平台需要强化运营管理,明确营销定位。共享经济平台有序健康发展,需要持续不断优化平台运营,明确平台营销定位。现代共享经济作为一种平台经济,首先应有效识别和选择两大类目标客户群体,即明确需求方和供给方的客户群体特征,以此来确定进入共享经济的领域和权利;其次,要明确需求方与供给方的营销定位点,即关注双方在价值层面各自真正的需求,为运营管理提供明确的目标指向;再次,通过产品服务、价格服务、渠道服务、信息服务与定位点结合,最终确定合理的运营管理模式。

第三,进一步加强和优化平台监管。共享经济的本质,是利用互联网实现信息对接,对供需双方的闲置资源进行重新管理与分配。共享经济的盈利模式是双方交易时,结合交易收取佣金。从法律层面来看,共享经济平台应做好监管工作,建立信用评价、平台准入、资源审查机制,对其进行安全、全方位的平台监管。从政府监管层面来看,相关部门应建立有效的监管法令,出台监管方案,保障共享经济模式的有效管理。特别是在大数据时代,应将大数据运用于公共行政管理与服务中,有效提高政府监管水平与效率,为共享经济持续健康有序发展提供坚实支撑。

资料来源:王彦龙. 共享经济急需破解盈利"痛点"[EB/OL].(2019-07-12). http://views.ce.cn/view/ent/201907/12/t20190712_32596584.shtml.

问:请结合相关知识分析如何破解盈利"痛点"?

案例5 2019年1月12日,由上海交大安泰EMBA中心、交大安泰校友与公关办公室、交大安泰EMBA校友会联合主办,每日经济新闻特别支持的"兴商学 新境界"2019交大安泰EMBA新年论坛在上海举行。

论坛上,上海交大行业研究院副院长、上海交大安泰经济与管理学院教授陈宏民做了题为《共享经济往何处去》的主题分享。

陈宏民将共享经济比喻为"青蛙",特征为有多个生长阶段,每个阶段具有不同的特征,阶段之间有清晰的转型动力。而现阶段,共享经济还是"小蝌蚪",进入了一个"找妈妈"的阶段,因为它还不知道下一个阶段会长成什么样。

他将共享经济的发展分为三个阶段,即探索期,需求端的细分共享;爆发期,供给端的闲置自由匹配共享;增长期,人人直接参与的平台协同共享。

在陈宏民看来,早期的共享经济业态的核心优势和特点在于利用互联网和通信技术,降低交易成本,从而有效细分交易标的,并提供灵活便利的各类衍生服务。通俗来理解,共享经济就是一种分时租赁。

那么,共享经济有什么优势?陈宏民形象地概括为"微积分"。平台能够实现"积分",聚集起海量用户,凭借平台所持有的交叉网络效应,持续提升用户体验和价值,而"微分"则是通过聚集海量差异化的供求双方用户,对其持续细分,根据不同类型需求提供精准服务,而共享平台能实现"微积分"。借助共享经济"微积分"的优势,一大批新兴企业诞生了。陈宏民注意到,中国的"独角兽"偏爱互联网平台模式,尤其是偏好共享平台。

未来,共享经济又将何去何从?"共享经济平台是昙花一现,还是会成长为百年老店,最终是看它能不能始终走在交易成本降低的最前列。"陈宏民表示,"共享经济是交易成本下降的产物,因此也将随着成本变化而改变自己的形态。"

资料来源:陈宏民. 共享经济还是"小蝌蚪",仍在"找妈妈"阶段[EB/OL].(2019-01-12). http://www.nbd.com.cn/articles/2019-01-12/1290708.html.

问:请结合材料论述共享经济的特点。

第9章　企业共享经济理论

案例6　美国的TaskRabbit公司可以帮助别人完成任务或提供各种服务。从提供的服务来看,可能都是一件件"小事",如帮你送东西、修理东西等。人们可以在网站上发布工作内容,然后别人可以领取任务,完成任务后获得相应的报酬。

目前,已有超过3万名用户通过审核和背景调查加入到TaskRabbit公司的平台,去帮别人完成任务,其中最多的是那些有空闲时间和技能的退休者、全职爸爸妈妈们等。对于需求方来说,Task平台提供了随叫随到的帮手,这些帮手可以帮助他们组装家具、打扫房间、去超市买些应急物品、做些杂活等。对于执行任务方来说,他们有空闲时间、有技能、没有固定的工作或者想做些兼职来挣钱。

任务发布者可以在平台上发布任务,同时标明完成任务后可以提供的最高费用。接任务者可以互相竞价和阐述自己适合完成这项任务的原因。派任务者经过挑选后,指定对方完成任务。任务完成后费用转至任务执行者的账户,每周五进行结算,其间使用信用卡线上操作,不涉及现金交易。发布者可以对任务执行者的完成情况进行打分,完成任务越多且完成越好的人信誉分越高,在以后的任务竞标中也更容易获取任务。TaskRabbit网站会从中收取12%~30%的交易费用。

TaskRabbit公司的模式已经在全球逐渐展开,目前在欧洲已经有两三家采用该模式的公司。而在美国,同类型的服务包括Zaarly、Exec、Done等公司。Zaarly公司是一个基于位置邻近性的个人需求平台,能让用户发布外包任务和跑腿差事。

在国内,也有一些这样的公司。猪八戒网就是其中的代表,需求者通过猪八戒网发布设计、推广、开发、装修、写作等各种需求,有一技之长的人可以在闲时承揽这些工作。从发布者的角度来说,成本低、解决速度快。而完成任务的人则可以赚些外快。

资料来源:倪云华,虞仲轶.共享经济大趋势[M].北京:机械工业出版社,2015.

问:请结合该案例分析TaskRabbit属于哪种商业模式以及其优势。

案例7　过去,知识一直由科研机构封闭管理,要想获取知识需要付出昂贵的代价。现在,这一情况已发生颠覆性的改变,看似不可战胜的社会壁垒被互联网革命的分布式、协作、对等力量击倒,学术界的大量资源被广泛传播,释放出了源源不断的潜能。

知识教育模式开始由智慧拥有者掌握的垂直权利体制转向学习团体的横向协同模式,学习过程也从封闭固定的课堂转为互联网上的虚拟空间。传统学习的孤立性在共享知识教育模式中得以消除,通过共享经验、协作阅历、交互合作,学习知识的价值会被无限放大。

知乎的创办就是共享知识教育模式成功推广的表现,其使命是把人们自有的知识、经验、见解共享到互联网上并实现有机连接,它强烈地满足了用户对优质信息的探索需求。知乎上问答深度让用户证明了自己对某领域的深入见解,是一个展现个人价值的新平台,用户提问、回答和点赞也实现了用户之间的社交需求。知乎问答模式的框架是以问题为中心带来的有序思辨流程,其区别于豆瓣、果壳、贴吧的独特之处是"见解文化"。

据知乎公布的最新业绩,目前该平台有1300万日活跃用户,50亿次月浏览量,人均访问时长33分钟,1000万个提问,累计3400万个回答。知乎作为一个知识宝库,具有海量的信息、丰富的资源,用户通过浏览网站主页能够在短短几分钟内获取很多有价值的资源信息,提升个人知识技能,充分利用零碎的时间。碎片化的知识积累,随着量的增加将带来意想不到的收获。

资料来源:张玉明,等.共享经济学[M].北京:科学出版社,2017.

问:请结合该案例分析知乎属于哪种共享经济盈利模式。

案例 8 2009年,全球第一家共享租衣平台 Rent the Runway 在美国成立,从线下连锁租赁到后来的互联网下的共享租衣,目前 Rent the Runway 已经成为全美共享租衣行业中规模最大的平台。2012年始,共享租衣开始在国外爆发热潮,相继出现了很多像日本的云衣、美国的托特衣箱等知名的共享租衣平台。与此相比,中国的共享租衣市场发展的十分缓慢,直到2015年,国内的共享租衣模式才开始生根发芽,出现了多啦衣梦、衣二三等共享租衣平台,但并不为人所熟知,效益也一样达不到预期。这些平台其中共享的服饰不乏王薇薇、唐可娜儿、华伦天奴等售价较高的服装品牌。

目前国内这个行业已经前后有数十家企业相继加入。其中,既有行业领头羊衣二三,也有在近几年就陆续倒下去的哆啦衣梦、美丽租、有衣、那衣服等,还有在去年刚刚上架的白租等平台。共享租衣平台的模式比较相似,商业模式大多集中为 B2C(Business to Customer)和 B2B2C(Business to Business to Customer)。此类模式的推出可加强用户与用户、用户与商家之间的联系。当前共享租衣市场面临挑战,但也存在较大机遇,可谓生意复杂但前景光明。为了留住消费者,这些共享租衣的平台都采取了许多优惠与新模式:运用数据化运营管理,通过分析某一个款式的租赁数据来指导进货,使供给有目标,做到资源充分利用;美丽租则联合一些行业品牌,推出了化妆、造型、SPA 等延伸服务。更多平台则是对新用户发放优惠券进行打折和相应的费用减免,以鼓励人们使用租衣平台。

资料来源:郭之豪,等."互联网+"背景下的共享经济发展模式分析:以共享租衣为例[J].中国集体经济,2020(23):68-69.

问:请结合该案例分析企业共享经济商业模式的特征。

案例 9 基于互联网技术的共享经济的发展,使线下的劳动力资源得到重新整合。共享经济打破了家政劳动"一对一""一对多"的工作模式,即一个工人服务一个或几个家庭。家政工人的劳动时间以小时为单位划分为若干个单元,"悦管家"平台通过智能算法,多维度自动分析,并完成"网络打车式"系统匹配派单。用工家庭通过 App 或微信在线预约,平台自动处理订单,根据供需状况提供最优的匹配方案,通过地图及服务人员技能标签、时间标签、距离、优化路径、智能派单,优化了"钟点工"劳动流程。从预约到服务全智能化处理,无须依赖人工进行派单管理,提升了匹配精确性,并极大地提升了管理效率,避免了人工派单过程中对时间、区域以及派单人员对服务者了解程度的依赖。

家政工人通过服务端 App 实时接收服务订单,从出发—服务—签单—用户评价—复购,高效快捷、一目了然,用工更为灵活化。基于共享经济的理念,"悦管家"平台的用户分为家庭和企业两类。家庭类服务包括:清洁、做饭、月嫂等生活服务;企业类服务包括:保洁、食堂、绿植、除虫害等后勤服务。

O2O 模式促进了平台快速发展,自 2015 年 App 上线以来,截至目前业绩增长 100 倍,其中 2018 年发展最为迅速,已经服务超过 60 万个家庭客户和超过 500 个企业客户。家庭客户是平台流量的来源,企业客户是平台利润增长点。"悦管家"平台后台派单并不区分服务对象,根据劳务共享的原则,依据订单要求按需分配到家庭或者企业提供劳动。与传统家政不同,除月嫂这种特殊家政服务外,鲜有提供住家型家政工人。

2019 年"悦管家"启动了"家政+物业""家政+养老""家政+社区服务"三项业务。一是与上海物业龙头企业合作,为物业居民提供统一家政服务,推进家政和物业的行业融合发展;二是与快递公司合作,实现劳务跨行业共享;三是与大型居家照护机构合作,探索"家政服务+养老"的产业融合。

资料来源:金世育.解构与重塑:共享经济下家政劳动关系的案例研究[J].工会理论研究,2020(01):58-67.

问:请结合该案例说明企业共享经济的目标是什么。

第 10 章　企业跨国与跨界经营

一、名词解释

1. 跨国经营(Transnational Operation)
2. 跨国企业(Multinational Enterprises)
3. 跨界经营(Cross-border Operation)
4. 内部化理论(Internalization Theory)
5. 垄断优势理论(Monopolistic Advantage Theory)
6. 国际生产折衷理论(The Eclectic Theory of International Production)
7. 小规模技术理论(Small-scale Technology Theory)
8. 技术地方化理论(Technology Localization Theory)
9. 技术创新产业升级理论(Theory of Industrial Upgrading of Technological Innovation)
10. 国际财务管理(International Financial Management)
11. 跨国人力资源管理(Transnational Human Resources Management)

二、简答题

1. 什么是企业跨国经营?
2. 企业跨国经营的动因是什么?
3. 企业跨国经营的方式有哪些?

三、论述题

1. 请比较分析企业跨国经营的两种出口贸易方式的优缺点。
2. 请论述三种企业财务管理体系及其优缺点。
3. 请分析跨国企业在进行人力资源管理中会遇到哪些困难。
4. 请根据企业跨国经营的相关理论分析企业跨国经营需要满足哪些条件或具备哪些优势。

四、案例分析

案例 1　飞跃集团是我国著名的缝制设备制造商,经过 20 年的成长,发展为全球领先的缝制设备冠军。从 1986 年的家庭作坊式企业,到 1990 年设立香港(飞跃)缝纫机工业公司,再到 1998 年在美国设立公司,以及 2006 年收购意大利 MIFRA 公司,"飞跃"一直在不断摸索创新,终于发展成为了一个名副其实的跨国公司。"飞跃"发展的历史充分体现和验证了跨国投资经营的理论,尤其是技术及技术创新对海外投资的影响。"飞跃"不断地创新,以自主创新以及合作创新带动了企业的发展。比如根据技术演进理论,发展中国家企业的技术能力提高是国际直接投资累积增长的重要决定因素。"飞跃"始终秉承"以科技促发展"的理念,在北京、宁波和台州总部设立了具有世界水准的研发中心,不仅充分利用国内外的科技资源,聘请世界一流的技术人才,把重点放在高技术含量、高附加值产品的开发和培育上,还注重核心技术和自主知识产权的开发,为"飞跃"的海外投资做了重要铺垫,并通过海外投资,进一步促进了"飞跃"的技术创新。

资料来源:柳琳琳,蒋婷.我国中小企业的跨国经营:案例分析[J].商业经济,2009(9):70-71.

问:从飞跃集团的发展历程,可以为我国企业跨国经营提供哪些成功经验?

案例2 无印良品是指"没有名字的优良商品",于1980年诞生于日本,主推服装、生活杂货以及食品等各类商品。从极为合理的生产工序中诞生的无印良品的商品都非常简洁,是极简主义风格。可以用"空容器"作比喻。正是因为它简单而空白,才会接纳所有人思想的高度包容性。节约资源、低价、简约、自然为本等各种标签被贴在无印良品的商品上,始终保持着诞生之初的核心理念,这让无印良品获得了广大消费者的认可,也使得无印良品可以不断扩大国际市场。

目前无印良品的全球门店数量超过700家,商品种类超过7000种。虽然当前全球经济形势低迷,各主要零售商的财务报表都有些惨淡,但无印良品公司的业绩却获得了增长。有分析指出,海外业务仍然是无印良品公司业绩增长的主要驱动力,2015年前三季度无印良品公司的国际市场收入同比大增48.3%。无印良品公司从一个杂货店发展到跨国公司,无印良品是如何做到现在的发展规模值得我们深思。

资料来源:郭诗卉.跨国经营与管理案例分析[EB/OL].(2017-01-27). https://wenku.baidu.com/view/81b9be01cec789eb172ded630b1c59eef8c79ab5.html.

问:请你搜索资料深入了解无印良品公司,分析无印良品公司发展历程对企业的跨国经营有哪些可取之处?

案例3 格兰仕创建于1978年,前身是一家乡镇羽绒制品厂。1992年,带着让中国品牌在微波炉行业扬眉吐气,让微波炉进入中国百姓家庭的雄心壮志,格兰仕大胆闯入家电业。在过去10多年里,格兰仕微波炉从零开始,从中国第一发展到世界第一:1993年,格兰仕试产微波炉1万台;1995年,以25.1%的市场占有率登上中国市场第一席位;1999年,产销突破600万台,跃升为全球最大专业化微波炉制造商;2001年,全球产销量飙升到1200万台,并让国人又开始从"光波炉普及风暴"中全面领略"高档高质不高价"的新消费主义。至2006年,格兰仕已经连续12年蝉联了中国微波炉市场销量及占有率第一的双项桂冠,连续9年蝉联微波炉出口销量和创汇双冠。2009年,在全球金融危机的重大挑战和考验下,格兰仕集团果断地实施"积极进攻"战略,集团全年销售收入实现同比增长30%。格兰仕微波炉中国市场销量同比增长突破60%,海外市场出口量整体增长12%,最高日产量突破10万台。格兰仕空调年度产销量同比增长35%,其中内销同比激增254%,成为行业同比增幅最高的品牌。格兰仕生活电器延续2008年的增长势头,电烤箱、电饭煲、电磁炉等多品项领先,电烤箱产销量世界第一,出口整体增长60%。

资料来源:百度文库.格兰仕竞争策略分析[EB/OL].(2016-06-12). https://wenku.baidu.com/view/ofc56a55acfa/c7aboocc89.html.

问:请你搜索资料深入了解格兰仕公司的发展战略,分析格兰仕公司发展历程的成功经验对企业的跨国经营有哪些可取之处?

案例4 三一重工集团有限公司成立于1994年11月22日,其前身为由梁稳根、唐修国、毛中吾和袁金华等人于1989年6月筹资创立的湖南省涟源市焊接材料厂。企业创立以来,资产逐渐集中在与开发、生产、销售包括拖泵、泵车、压路机、摊铺机等工程机械产品相关的生产设施和配套辅助设施,以及商标、专利、土地使用权等无形资产方面。公司所从事的业务主要是工程机械产品及配件的开发、生产和销售,包括拖泵、泵车等混凝土施工机械,全液压振动压路机、摊铺机等高等级路面施工机械,全液压推土机、挖掘机等铲土运输和挖掘机械共8大类50种规格的各类工程机械产品及配套部件,其中主导产品为拖泵、泵车和压路机。

三一重工的历史虽然并不算长,但是公司取得了不小的成绩。2000年,三一重工混凝土输送泵、泵车实现中国市场份额第一。其中泵车、拖泵、挖掘机、履带起重机、旋挖钻机、路面成套设备等主导产品已成为中国第一品牌,混凝土输送泵车、混凝土输送泵和全液压压路机市场占有率居国内首位,泵车产量居世界首位。2012年,三一重工并购混凝土机械全球第一品牌德国普茨迈斯特,此举改变了该行业的全球竞争格局。三一重工还连续被评为《福布斯》"全球最具创新力的100家公司"、《财富》"最具创新力的中国公司"、中国企业500强、中国最具竞争力品牌、中国工程机械行业标志性品牌、亚洲品牌50强。目前,三一重工已发展成为中国最大、全球第五的工程机械制造商,也是中国最大的混凝土机械制造商。

从2006年开始,三一重工开始在全球不同国家展开跨国投资,为其国际化战略布局。2006年11月,首先在印度设厂,投资建立了第一个海外研发和制造基地。2007年9月,三一重工进军美国,投资建立了第二个海外研发和制造基地,第一次将工厂建到工程机械制造业发达的国家。2009年2月,三一重工签约德国,投资建立了第三个海外研发和制造基地。2010年2月,在巴西投资建立了第四个海外研发和制造基地,挺进南美市场。自2009年10月印度产业园竣工投产以来,三一重工在美国、巴西和德国的产业园也相继建成投产。而2012年更是收购了多年竞争对手德国公司普茨迈斯特,获得了技术领先的"德国制造",丰富了产品组合,同时也获得海外强大的分销和服务网络。三一重工在国际化过程中的"本土化"战略主要是根据当地市场的需求进行产品开发和销售。比如根据巴西林业发达、对林业工程车需求大的市场情况,三一重工向巴西市场引入了森林挖掘机。这种挖掘机可以在密林中畅通无阻,锋利的切割臂可以瞬间将砍伐下来的树木切成等长的数段,方便运输,该产品受到了巴西市场的欢迎。截至2013年,三一重工业务覆盖达到100多个国家和地区,产品出口到100个国家和地区,并在中东、亚太、俄罗斯、南非和北非五大区全部实现盈利,国际化逐渐进入收获期。

资料来源:崔新健,等.跨国公司管理[M].北京:中国人民大学出版社,2015.

问:从三一重工的跨国经营历程中可以汲取哪些优秀经验?

案例5 蒙牛公司一直以来以生产牛奶、酸奶、冰淇淋等乳制品为消费者所知晓,但8月,这家公司推出了一款完全不符合其以往产品逻辑的产品:牛磺酸可吸果冻。添加了牛磺酸的食品并不是一般休闲食品,而是功能性零食。作为中国乳业巨头的蒙牛,正试图进入乳业以外的功能性食品领域,与红牛、东鹏特饮等同样添加了牛磺酸的能量饮料争夺地盘。

在产品方面越发猎奇的企业不止蒙牛。蒙牛的竞争对手伊利于7月跨入竞争激烈的咖啡市场,推出了两款瓶装咖啡产品。此前,伊利还进入了饮用水市场,而这个市场里的老玩家农夫山泉则在今年4月推出了中国市场上第一款植物蛋白酸奶,反攻伊利的地盘,甚至还试图在保湿面膜领域有所建树。

蒙牛卖能量果冻,伊利推咖啡产品,农夫山泉做酸奶、面膜……这些中国饮料企业纷纷进入此前从未涉足的新领域,它们跨界的逻辑是什么?消费者会为跨界新秀的产品买单吗?

全球第一大食品饮料公司雀巢,在100多年前创立之初还是根正苗红的乳品企业,以生产浓缩牛奶和婴儿奶制品起家。成立30多年后,雀巢开始扩大产品盘子,先是进入巧克力生产销售,后又一步步扩展至饮料、咖啡、水、零食、宠物食品等更多领域。通过不断跨界进入新产品门类,雀巢逐步成长为一个产品非常多元化的食品饮料帝国。

法国食品饮料巨头达能曾在100年前推出世界上第一款玻璃瓶装酸奶,但这家公司也未止步于奶制品。与雀巢的路径相似,达能不断开源,产品线从奶制品逐步延伸至饮料、婴儿食品、医学营养食品等技术含量和利润率更高的领域。

当然,并不是所有食品饮料公司的增长都遵循了产品跨界的路径,例如啤酒商百威英博是通过不断实施跨国并购,在啤酒这一单一品类里扩大全球市场占有率,获得增长。但不可否认,通过收购或自主研发,从现有产品线向新品类延伸,这一方法为许多食品饮料公司带来了雪球越滚越大的可能。

近年来跨界最积极的是碳酸饮料企业。可口可乐通过收购和自主研发,进入了能量饮料、咖啡、茶饮、酒精饮品等领域。百事可乐的跨界范围更广,拥有乐事薯片、桂格燕麦等多种非饮料品类的产品。

可口可乐和百事可乐跨界的主要原因,就是碳酸饮料市场的逐渐萎靡。随着健康理念的发展,消费者越来越注意控制糖分的摄入,从而对高含糖量的碳酸饮料敬而远之。在品类整体走下坡路的情况下,即使是可口可乐和百事可乐这样的行业巨头也无法独善其身。走多元化路线,分散风险就成了它们必然的选择。

中国本土食品饮料企业的发展历史比较短,产品线相对单薄,它们在过去20年,已经完成了渠道扩张和消费者数量增长,渠道和消费人数都不再是企业的增长法宝,复合增长率从2010年前后的两位数降至3%~5%,行业正进入漫长的"秋天"。

与此同时,一些营收稳定的中国公司,利润率还远无法比拟国际巨头:雀巢的五年经营利润率接近18%,但其中国同行伊利只有不到8%,蒙牛则不到5%。不过,这也意味着中国公司的成长空间还很大,通过调整产品结构,可以在有增长潜力的赛道上积累。

蒙牛选择小试牛刀的功能性零食市场,在中国还是蓝海,但可以借鉴功能性饮料的发展。近年来中国功能性饮料已经成为饮料行业增长主力,复合增长率保持在15%左右。

此外,蒙牛所选择的可吸果冻这一产品形态在中国零食市场上也比较新颖,补充能量、补充胶原蛋白等各类功能性可吸果冻在日本市场发展势头很好,但在中国,这还是一个新兴市场。

与蒙牛一样,农夫山泉也选择了一个大市场上的新赛道。酸奶的市场需求非常大,农夫山泉避开了传统的牛乳酸奶这一玩家众多、竞争激烈的成熟市场,从植物蛋白酸奶这一在中国尚属空白的市场起步。

植物酸奶在全球范围内增长很快,美国和欧洲市场未来五年的复合增长率达15%和17%,达能就宣布将在2025年前将植物性酸奶和饮品的销售额扩大2倍。

对于跨界进入酸奶生产的农夫山泉,做植物酸奶门槛更低。植物酸奶的供应链比传统乳制品的供应链短得多。企业不需要投资上游牧场,也不需要考虑牛奶消毒、保鲜问题,只要购买植物性蛋白原料,在食品工厂里就可以完成生产。

此外,农夫山泉还借鉴纯净水的产品形象,从2018年至今陆续推出多款保湿面膜产品。2019年4月推出的桦树汁面膜,请来了流量明星蔡徐坤做代言人,将这款面膜做成了网红产品。

利用产品跨界做创意营销,也有助于企业改变一成不变的品牌形象。此前,中国白酒公司泸州老窖推出过香水产品,一时间引爆朋友圈刷屏。可口可乐、肯德基、麦当劳也曾与美妆品牌合作推出香水和彩妆。这些企业未必真心想做跨度如此大的产品突破,但通过短暂跨界到美妆与时尚,加强了品牌与年轻人的沟通。

目前这些在产品上跨界的企业,还不足以改变所进入领域的格局。例如,伊利仅推出了两款咖啡产品,目前来看是一番"试水",并非像瑞幸一样进军咖啡行业,挑战星巴克和雀巢的地位。

同时,当更多企业选择在主业之外拓宽产品边界,必然会发现,昔日并无交集的友商可能会成为今天的竞争对手,公司之间的竞争正发生在越来越多的赛道上。2018年12月,伊利就宣布在长白山投资矿泉水项目,进军水市场,将成为农夫山泉的饮用水市场竞争者,开始做酸奶的农夫山泉也将成为伊利的挑战者。

企业跨界做产品,有助于激活行业竞争。随着中国的消费者越来越愿意为健康、高质量和有趣的创新产品买单,甚至支付更高溢价,食品饮料公司需要逐渐打开格局,在不断尝试中做出产品突破。

大企业做跨界产品亦有品牌和渠道优势,可以利用自身长期积累的品牌声誉和渠道资源,快速铺货,依据市场态度,对产品做进一步调整。也许不久的将来,我们就能看到这些企业从"跨界试水"进化为真正的多元化发展。

资料来源:马霖. 饮料巨头的跨界战役[EB/OL]. (2019-09-11). https://new.qq.com/omn/20190910/20190910A0MN9C00.html.

问:企业跨界经营带给你怎样的启示?

案例6 北京同仁堂是中医药行业的老字号,至今已有300多年的历史,是中华传统医药文化的象征。清雍正元年(公元1723年),它开始供奉宫廷用药,成为皇家药铺。1949年新中国成立后,经历了从家族式作坊到公私合营企业再到全民所有制企业的转变。我国实行改革开放政策以来,同仁堂事业发展迅速,1992年7月经北京市政府批准,以北京市药材公司下属的18家工厂、商场、科研单位为基础,组建了中国北京同仁堂集团公司;1993年,同仁堂集团公司被授予自营进出口权;1995年,又被授予国有资产经营权,成为集生产经营与资产经营于一体的企业法人实体;1997年成立北京同仁堂股份有限公司,并在上海证券交易所成功上市;2000年成立同仁堂科技发展股份有限公司,并成功在香港联交所创业板成功上市。1993年以来,同仁堂集团一直是全国最大的工业企业之一,名列全国中药企业50强之首。

在向海外市场迈进过程中,同仁堂充分利用金字招牌优势,以品牌作为无形资产入股,与国外企业合资办公司,加快了同仁堂产品进入国际市场的进程。同仁堂在马来西亚、澳大利亚、英国、泰国等国家开办了同仁堂合资公司。通过这些公司的运作增加同仁堂产品在海外的市场占有率,使出口产品数量由原来的20多个增加到现在的130多个,出口创汇金额也由1993年的186万美元增加到目前的超过1000万美元。

资料来源:李亚红.老字号同仁堂:借力资本运作擦亮金字招牌[EB/OL].(2013-12-04).http://finance.ce.cn/rolling/201312/04/t20131204_1854412.shtml.

问:请你搜索资料深入了解同仁堂公司的发展战略,分析同仁堂公司发展历程的成功经验对企业的跨国经营有哪些可取之处?

案例7 华为技术有限公司,成立于1987年,总部位于广东省深圳市龙岗区。华为是全球领先的信息与通信技术(ICT)解决方案供应商,专注于ICT领域,坚持稳健经营、持续创新、开放合作,在电信运营商、企业、终端和云计算等领域构筑了端到端的解决方案优势,为运营商客户、企业客户和消费者提供有竞争力的ICT解决方案、产品和服务,并致力于实现未来信息社会、构建更美好的全联结世界。2013年,华为首次超过全球第一大电信设备商爱立信,排在《财富》世界500强第315位。华为的产品和解决方案已经应用于全球170多个国家,服务全球运营商50强中的45家,覆盖全球1/3的人口。

2017年6月6日,《2017年BrandZ最具价值全球品牌100强》公布,华为名列第49位。2019年7月22日美国《财富》杂志发布了最新一期的世界500强名单,华为排名第61位。2018年《中国500最具价值品牌》华为居第6位。12月18日,世界品牌实验室编制的《2018世界品牌500强》揭晓,华为排名第58位。

2018年2月,沃达丰和华为完成首次5G通话测试;2019年8月9日,华为正式发布鸿蒙系统。2019年8月22日,2019中国民营企业500强发布,华为投资控股有限公司以7212亿营收排名第一。2019年12月15日,华为获得了首批"2019中国品牌强国盛典年度荣耀品牌的殊荣"。

资料来源:百度百科.华为技术有限公司[EB/OL].(2020-08-20).https://baike.baidu.com/item/华为技术有限公司/6455903

问:我们可以从华为的跨国经营历程中可以汲取哪些优秀经验?

案例8 李宁公司由著名体操运动员李宁先生于1990年成立,自成立以来在我国体育用品市场一直占有极高的地位,其市场占有率一直领先于国内其他体育用品品牌。李宁公司成立于1990年,经过二十多年的探索,已逐步成为代表中国的、国际领先的运动品牌公司。自创办以来,已经由最初单一的运动服装,发展到拥有运动鞋、运动服装、运动配件、运动器材等多系列产品的专业体育用品公司。此外,李宁公司控股上海红双喜全资收购凯胜体育。自2001年6月在香港上市以来,李宁公司业绩连续保持高速增长,2010年更是达到94.79亿人民币,将要突破100亿。目前李宁的销售网络遍布中国大地,截至2010年,达到8000多家,遍布中国1800多个城市,并且在东南亚、中亚、欧洲等地区拥有多家销售网店。2010年1月,李宁在美国波特兰开出了第一家专卖店,全部由国内制造运往美国,专卖店的雇员则在当地招募。2011年12月,李宁在美国正式展开网上销售业务,主要销售篮球装备、运动服及跑步鞋,所有产品都是通过www.li-ning.com的网站进行网络销售,希望通过与当地公司的合作,使李宁的产品更能贴近美国消费者和美国文化。

资料来源:百度文库.李宁公司国际化经营战略分析[EB/OL].(2021-08-12).https://wenku.baidu.com/view/a3e4e98fd15abe23482f4dbe.html.

问:请你搜索资料深入了解李宁公司的发展战略,分析李宁公司发展历程的成功经验对企业的跨国经营有哪些可取之处?

第 11 章　新时代企业新管理

一、名词解释

1. 新管理(New Management)
2. 互联网＋(Internet Plus)
3. 人工智能(Artificial Intelligence)
4. 云计算(Cloud Computing)
5. 大数据(Big Data)

二、简答题

1. 企业新管理新在哪里？特征是什么？
2. 互联网＋对企业管理有什么影响？
3. 人工智能对企业管理有什么影响？
4. 大数据对企业管理有什么影响？

三、论述题

1. 传统的企业管理模式存在什么问题？
2. "互联网＋"时代下企业管理策略是什么？
3. 人工智能背景下企业管理策略是什么？
4. 大数据背景下企业管理策略有哪些？

四、案例分析

案例 1　云计算(Cloud Computing)是基于互联网相关服务的增加、使用和交互模式，通常涉及通过互联网来提供动态易扩展且经常是虚拟化的资源。云是网络、互联网的一种比喻说法。过去往往用云来表示电信网，后来也用来抽象地表示互联网和底层基础设施。因此，云计算甚至可以让你体验每秒 10 万亿次的运算能力，拥有这么强大的计算能力可以模拟核爆炸、预测气候变化和市场发展趋势。用户通过电脑、笔记本、手机等方式接入数据中心，按自己的需求进行运算。

美国国家标准与技术研究院(NIST)定义：云计算是一种按使用量付费的模式，这种模式提供可用的、便捷的、按需的网络访问，进入可配置的计算资源共享池(资源包括网络、服务器、存储、应用软件、服务)，这些资源能够被快速提供，只需投入很少的管理工作，或与服务务供应商进行很少的交互。XenSystem，以及在国外已经非常成熟的 Intel 和 IBM，各种"云计算"的应用服务范围正日渐扩大,影响力也无可估量。

由于云计算应用的不断深入,以及对大数据处理需求的不断扩大,用户对性能强大、可用性高的4路、8路服务器需求出现明显提速,这一细分产品同比增速超过200%。IBM在这一领域占有相当的优势,更值得关注的是,浪潮仅以天梭TS850一款产品在2011实现了超过15%的市场占有率,以不到1%的差距排名IBM,HP之后,成为中国高端服务器三强。2012年浪潮斥资近十亿元研发的32路高端容错服务器天梭K1系统尚未面世,其巨大的市场潜力有待挖掘。

资料来源:百度百科. 云计算[EB/OL]. (2022-03-24). https://baike.baidu.com/item/云计算/9969353?fr=aladdin.

问:请你分析云计算的发展会给我们的生活带来怎样的影响。

案例2 传统企业管理是指采用传统方式办公的管理方式。传统企业管理阶段出现了管理职能同体力劳动的分离,管理工作由资本家个人执行,其特点是一切凭个人经验办事。

传统企业管理经历了四个阶段:① 粗糙管理阶段。这个阶段又称为混乱管理阶段。鸦片战争后,中国人开始睁眼看世界。随着知识界眼界的开阔,中国的商业管理模式也随之发生了变化,一批新式工厂建立起来,但是直到中华人民共和国成立,这些企业也没有发展起来,因为当时混乱的社会形势使这些企业家根本没有时间系统思考管理经营问题。② 政治管理阶段。新中国成立初期,生产销售全由政府统一管理,企业仅仅相当于一个生产车间。在改革开放后的一段时间,中国的企业初步进行过一些管理方面的探索,比如大庆精神等。但是由于当时一切以政治为中心,企业管理方面取得的经验甚微。③ 制度管理阶段。这个阶段的主要特征表现为:计划、组织、领导、控制等各个方面都有成套科学、规范的制度和程序,企业像一部高效运转的机器。在这种管理方式下部门职能、岗位职责、行为准则、运作程序都实现了规范化;人才、资金、物资、时间等资源的利用实现了科学化;信息传递方面和各项工作实现了程序化。这个阶段是企业发展过程中打地基阶段,企业大厦能盖多高,完全取决于这个阶段地基能打多深多牢。当然这个阶段也存在问题:企业里仍然有许多制度和程序管不到、管不了的地方,这是由管理常常滞后于企业发展的特质所决定的。④ 文化管理阶段。企业文化能为员工营造一个非常和谐的工作氛围,提升员工共同奋斗的愿望,使员工之间产生强大的凝聚力,使员工忠于企业和企业所从事的事业。我国现在已经有相当多的企业从制度管理层面向文化管理阶段进行跨越。

传统企业管理各阶段的管理模式和管理理念。首先,粗糙管理阶段的管理模式是人治。人治模式就是使用强人治理。中国的儒家思想特别强调人治,主张为政在人,以身作则,通过使用贤人来治理国家。这时的国家治理明显具有秘密性、随机性和不可预知性等特点。其次,政治管理阶段和制度管理阶段管理模式是法治。建立制度,淡化人治,通过制度化管理来提高效率,这就是法治。对于国家来说,法治就必须强调法律法规,依法治国。法律、制度具有刚性、公平性、公开性、稳定性,它不同于人治那样有很大弹性,法律弹性很小,任何人都必须遵守,包括制定者和执行者本身。即法律是社会最高的规则,没有任何人或组织可以凌驾于法律之上。最后,文化管理阶段的管理模式是文治。用一种意识、思维来引导我们的行为,这就是文治,以文化来管理企业,以文化来治理国家。对于企业来说,文治强调以人为管理的核心,建立学习型组织靠教育培训来引导员工,让员工实现自我控制、自我管理。

资料来源：百度文库.传统企业管理与现代管理[EB/OL].(2022-04-24). https://wenku.baidu.com/view/a2ead793d4bbfd0a79563c1ec5da50e2524dd12d.html.

问：请问在新的时代背景下，传统企业管理模式有哪些地方可以继承？

案例3 将大数据分析纳入企业的日常经营与管理中已经成为了新时代企业发展的方向。北美零售商百思买在北美的销售活动非常活跃，产品总数达到3万多种，产品的价格也随地区和市场条件而异。由于产品种类繁多，成本变化比较频繁，一年之中变化可达四次，结果导致每年的调价次数高达12万次。最让高管头疼的是促销策略，为此公司组成了一个11人的团队，希望透过分析消费者的购买记录和相关信息，提高定价的准确度和响应速度。案例不完整，没有提到百思买在使用大数据分析后获得的提升或实际效果。

很多企业在做搜索引擎营销（SEM）的过程中，都有这样的感触：每年都会花费大量的预算在SEM推广中，但是因为关键词投入产出无法可视化，常常花了很多钱却不见具体的回报。在竞争如此激烈的SEM市场中，企业需要一个高效的数据分析工具来尽可能地帮企业优化SEM推广，例如商业数据分析（BDP），来帮企业节省不必要的支出，提升整体的经营绩效。企业可借助数据平台提供的网络营销整合解决方案，打通各个搜索引擎营销（SEM）、在线客服系统和客户关系管理（CRM）系统，营销竞价人员无需掌握复杂的编程技术，简单拖拽即可生成报表，观察每一个关键词的投入和产出，分析每一个页面的转化，有效降低投放成本。通过BDP实况分析数据，可以快速洞悉对手关键词的投放时段、地域及排名，并对其进行可视化的分析，实时监控自己和竞争对手的投放情况，了解对手的投放策略，支持自定义设置数据更新的时间点、监控频次和时段，及时调整策略。知己知彼，才能百战不殆。

资料来源：搜狐网.大数据分析应用的案例[EB/OL].(2018-08-03). http://www.sohu.com/a/245100724_505852.

问：请你畅想一下，大数据将会如何改变企业的管理与经营方式。

案例4 有关调查显示，大数据在当今社会各企业中已经被逐渐的广泛使用，虽然兴起的时间相对较晚，但是其发展速度还是相当可观的，因为它可以切实有效地促进企业的核心竞争力，从而实现企业长远有效的发展。下面我们就大数据对企业的影响以及它在企业中的应用做一个简要阐述。

大数据可以帮助各企业仔细地了解所属用户情况。在企业的实际运营操作中，通过对大量数据信息的分析，并从中发现一种能够切实推动企业自身快速发展的具体模式，并通过具体数据来了解所属客户对企业所研发产品的真实态度，以此从中获取客户对产品的诸多要求和建设性意见，根据这些反馈性意见来重新定位出企业所生产产品的新特征。

大数据可以帮助各企业发展潜在资源。在企业的实际操作中，企业一定要在实现对资源的准确控制的基础上，进一步地对潜在的数据资源进行有效的发掘和利用。这些则可以通过大数据的信息处理技术实现，我们首先可以通过对企业的基本资源进行一个大概的整理规划，然后将潜在的资源信息进行简单的数据处理并以图像呈现的基本方式向大众展示，使得信息利用实现最大化。

大数据可以帮助企业更好地对产品生产进行规划。大数据作为一种有效的信息处理技术，可以预知企业未来发展的大概趋势，且能够在此基础之上对企业的基本生产结构和具体的产品生产流程做一个前期的大概规划。以此帮助企业能够在传统的模式之上稳步发展，并为企业的实际问题提供行之有效的解决方案和措施,最终为企业的生产提供一份保障。

大数据可以帮助企业更好地进行经营。因为大数据之间具有关联性,因此,通过大数据可以使得企业中不同产品之间的交叉重合之处更加容易被辨识,并能够以此为基础,在产品品牌的运营推广上、企业战略规划、产品展示区位的选择上更加的有把握。

大数据可以切实有效地帮助企业开展业务。在企业运营操作中,可以通过大数据的计算来对大量的社交信息数据以及有关的客户之间的数据进行一个统计分析,以此帮助企业的产品品牌进行合理的水平设计。此外,还可以通过大量的数据来对获取到的信息进行交叉验证分析,并将分析所得结果面向社会化用户开展精细化服务。

资料来源:百度文库.大数据在企业管理中的应用[EB/OL].(2022-02-25). https://wenku.baidu.com/view/6e9b0591be1e650e53ea996f.html.

问:请问该案例带给你怎样的启发?

案例5 云计算在中国主要行业应用还仅仅是"冰山一角",但随着本土化云计算技术产品、解决方案的不断成熟,云计算理念的迅速推广普及,云计算必将成为未来中国重要行业领域的主流IT应用模式,为重点行业用户的信息化建设与IT运维管理工作奠定核心基础。

医药医疗领域。医药企业与医疗单位一直是国内信息化水平较高的行业用户,在"新医改"政策推动下,医药企业与医疗单位将对自身信息化体系进行优化升级,以适应医改业务调整要求,在此影响下,以"云信息平台"为核心的信息化集中应用模式将孕育而生,进而提高医药企业的内部信息共享能力与医疗信息公共平台的整体服务能力。

制造领域。随着"后金融危机时代"的到来,制造企业的竞争将日趋激烈,企业在不断进行产品创新、管理改进的同时,也在大力开展内部供应链优化与外部供应链整合工作,进而降低运营成本、缩短产品研发生产周期。未来云计算将在制造企业供应链信息化建设方面得到广泛应用,特别是通过对各类业务系统的有机整合,形成企业云供应链信息平台,加速企业内部"研发—采购—生产—库存—销售"信息一体化进程,进而提升制造企业竞争实力。

金融与能源领域。金融、能源企业一直是国内信息化建设的"领军性"行业用户,近年来,中国石化、中国人民保险、中国农业银行等行业内企业信息化建设将进入"IT资源整合集成"阶段,在此期间,需要利用"云计算"模式,搭建基于IAAS的物理集成平台,对各类服务器基础设施应用进行集成,形成能够高度复用与统一管理的IT资源池,对外提供统一硬件资源服务,同时在信息系统整合方面,需要建立基于PAAS的系统整合平台,实现各异构系统间的互联互通。因此,云计算模式将成为金融、能源等大型企业信息化整合的"关键武器"。

电子政务领域。未来,云计算将助力中国各级政府机构"公共服务平台"建设,各级政府机构正在积极开展"公共服务平台"的建设,努力打造"公共服务型政府"的形象,在此期间,需要通过云计算技术来构建高效运营的技术平台,其中包括:利用虚拟化技术建立公共平台服务器集群,利用PAAS技术构建公共服务系统等方面,进而实现公共服务平台内部可靠、稳定的运行,提高平台不间断服务能力。

教育科研领域。未来,云计算将为高校与科研单位提供实效化的研发平台。云计算应用已经在清华大学、中科院等单位得到了初步应用,并取得了很好的应用效果。在未来,云计算将在我国高校与科研领域得到广泛的应用普及,各大高校将根据自身研究领域与技术需求建立云计算平台,并对原来各下属研究所的服务器与存储资源加以有机整合,提供高效可复用的云计算平台,为科研与教学工作提供强大的计算机资源,进而大大提高研发工作效率。

资料来源:百度经验. 云计算应用的领域[EB/OL]. (2014-01-20). https://jingyan.baidu.com/article/e75aca8556d717142fdac66e.html.

问:你认为云计算未来会怎样改变企业日常管理?

案例6 小米的运营模式与传统手机厂商如中兴、华为、酷派、联想完全不同。小米采用的是轻资产运营模式,自己负责研发、设计、售后服务等,生产、物流配送等环节全部外包。小米采用外包的形式减少了固定成本的投入和摊销,甩开最积压资金的部分。

在产品研发和设计上,小米用户参与度是非常高的。在黎万强看来,小米是要跟用户做朋友,让用户能够参与到产品设计、研发软件升级、销售等环节,将用户变成自己的合作伙伴,实际是和用户一起创作产品。整个过程可以说是由小米研发人员和用户共同制定的,这也与传统手机厂商完全不同。

在库存和供应链管理上,小米借鉴了"按需定制"的戴尔模式的供应链管理,力图实现零库存,按需定制。每周二中午12点,小米官网都会放出一批手机产品,具体型号和数量提前在论坛发布,这个数字是由小米仓储中心反馈的库存数据决定的。在周二中午12点之前,有购买意愿的消费者都要填写信息进行预约,才能在当天进行抢购。

这个预约数字是小米重要的生产计划制定指标之一,基于这个指标,小米会计算出三个月之后的产量和开放购买的数量,并制作出相应的生产计划表。之后就是根据计划表进行零部件的采购,如向夏普采购屏幕、向高通采购芯片、向索尼采购摄像头等,共计采购600多种元器件,最后再由英华达和富士康代工生产。

小米的销售方式也与传统手机厂商不同,小米以电商渠道为主,除了自己的电商网站——小米官网以外,小米产品也在京东、天猫等电商平台销售。小米手机刚推出的时候,其物流和配送是由方可诚品全资自建的配送公司如风达负责,之后顺丰、申通、圆通、EMS等也成了小米系的三方配送公司。

小米的"互联网化"模式将原有手机成本的90%给"消除"了,即互联网化带来了"0渠道费"(电商),0广告费"(新媒体和自媒体取代传统广告),以及"0库存"(预售模式)。

资料来源李伟,周立. 从颠覆到创新:互联网+时代企业转型的经典模式[M]. 北京:中国友谊出版公司,2016.

问:小米如何运用创新运营模式?

案例7 京东集团是一家国际知名的电子商务平台公司,近年来公司业务发展迅猛,逐步成长为中国第四大互联网公司。京东对于大数据分析的应用非常广泛,其中展示用户画像是很重要的一部分。通过将用户分群,根据他们的购物习惯,浏览物品,记录推送购物界面进行推销广告。数据分析给予完整的数据链条与汇总。完整的链条数据应该包括,用户来源数据(百度搜索、社区搜素、自营客户端等)、用户浏览购买数据(浏览习惯、如何下单、购买频率等)、仓储配送数据(配送方式及路线等)、售后数据和供应链数据(采购、运输、进库存等)。业务前端使用JIMI库夫机器人,坚守人工成本,提高客户满意度。后端为前台提供支持,通过大数据分析,找准用户在购买过程中购买最大相关性的物品,菜单量从14.6%降到了6.86%。此外,通过大数据分析,优化路径规划,使每一个拣货员行走最短的路产生最大效益,拣货的单品耗时从22秒下降到16秒;通过大数据分析,选择最佳配送路段,根据天气情况部署车辆,提高使用率,完成高效率配送,这些大数据应用构成了京东智慧物流的基础。另外,京东金融有京保贝和京东白条两个服务,前者针对供应商,后者针对个人消费者,原理就是用大数据分析客户,并决定是否提供贷款给这些客户。

  京东除了业务与运营高度重视大数据应用外,在管理领域也不断尝试新的应用和创新。集团自主开发了基金管理系统,连接集团各业务系统与各大银行收付平台,通过掌握的实时变动信息滚动预测资金余额,规划的常资金运营;在处理业务发展矛盾方面,京东积极推动财务创新,开出中国企业第一张电子发票,并借此实现财务创新与企业转型;同时公司积极利用大数据分析技术建模,通过税控监测模型来平谷和分析各分子公司纳税状态,有效降低集团纳税风险。

  资料来源:原创力文档.大数据在中国企业管理中的应用实践与启示[EB/OL].(2018-04-25). http://max.book118.com/html/2018/0416/161759083.shtm.

  问:京东是如何利用大数据进行精准营销和管理创新的?

第 12 章　政府管制理论

一、名词解释

1. 市场失灵（Market Failure）
2. 政府管制（Governmental Regulation）
3. 经济管制（Economic Regulation）
4. 社会管制（Social Regulation）
5. 外部性（Externality）
6. 信息不对称性（Asymmetric Information）
7. 公共产品（Public Goods）
8. 委托代理问题（Principal-agent Theory）
9. 逆向选择（Adverse Selection）
10. 道德风险（Moral Hazard）

二、简答题

1. 外部性的种类有哪些？
2. 什么是逆向选择？解决逆向选择问题的思路是什么？
3. 什么是政府管制？
4. 激励管制理论的起源是什么？
5. 社会性管制的具体方式是什么？
6. 竞争性行业管制的具体方式是什么？

三、论述题

1. 公共产品必须由政府来提供吗？
2. 解决外部性问题的对策有哪些？
3. 什么是委托-代理问题？如何解决委托-代理问题？
4. 自然垄断行业的管制措施有哪些？
5. 你怎样看待现代政府从"守夜人"角色向其他更多角色的扩张？

四、案例分析

案例1　从电报电话出现到 20 世纪 80 年代，电信一直被多数国家视为天然的垄断行业，由政府或政府委托的公司垄断经营。垄断范围从基本电信服务、增值服务到网络运营，从低端的电话、各种终端设备到高端的交换机和传输设备都由政府指定。在电信基础设施建设和业务发展上,政府在投资上给予支持,在政策上予以倾斜。

各国电信业采用垄断经营的方式主要有两种:一种是政府许可某一家或两家公司垄断经营,典型的有美国、英国和日本。美国虽然一直存在竞争的环境,但市场基本上由AT&T(美国电话电报公司)代表政府独家垄断。经过初期的自由竞争,到1919年AT&T贝尔系统控制了全国长途市场和80%以上的本地电话市场,垄断经营市话、长话和国际长途,其他公司只处于附属地位,实际上无法开展有效的竞争。1934年,美国颁布实施第一部电信法,加强了对AT&T的管理和控制,但同时又以法定方式强化了其垄断地位。1980年,AT&T成为一个拥有近2000亿美元固定资产、垄断了美国95%以上的长途电信业务和80%以上的市话业务的电信巨人。在英国,国有的BT(英国电信公司)长期以来垄断着90%以上的电信市场。日本则是由NTT(日本电信电话公司)和KDD(国际电信电话公司)实行双垄断,两者有明确的分工:前者经营市话业务,后者经营长途业务。

另一种垄断方式是由政府直接实施独家经营。发达的西方国家如德国、法国、澳大利亚、加拿大以及大多数第三世界国家,采取的都是这种经营模式。这些国家的电信市场由政府统一负责管理和经营,政府既是市场的管理者,又是电信业务的具体运营者,实行的是政企合一的运行体制。

资料来源:刘山葆.我国电信服务市场政府管制策略[D].广州:暨南大学,2000.

问:请你分析两种经营方式各自的优劣势。

案例2 在英国,建造和维修灯塔的机构各个地方都不一样,在英格兰和威尔士是领港公会,在苏格兰是北方灯塔委员会,在爱尔兰是爱尔兰灯塔委员会。这些机构的开支由通用灯塔基金会拨出,基金由商务部管理。而基金的收入来源是由船主缴纳的灯塔税,灯塔税的缴纳和报表管理由领港公会负责,征税由港口税务局完成。此外,灯塔咨询委员会(代表船主、水险商和货运者的船运协会)也发挥着重要的作用。灯塔机构在编制预算以及商务部是否通过预算都要考虑灯塔委员会的意见。目前英国的灯塔制度是经过历史的演变而确定下来的,其演变的历史对于我们认识公共产品的供给有极大的帮助。经济学家科斯介绍了英格兰和威尔士的灯塔制度的历史演变。

16世纪初,英国几乎没有灯塔,但是却存在各式各样的航标,这些航标的管理和信标的提供由海军大臣负责。1566年,领港公会被赋予提供和管理航标的权力,也监督私人航标的管理。1594年海军大臣将浮标和信标的管理权转给领港公会。可以说,虽然此时并没有出现灯塔,当发挥着类似灯塔作用的航标是由政府和领港公会共同提供的。17世纪初,领港公会在卡斯特和洛威斯托夫特设置了灯塔,但领港公会对于船长、船主和渔民建造灯塔的请求却不闻不问,直到17世纪末,才建造了另一座灯塔。由于领港公会对建造灯塔的怠慢,给予了私人建造灯塔的机会。1610~1675年间,领港公会没有建造一座灯塔,而私人建造的灯塔至少有10座。因此,灯塔的建设出现了两头相争的局面,一方面,领港公会试图维护其建造灯塔的唯一权威地位而反对私人建造灯塔,另一方面,灯塔的建造者出于谋取个人利益,建造了灯塔。

私人为了避免侵犯领港公会建造灯塔的法定权力,他们的办法是从国王那里获得专利权,后来,经营灯塔和征收使用费的权力由国会通过法令授予了个人。灯塔使用费由所在港口的代理者向经过灯塔的船只收取。而与此同时,领港公会为了既能保住自己权力又能赚钱，领港公会也申请经营灯塔的专利权，然后向那些愿意自己出资建造灯塔的私人出租，收取租金，而私人要以保证不与领港公会作对为条件。通过这样的妥协，私人建造灯塔获得了极大的空间和自由。科斯举了一个例子以说明这种情况。以往，在伊迪斯通礁石上建造灯塔被认为是不可能的，但是出于私人利益最大化的追求，亨利·温斯坦利成为了第一个吃螃蟹的人，于1699年建造了第一座灯塔，这座灯塔在1703年被大风暴冲走了，造成了极大的人员伤亡。尽管在此处建造灯塔如此危险，仍无法抵挡私人利益的进入，1709年，洛维特和拉迪亚德又建造了一座灯塔，而这座灯塔毁于一场大火。不久，新的灯塔再次由私人建造起来。

科斯指出，如果我们考察19世纪初灯塔的建设情况，就可以理解私人和私人组织在英国灯塔建设中所发挥的重要作用。1843年灯塔委员会在报告中声称，英格兰和威尔士共有56座灯塔，其中有14座由私人或私人组织经营。1820年的情况是，24座灯塔由领港公会经营，22座由私人或私人组织经营。在领港公会经营的24座灯塔中，有12座是与私人签订的租约到期而收归领港公会，1座是1816年切斯特理事会转让的，也就是说在1820年的46座灯塔中，34座灯塔是由私人建造的，只有12座是领港公会建造的。

通过这一阶段的历史，我们发现个人并非像经济学家预想的那样，由于收费的困难而不可能提供灯塔，相反，个人在英国灯塔中发挥着极为重要的作用。

在《经济学中的灯塔》中，尽管科斯并没有明确地表明社会连续性理论，但是我们依然可以从英国灯塔制度的演变中看出他的这一方法论预设。穆勒、西奇威克、庇古和萨缪尔森关于公共产品的观点，实际就是站在了一个极端，即灯塔作为公共产品，只能由政府来提供，私人由于种种原因而不能提供。但是英国灯塔制度的表明，"早期的历史表明，与许多经济学家的信念相反，灯塔的服务可以由私人提供"。但是科斯并没有在此时跳入另一个极端，即过分强调灯塔就只能由私人来提供，而是告诉我们，英国灯塔制度在某些阶段内，是通过政府、领港公会与私人的协商与妥协，共同来建造和经营灯塔的。通过科斯这样的说明，我们可以做这样的理解：事实上，并不存在纯粹的公共产品，任何政府或个人试图垄断公共产品的供给，都是不可能的。

资料来源：百度知道. 英国灯塔制度及演变[EB/OL]. (2016-12-02). https://zhidao.baidu.com/question/505048091.html.

问：从上面案例来看，你认为公共物品必须是政府来提供吗？

案例3 公共资源悲剧最初由哈定提出。哈定1968年在《科学》杂志上发表了一篇文章，《The Tragedy of the Commons》。北京大学的张维迎教授将之译成《公共地悲剧》，但哈定的"the Commons"不仅仅指公共的土地，而且指公共的水域、空间等等；武汉大学的朱志方教授将《The Tragedy of the Commons》译成《大锅饭悲剧》，有一定的道理，但也不完全切合哈定所表达的意思。将the Commons译成"公共资源"似乎更确切些。

哈定举了这样一个具体事例：一群牧民面对向他们开放的草地，每一个牧民都想多养一头牛，因为多养一头牛增加的收益大于其购养成本，是合算的，尽管因平均草量下降，可能使整个牧区的牛的单位收益下降。每个牧民都可能多增加一头牛，草地将可能被过度放牧，从而不能满足牛的食量，致使所有牧民的牛均饿死。这就是公共资源的悲剧。

对公共资源的悲剧有许多解决办法，哈定说，我们可以将之卖掉，使之成为私有财产；可以作为公共财产保留，但准许进入，这种准许可以以多种方式来进行。哈定说，这些意见均合理，也均有可反驳的地方，"但是我们必须选择，否则我们就等于认同了公共地的毁灭，我们只能在国家公园里回忆它们。"

哈定说,像公共草地、人口过度增长、武器竞赛这样的困境"没有技术的解决途径",所谓技术解决途径,是指"仅在自然科学中的技术的变化,而很少要求或不要求人类价值或道德观念的转变"。

资料来源:百度百科. 哈定悲剧[EB/OL]. (2022-03-25). https://baike.baidu.com/item/哈定悲剧/8312188?fromid=9783583&fr=aladdin.

问:运用你所学的知识,说明如何解决公共资源的悲剧问题。

案例 4 有效确定土地、劳动、资本等私有产权,尊重价格规律的调节作用,发挥市场资源配置中的决定性作用,清晰界定政府的职责边界,使得社会公众福利稳步提升,将是未来改革的必由之路。

市场失灵导致的竞争无序、价格紊乱,一直伴随着人类社会。当此类问题出现时,人们通常寄希望于政府出台行政措施,但是,就各项干预的实施效果来说,往往事与愿违,这究竟是怎么一回事,该如何认识市场失灵问题,又该怎样处理市场与政府之间关系?

五十多年前,美国经济学家科斯针对美国无线电市场失灵问题进行的思考,或许能够带给我们一定的启发。

20 世纪初,无线电开始在海上应用,为海上船只提供引航服务。但是,由于数量众多的无线电站发射不同的无线电信号,信号之间相互干扰,导致海上救援信号无法被清晰辨认,进而影响船只航行安全。因此,在 1912 年,美国国会通过立法明确,任何一座无线电台的经营者都必须持有商务部长颁发的许可证,这就意味着无线电市场领域有了行政门槛。

20 世纪 20 年代,在广播等商业领域,无线电被广泛使用,无线电市场迎来了大发展,然而,无线电混乱的局面并没有改观,反而愈加严重。对此,在 1926 年,美国国会再次通过规范无线电产业的法律措施,同时在联邦政府层面设立通信委员会,负责审核无线电经营的申请,并规定无线电经营者通过审核的前提是必须服务及便利公众。显然,这一前置条件在科斯看来缺乏明确的含义,并将影响其后续具体的执行。

对无线电领域实行政府管制的支持者认为,无线电作为通信方式之一,因其资源有限并不能为所有人使用。因此,根据这一天然限制,为数有限的频道不能彼此干扰,类似于汽车管制,对于无线电管制的必要性也正是基于此。

科斯反驳道,因数量有限而稀缺的资源,不仅仅是无线电信号,在经济体系中所有的资源如土地、劳动、资本等,人们的需求远大于其供给,但这并不是政府管制存在的理由,决定这些资源配置应该是价格机制,而不能是政府管制。

还有学者认为政府管制的存在起因于市场失灵——私人竞争体系的失败。对此,科斯认为市场失灵的真正原因是没有产权介入稀缺资源,进而他总结道:"一味指责市场失灵是不恰当的,一个私人竞争体系在资源配置中,如果有产权介入将运行良好,唯有产权的确定,任何想要使用此资源的市场主体都需要付费,竞争无序的局面将会自动消失,政府在此过程仅需要提供产权界定及仲裁。"

科斯追溯到亚当·斯密的经典理论,即资源配置应该由市场的力量决定而非行政命令。行政部门的越俎代庖,替代市场价格机制产生作用的领域,会遇到如下两个难以克服的问题:其一,缺乏由市场决定的"成本—收益"衡量标准,而这将因行政部门的预算软约束而导致政府规模的日益庞大,乃至寻租的产生及税负的加重。其二,行政部门无法掌握市场主体对商品及服务的偏好，进而造成判断失真，而恰恰是无数市场独立主体的不断试错、及时纠错，才使得资源实现渐进的合理配置。

有效确定土地、劳动、资本等私有产权，尊重价格规律的调节作用，发挥市场资源配置中的决定性作用，清晰界定政府的职责边界，使得社会公众福利稳步提升，将是未来改革的必由之路。

资料来源：中工网．行政管制能否解决市场失灵问题［EB/OL］．（2019-08-27）．http://theory.workercn.cn/252/201908/27/190827090527904.shtml.

问：你认为政府管制一定有利于经济发展吗？

案例5 政府管制是由行政管制机构强制执行的置于市场中的一般规则或特殊行为，其通过直接干预市场配置机制或间接改变消费者和厂商需求与供给数量而发挥作用。现阶段，我国的政府管制并未充分发挥作用，分析其原因并找寻解决之道，对于真正提升管制效率，确保资源有效配置，推动经济健康发展具有重要意义。

管制是不完全的和发展的。尽管人的选择行为可能是理性的，但人的理性选择却是不完全的。政府管制也是如此。一项制度不仅来源于设计，更是演化的结果。在经济生活中，人们建立了诸多易于把握和遵循并发挥相当作用的决策规则。但管制并非仅仅使用命令形式，它不是一成不变的，管制的过程是一种动态的过程，因此其产生出来的管制法规可以避免纯粹设计可能带来的危害。这既是管制存在的原因，也恰恰证明了管制是不完全的和发展的。

信息不对称。管制活动的指挥和控制要求管制者对企业的技术和管理熟悉备至，但在现实经济生活中，管制者和被管制者却往往处于不对称的信息结构中。管制者一般很难获得被管制者的财务、会计、事业计划、需求结构和动向以及技术等方面的详细资料，而且，收集的信息需建立在花费大量成本的基础上。在这种信息不对称的状态下，资源就会出现低效率配置，导致被管制者有可能会通过隐瞒真实信息获得超过收支平衡状态的收入，从而造成政府管制因信息不对称带来监控上的虚弱。

管制合同的不完全性。有限承诺、多重委托人及管制收买引起的合同的不完全是导致管制难以充分发挥作用的另一个原因。其一，有限承诺。由于规制决策大多具有事先决定的特点，因而管制者只能依据现有信息与被管制者签订弹性契约。当被管制者通过一些提高效率的措施降低生产边际成本时，在以后的管制契约中，管制者就会设法降低价格，甚至侵占被管制者的效率收益，形成管制中的"棘轮效应"，影响对被管制者提高效率的激励。其二，多重委托人。多重委托关系时，受规制企业会利用管制合同的外部性及信息优势逃避控制，从而获得更多的垄断租金。同时，大量具体而详细的管制规则需要在实践中完善，管制者拥有相当程度的自由裁量权，在很大程度上损害了市场的管制效率。其三，管制收买。管制机构具有相机决策权的大小取决于激励机制的强度。在高强度激励机制下，管制机制具有较大的回旋余地。如果管制机构掌握到企业的成本状况和技术信息并将之公开化，则企业就会失去租金；相反，若管制机构宽容相待或视而不见甚至隐瞒，则企业就会获得很高租金。管制者与被管制者这种关系，很容易破坏市场的公平机制，影响市场的有效资源配置。

强化对管制者的监督。首先，制定合理的政府机构分立、竞争制度和制度制衡机制来避免管制者被利益集团所左右。一方面，管制主体的设立必须具有相对的独立性，管制的立法机构、行政性执行机构和法律执行机构三者之间必须独立并互相监督。另一方面，作为管制者的政府必须受到社会的普遍监督和约束，以减少其寻租的可能。其次，建立和强化对管制者的管制执行权力约束和惩罚机制,有效限制管制者拥有过大的自主裁量权。建立和完善行政执行制度,做到法政分开、依法规范行政秩序,真正实现行政程序法治化和权力制衡。

资料来源:环球网.如何实现政府管制创新[EB/OL].(2013-02-16).https://opinion.huanqiu.com/article/9CaKrnJzhWb.

问:你认为政府管制该如何创新?

案例 6 刘先生家住温州苍南县龙港镇,在他所在的居民楼下,有人把一楼店面全部出租给了某印刷厂。从那以后,附近居民的生活就一直深受印刷厂的噪音和异味困扰。

据刘先生说,印刷厂规模很大,有胶印、腹膜、压痕等设备。特别是到了夏天,整个生产过程都大门敞开,胶水、油墨等味道很大,而且 24 小时生产,任何一个时间段都不可能好好休息。"请问在居民楼下办印刷厂在龙港合法吗?难道有关部门发营业执照的时候都没审核的吗?"刘先生说。刘先生虽然不经常在家,但印刷厂对于家里的老人小孩都有不小的影响。因此刘先生发帖求助,希望能够尽早解决印刷厂扰民的事情。印刷厂也曾多次因为扰民遭到举报。

在接到浙江新闻网调查函后,苍南县环境监察大队对网友所反映的情况进行了现场勘查,确实发现了不少的问题。

这家印刷厂从 2008 年 7 月就已经投入生产,主要从事印刷加工。环境监察大队的工作人员了解到,一个多月前,该公司原有压痕机与盖光机,会产生较大的噪声和废气,因有邻居向该公司反映投诉才搬走了这些对附近居民影响较大的机器。针对该公司占用公共通道,影响邻居通行,该公司法定代表人表示,该公司原来占用街道公用地块堆放纸张等东西,已租用房间搬入。勘查中还发现,该公司生产时有油墨挥发的气味,未经有效污染防治设施处理,无组织排放。该印刷厂竟然在未经过环保部门审批的情况下,就已经开始擅自生产。

资料来源:百度文库.中国政府处理外部性经典案例新闻[EB/OL].(2022-04-13).https://wenku.baidu.com/view/be48624a081c59eef8c75fbfc77da26925c596de.html.

问:请从市场失灵的角度分析该案例。

案例 7 2013 年 2 月,上海市质监局在对上海市生产销售的学生校服产品进行质量专项监督抽查中发现,有 6 批次产品存在质量问题。经调查,这些产品几乎都出自上海某时装有限公司。"毒校服"分解的芳香胺染料属于芳香族氨基化合物,会使人体红细胞失去携氧能力、损害肝脏,还会致癌,对皮肤的损害和致癌作用可能会长期存在。毒性最强的是联苯胺,平均潜伏期多在 20 年以上。上海某时装公司所生产的校服涉及 20 多个中学,2 万多套校服已经暂停使用并送检。

据报道,上海某服装厂位于川沙的一个村子里,周围环境很差,背后就是垃圾场,而且这并不是该品牌第一次被发现存在问题,近年来该品牌已多次出现在产品抽检质量不合格企业"黑名单"上。2009 年、2011 年该品牌学生夏装被检出 pH 值超标,2012 年两款学生服的使用说明不合格。据了解,上海学生服装生产厂家多数是像这样的作坊式小企业,其产品的抽查合格率不乐观。

资料来源:百度文库."毒校服"事件[EB/OL].(2022-01-06).https://wenku.baidu.com/view/19767b062af90242a895e5a1.html.

问:从政府管制理论的角度分析该案例发生的原因。

第 2 部分

答案与解析

第1章 导　　论

一、名词解释

1. 管理经济学(Managerial Economics)：管理经济学是把微观经济学的理论与方法应用于企业经济决策的一门应用经济学科。具体地说，管理经济学是以经济学理论与方法为基础，结合应用计量经济学和决策科学的方法与工具，为企业解决经营决策问题提供理论和工具，指导企业决策者高效率地配置稀缺资源，制定和实施能使企业目标得以实现的经营决策。管理经济学具有较强的实践性和针对性，是一门应用经济学。

2. 微观经济学(Microeconomics)：微观经济学研究的是经济体系运作中单个抽象的企业，为了揭示微观经济主体的行为，探讨企业行为的一般规律，理解价格机制如何实现经济资源的优化配置。

3. 企业决策(Enterprise Decision)：所谓决策即选择，就是在许多备选可行方案中选择出最优方案。企业决策大致可分为以下两个主要过程：一是经济上分析，以利润目标为选择准则，选出若干最优方案；二是从整体上分析，结合企业的其他目标，从上述最优方案中优选一个方案，而这最后决定的方案不一定是利润最大化的方案，但它一定是最优方案。具体而言，企业的决策可以分为以下几个步骤：一是信息搜集，二是确定目标，三是拟订方案，四是方案选择，五是实施方案。

4. 最优化方法(Optimization Method)：即在一种约束条件下，使系统的目标函数达到极值，即最大值或最小值。从经济意义上说，最优化方法是在一定的人力、物力和财力资源约束条件下，使经济效果达到最大（如产值、利润），或者是在完成规定的生产或经济任务下，使投入的人力、物力和财力等资源为最少。管理经济学假定生产者在追求利润极大化（或成本最小化），而消费者在追求效用极大化。最优化方法往往由数学模型来表述，最优化模型一般包括变量、约束条件和目标函数三要素。

5. 均衡分析法(Equilibrium Analysis)：均衡分析是经济理论研究的一种重要方法和必要抽象。均衡是指任何一个经济决策者都不能通过改变自己的决策以增加利益时的状态。均衡分析法是指在研究涉及诸经济变量的问题时，先将自变量假设为已知的和固定不变的，然后考察当因变量达到均衡状态时会出现的情况和为此所具备的条件，即所谓的均衡条件。

6. 边际分析(Marginal Analysis)：运用边际概念，借助于经济现象间的函数关系，研究某一因变量随着自变量的变化而变化的程度，从而比较经济效果的一种分析方法。边际是指每单位投入所引起的产出的变化。边际分析方法在管理经济学中有较多的应用，它主要分析企业在一定产量水平时，每增加一个单位的产品对总利润产生的影响。

7. 经济模型(Economic Model)：经济模型指用来描述与所研究的经济现象有关的经济

变量之间的依存关系的理论结构。经济模型的建立是对经济理论的数学表述，它极其简单地描述现实世界的情况。通过做出某些假设，可以排除许多次要因子，从而建立起模型。经济模型本身可以用带有图表或文字的方程来表示。一个经济模型通常包括变量、假设、假说和预测等因素。

二、简答题

1. 管理经济学研究的重点是经济决策，包括企业生产经营决策系统的经济行为以及有关变量之间的相互依存关系，如：① 企业生产什么；② 企业生产多少；③ 企业怎样生产；④ 如何制定价格；⑤ 怎样进行投资；⑥ 为解决上述问题而进行的经济分析与估计，如需求分析和对需求函数的估计、生产分析和对生产函数的估计、成本利润分析、投入要素组合优化以及投资决策和风险评估等。

管理经济学的研究内容以微观经济效益为主，同时，也涉及宏观经济效益问题。由于企业并不是孤立存在的，它与整个社会有联系，国家在一定时期的投资规模、产业政策、产业结构调整以及能源的生产与供应等，都会对企业的微观经济决策产生影响。因此，企业主管人员在对某一给定的问题进行决策时，必须考虑宏观因素。此外，管理经济学的主要研究内容虽然是在经济决策范围之内，但它并不排斥企业主管人员的创新思维。

2. 企业在经济体系中的地位和作用在于，通过购买资源即劳动力、原材料等要素，将各种生产要素组合起来进行生产，并将生产出来的商品提供给消费者消费。在为社会提供需要的产品和服务的过程中，企业为工人提供了就业，为政府提供了税收。政府使用这些税收提供企业根本无法提供或者不能有效提供的服务（比如国防、教育等）。

按照科斯的观点，企业之所以存在是为了降低交易费用，通过交易内部化（即在企业内部完成许多任务），不仅可以节约销售税、避免价格控制以及规避其他仅适于企业之间交易的政府管制，更易于发挥专业化分工协作的效率。市场则是从外部为企业提供生产和需求的信号以及分配商品和服务的有效通道。

3. 企业决策大致可分为以下两个主要过程：一是从经济上分析，以利润目标为选择准则，选出若干最优方案；二是从整体上分析，结合企业的其他目标，从上述最优方案中优选一个方案，而这最后决定的方案不一定是利润最大化的方案，但它一定是最优方案。具体而言，企业的决策可以分为以下几个步骤：

第一，信息搜集。这一步骤是整个决策中最为基础的步骤，也是决策科学性的前提。任何决策都离不开对有关信息的了解。

第二，确定目标。在进行决策时，首先要明确想要获得一个什么样的结果。目标是决策的出发点，只有目标明确而具体才能保证决策方案的优化。在制定目标时，必须权衡目标执行的有利结果和不利结果，制定一个界限。由此，所确定的目标应具有可计量、可规定期限和可确定其责任者等基本特征。

第三，拟订方案。目标确定后，就要寻求实现和达到目标的有效途径和办法，即拟订方案。在拟订方案时要准备多种方案备选，只有一种方案是很难实现科学决策的，多方案比较是做出科学决策的基础。

第四，方案选择。在对各个备选方案进行评价和比较的基础上，由组织决策者选出或归纳出挑选出最有效、最恰当的解决问题的措施。这是关键的一步，要对所有的方案进行比较，选出最为可行的方案，使这个方案的实施最有可能达到以较小的投入获得最大产出的目的。同时,根据企业目标,运用定量、定性等分析方法对各种可能的方案进行分析和评价,从中选出最优方案。

第五,实施方案。这是决策程序的最后一环。由于实施方案是一个动态过程,主观和客观条件都在不断地发生变化。因此,方案在实施过程中必须建立有效的信息反馈与监督评价制度,从而有利于必要时对方案进行修复与调整,从而保证最优方案的正确性。

4. 管理经济学在进行应用研究时,可以采取各种分析方法,其中主要有最优化分析方法、边际分析法、均衡分析法和经济模型法。

第一,最优化分析方法。这是一种求极值的方法,即在一种约束条件下,使系统的目标函数达到极值,即最大值或最小值。从经济意义上说,最优化方法是在一定的人力、物力和财力资源约束条件下,使经济效果达到最大(如产值、利润),或者是在完成规定的生产或经济任务下,使投入的人力、物力和财力等资源为最少。管理经济学假定生产者在追求利润极大化(或成本最小化),而消费者在追求效用极大化。最优化方法往往由数学模型来表述,最优化模型一般包括变量、约束条件和目标函数三要素。

第二,边际分析法。边际理论是管理经济学建立的基本。边际分析是运用边际概念,借助于经济现象间的函数关系,研究某一因变量随着自变量的变化而变化的程度,从而比较经济效果的一种分析方法。在经济学上,边际是指每单位投入所引起的产出的变化。边际分析方法在管理经济学中有较多的应用,它主要分析企业在一定产量水平时,每增加一个单位的产品对总利润产生的影响。

第三,均衡分析法。均衡分析是经济理论研究的一种重要方法和必要抽象。经济学中的均衡是指任何一个经济决策者都不能通过改变自己的决策以增加利益时的状态。企业的行为必然要受多种因素的约束,而这些因素往往是相互制约的。均衡分析方法就是在考虑这些制约的条件下,确定各因素的比例关系,使其最有利于企业的发展。具体来说,均衡分析法是指在研究涉及诸经济变量的问题时,先将自变量假设为已知的和固定不变的,然后考察当因变量达到均衡状态时会出现的情况和为此所具备的条件,即所谓的均衡条件。

第四,经济模型法。经济模型是指用来描述与所研究的经济现象有关的经济变量之间的依存关系的理论结构。经济模型的建立是对经济理论的数学表述,它极其简单地描述现实世界的情况。通过做出某些假设,可以排除许多次要因子,从而建立起模型,通过模型对假设所规定的特殊情况进行分析。经济模型本身可以用带有图表或文字的方程来表示。一个经济模型通常包括变量、假设、假说和预测等因素。

5. 经济学原理和方法的学习与运用对于提高企业经营管理者的素质,对于提高企业决策的科学性都具有非常重要的意义。

首先,当一家企业决定要生产某种新产品之前,最基本的问题是,生产出来的产品有没有市场需求,不同的市场对新产品的需求将会有怎样的前景。更具体地说,不同的市场对该商品的需求取决于哪些因素,居民收入水平对产品需求的制约性有多大,企业如何确定对新产品的生产规模等等。其次,当决定进行生产以后,企业还必须考虑推出的产品能否在新市场上受到消费者的欢迎,新产品的市场需求将会以多高的速度增长,与相关替代产品相比,新产品有没有竞争优势等。此外,对于新产品的生产企业还需考虑的是,新产品的生产在成本方面的情况如何,它将使用哪些企业生产的零部件,这又将对其成本产生怎样的影响等。这些问题,都是企业在做出投资建厂的决定之前必须要考虑的,其中有许多问题还将延续到企业投产之后,影响企业的长期经营策略的选择。而所有这些问题,可以说都涵盖在经济学特别是微观经济学的研究范围之内。因此,就企业的决策来说,其科学性就建立在经济学的基本原理之上。

三、论述题

1. 企业的目标可以分为短期目标和长期目标。企业的短期目标是多样化的,只有统筹兼顾,充分调动各方面的积极因素,才能把企业办好。利润虽不是企业的唯一目标,毕竟还是一个很重要的目标,因为如果没有资金来源,企业根本就不能存在。但在短期内,企业也可以暂时放弃或减少对利润的追求,而致力于其他目标的实现。企业的长期目标是企业长期利润的最大化。

企业在追求利润之外,还要追求其他多种目标,但是,利润仍然是企业追求的主要目标。这是因为:第一,利润是企业存在和发展的基础。没有一定数量的利润,不仅股东不满,股票无人问津,而且职工也不满,生产难以正常进行。第二,利润是企业目标的客观反映。尽管有些目标,如承担社会责任,从短期看似并未追求利润最大化,但从长期看,则有利于树立企业形象,这正是为了追求长期利润的最大化。第三,利润是企业决策的重要依据。企业在做出决策之前,一般都要受到利润动机的支配,无论是为了增加收入,还是为了降低成本,都要考虑费用与效益问题。

在所有各种动机中,利润动机是最强有力、最具普遍意义、最持久的支配企业行为的力量,因此,追求最大利润是企业经营的主要动力。

2. 就研究对象而言,管理经济学研究企业经营中所面对的各种决策问题,而这种研究是建立在微观经济学的理论和方法基础上的。微观经济学为管理经济学提供了最重要的分析基础和工具。微观经济学是管理经济学的基础,而管理经济学是微观经济理论在企业中的具体运用,管理经济学在管理决策制定方面为经济理论与管理实践之间架起了一座桥梁。两者的区别主要表现为:

第一,研究对象不同。微观经济学研究的是经济体系运作中抽象的企业,而管理经济学研究的是现实的从事具体决策行为的企业。

第二,研究目的不同。微观经济学是为了揭示微观经济主体的行为,探讨企业行为的一般规律,理解价格机制如何实现经济资源的优化配置。管理经济学是为企业管理者服务的,其目的是为了解决企业的决策问题而提供经济分析手段。

第三,研究的侧重点不同。微观经济学以描述和揭示规律为主,着重点在于引申出整个经济的一般均衡构架,得出资源的帕累托最优配置等福利经济学的结论。管理经济学则以指导实际应用见长,着重点在于企业理论。因而管理经济学是为企业服务的,微观经济学是为宏观经济学提供理论基础的,既可以为企业服务,也可以为其他经济行为人服务,同时也可以为政府服务。

第四,假设条件不同。微观经济学基本上是以确定的假设条件为前提进行研究的,市场上每一个从事经济活动的个体对有关的经济情况具有完全的信息。而管理经济学则注重在不确定条件下进行选择,所研究的现实企业通常是在一个环境十分复杂,信息很不确定的状态下经营的。

第五,研究方法不同。微观经济学主要是实证性或描述性研究,它试图描述经济如何运行而不涉及应该怎样运行的问题。管理经济学则主要是规范性研究,它尝试建立一系列规制和方法,以实现特定的目标。

3. 边际分析法在管理经济学中得到广泛的应用,其主要应用方向包括以下几个方面:

第一,企业规模决策。科学的边际分析方法可以使企业的规模确定在一个最合理的范围内。通常情况下,企业规模的大小直接影响到企业的生产效益,当一个企业做出是否要扩大规模的决策时,它就要分析每增大一个单位的规模,所引起的投入成本增加量与产出增加量所产生的收益变动量之间的关系,这就是边际分析。例如,若用 π 表示边际利润,则 $\pi = MR - MC$。

当 $\pi > 0$ 时,增加一个单位的产品,获得的收益增量比引起的成本增量大,说明企业还没有达到能够获得最大收益的产量规模,此时,企业应该扩大产量;当 $\pi < 0$ 时,增加一个单位的产品,所引起的成本增量比所能获得的收益增量要大,说明企业应该减小产量;当 $\pi = 0$ 时,企业达到最优的产量规模。

第二,价格决策。由于价格的变化会直接影响到企业的总收益,因此分析每提高(或降低)一个单位的价格,对总收益会产生什么样的影响,这实际上也要用到边际分析方法,它可以帮助企业制定具有竞争力的价格战略。

第三,确定合理的要素投入。通常情况下,由于企业的生产要素资源数量有限,企业必须合理地确定既定生产要素的使用方向,以便最大限度地实现企业预期目标,而在确定生产中需要投入的各个要素的数量时,就需要分析每增加一个单位的某种要素时,对总的收益会产生什么影响,这也是边际分析。

第四,产品结构分析。确定各个产品生产多少的比例关系就可以运用边际分析方法,即对各个产品的边际效益进行分析。如果把资金增量投入到各个产品,所能产生的边际效益是相等的,那么这个企业的产品结构就是合理的,此时企业实现总收益最大化,这就是等边际收益法则。如果每个产品的边际收益并不完全相等,那么其中必定有某种产品的规模需要扩大,带来更多的收益。针对产品结构进行边际分析,可以明确哪些产品需要增加投入,哪些产品需要缩小生产规模。

四、案例分析

案例1 众多专家学者,以及可口可乐自身的管理者,都对这次失败进行了调查与反思。最终得到的结论认为,可口可乐公司的失败,与多方面因素都有密切关系,最重要的原因,就是决策的不当。

可口可乐公司想要挽回自己的市场份额,这一点是没有问题的。但是可口可乐的高层想当然地认为百事在不断地追赶自己,主要原因在于消费者的口味发生了变化,进而又想当然地认为口味是其市场份额下降的唯一的、也是最重要的原因。可口可乐公司从调查中认识到"新可乐"能为公司的发展带来新气象,却没有真正分析出顾客的心理要求,而作出以"新可乐"全面取代传统可口可乐、停止传统可口可乐的生产和销售的决策,以致失去了在发现问题后及时调整生产、减少损失的时机。

可口可乐公司当年换配方风波可能是 20 世纪最大商业决策失误。许多商科学校至今还将这一事件作为教学反面教材。(言之有理即可)

案例2 管理经济学为经营决策提供了一种系统而又有逻辑的分析方法,这些经营决策既影响日常决策,也影响长期计划决策的执行力,是微观经济学在管理实践中的应用,是沟通经济学理论与企业管理决策的桥梁,它为企业决策和管理提供分析工具和方法,其理论主要是围绕需求、生产、成本、市场等几个因素提出的。运用管理经济学理论科学地管理企业,

有助于企业的发展。(言之有理即可)

案例 3 在政府的严厉打击之下,黄牛票的大量存在说明其中必有奥秘。以下也仅从买者的角度入手来进行分析。对买者来说,有两种选择:一是排队买票,将耗费 1~2 个小时的时间;另一个选择是买"黄牛票",这将付出较高的价格。这样,超出本来票价(12.5 美元)的部分可看作 1~2 个小时的时间成本。消费者其实面对的是收入与闲暇的选择问题。那么在众多的消费者中,到底谁会选择买黄牛票,而谁会选择去排队呢?这是我们要分析的问题,见图 2.1.1 所示。

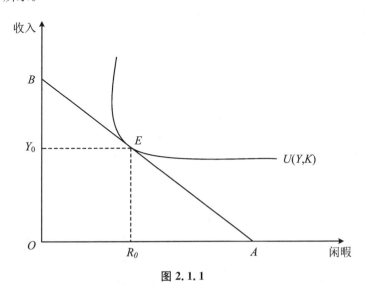

图 2.1.1

在图 2.1.1 中,$U(Y,R)$ 表示消费者的无差异曲线,表示上面每一点的消费组合对于消费者来说得到的效用都是相等的,具有负的斜率,并且凸向原点。曲线的特征表明,对于消费者而言收入与闲暇是可以替代的。因为收入的高低取决于工作的多少,而工作与闲暇是两个对立面,彼此可以替代,于是收入与闲暇之间也存在替代关系。BA 是收入与闲暇的预算线。图中 OA 代表可以利用的时间总量,OB 代表将全部时间投入工作可得到的收入。预算线 AB 的斜率(绝对值)代表了工资率,即消费者每工作单位时间可得的收入。如果工资率为常数 w,消费者能够利用的时间总量为 T,并且我们用 Y 表示消费者的货币收入,用 R 表示消费者的闲暇时间,那么预算线就可以表示为

$$Y = w(T-R) \text{ 或 } Y + wR = wT \tag{1}$$

现在我们将无差异曲线和预算线结合到一起考虑,便可以得到消费者效用最大化的均衡点,如图中的 E 点是无差异曲线 U 与预算线 AB 的切点。现在分析 E 点的情况。

设消费者关于收入与闲暇的效用函数为 $U(Y,R)$,上述的均衡条件问题实际上就是求效用函数 $U(Y,R)$ 在(1)式约束条件下的极大值问题。构造拉格朗日函数可解决上述问题。

相应的拉格朗日函数为:$L = U(Y,R) + \lambda(Y + wR - wT)$。

函数 L 取极大值的一阶条件为

$$\frac{\partial L}{\partial Y} = \frac{\partial U}{\partial Y} + \lambda = MU_Y + \lambda = 0 \tag{2}$$

$$\frac{\partial L}{\partial R} = \frac{\partial U}{\partial R} + w\lambda = MU_R + w\lambda = 0 \tag{3}$$

$$\frac{\partial L}{\partial \lambda} = Y + wR - wT = 0 \qquad (4)$$

解式(2)、式(3)、式(4)联立的方程组,可得

$$\frac{MU_R}{MU_Y} = w$$

此即为消费者均衡应满足的条件。MU_R 代表了闲暇的边际效用,MU_y 代表了收入的边际效用。因此消费者均衡的条件是:闲暇的边际效用与收入的边际效用之比等于工资率。对于每个人都有自己的工资率水平,当某个人具有较高的工资率时,闲暇对于他来说成本就会很高,在上例中也就是排队的时间对于他来说有较高的成本,当这个成本大于黄牛票价格与正常票价格的差额时,他就会选择购买黄牛票。反之,当某个人具有较低的工资率时,排队的时间成本对于他来说就会较低,当这个成本低于黄牛票价格与正常票价格的差额时,他就会选择排队来购买。(言之有理即可)

案例4 1. 需求分析。需求的移动是由于价格以外的其他因素发生的变化导致的需求的变化。分析需求增加的原因可以得出如下几点:

(1) 消费者收入水平的提高导致需求增加。对于正常商品而言,其需求的收入弹性是正数,也就是消费者收入增加会加大对此类商品的需求。随着我国经济的发展,我国的人均收入实现了稳步的增长,因此,收入的增加带动需求也是产生淘宝商城"双十一"现象的客观原因。

(2) 中国网民的快速增长,网络营销发展迅速。截止到2011年12月31日,中国网民规模突破5亿,全年新增网民5580万。互联网普及率较2010年底提升到38.3%。网络的普及为网络零售业务的发展和壮大带来了良好的契机,网络营销作为一种全新的营销方式也为企业架起了一座通向更为广阔的市场的桥梁。

(3) 政策的规范和支持。2005年国务院办公厅发布了《国务院办公厅关于加快电子商务发展的若干意见》,2008年发布了《国务院办公厅关于搞活流通扩大消费的意见》等法规,进一步规范了我国网络交易市场。随着网络交易的日益频繁,网络交易的规范性也逐渐引起了人们重视,个人网上交易平台逐步规范,电子商务政策体系也初步形成。

(4) 物流业的迅猛发展。近年来我国物流运行形势总体良好,物流需求显著增加,运行效率有所提高,物流业增加值快速增长,为保证国民经济平稳较快发展发挥了重要的支撑保障作用。

2. 成本分析。从理性人的角度,淘宝商城的商家发起"双十一"活动必然也是从自身利益的角度出发的。因此,低价策略的背后隐藏的是低于一般实体店的成本水平。淘宝商城与实体店相比较,成本优势主要体现在以下几个方面:

(1) 商务卖家无需定期缴纳店铺租金。虽然说淘宝商城商户每年需要交纳相应的技术服务费及年金给淘宝网,但是相对于实体店支付的店铺租金而言,还是节约了一大笔固定成本。

(2) 电子商务的商家一般不需要大量库存。淘宝商城实行的是品牌商和生产商之间的一站式购物方案,因此可以化整为零地存储商品,其仓储费用很低,而很多实体店,则需要专门的商品存储空间,存储成本较大。

(3) 人工成本低。淘宝商城的卖家一般而言只需要几个客户服务人员和技术支持人员就可以应付大量的产品交易,因此所需人工成本较低;而实体店则需要销售、卫生、结账等各

种人员,人工成本也相对较高。

(4) 税收不规范。由于电子商务交易主体的收入与支出不易为税务机关所察觉,加之目前关于电子商务税收问题仍处于理论探讨阶段,因此,淘宝商城的卖家在税收部分相对于实体店而言能够节约相当一部分成本。

3. 效用分析。

(1) 从消费者剩余的角度,消费者产生购买行为主要是受消费者剩余的影响。当价格降低时,与消费者最多愿意支付的价格相比差得越多,消费者剩余就越大,此时在消费者追求消费者剩余最大化的前提下,就想不断去购买。

(2) 若用间接效用函数来衡量:

$$v(p,m) = \max u(x)$$
$$\text{s. t. } px = m$$

可以看出在一定的预算约束下,消费者追求消费者剩余最大化。如果增加预算金额 m 的时候,相应的效用 $v(p,m)$ 会增大。如果消费者处在不够理性的消费情况下,增大原来的预算金额,以便追求自身更大的效用。这样,就会带来更多的消费,增加淘宝商城的销售额。

4. 消费从众心理。从众是指个体在社会群体的无形压力下,不知不觉或不由自主的与多数人保持一致的现象。当淘宝商城通过网络、电视等多媒体途径宣传各种促销活动,营造出了浓厚的节日气氛,以及在淘宝商城原有的很多忠实的消费群体的影响下,很多不经常使用网络购物的消费群体也会参加到活动中。这样的消费从众效应为淘宝商城赢得了更多的消费群体,提高了商城的销售额。(言之有理即可)

案例5 奥克斯空调零件自制在保障零件的高质量的同时还极大地降低了企业成本,价格上进行调整,有很大的价格竞争优势,产品定位明确,走"优质平价"路线。奥克斯空调在空调行业,产品竞争力显著,这也是其成功的秘诀之一。(言之有理即可)

第 2 章 供求理论分析

一、名词解释

1. 需求估计(Demand Estimate)：需求估计是指通过调查、实验或统计等手段来对需求量与影响需求量的诸因素之间的相互关系进行估计。

2. 需求预测(Demand Forecasting)：需求预测就是预测消费者在未来一定时期内、在一定市场范围内，对某种商品具有货币支付能力的需求。需求预测既包括对商品需求量的预测，也包括对商品的品种、规格、型号、外观、质量等变动趋势的预测，在这里主要涉及的是前者。

3. 市场调查(Market Research)：市场调查是运用科学的方法，系统地收集、记录、整理和分析有关市场的信息和资料，从而了解市场发展变化的现状和趋势，为市场预测和经营决策提供科学依据的过程。

4. 市场实验(Market Experiment)：市场实验是指在既定的市场环境条件下，通过对不同市场进行商品销售实验，从而获得市场中某些变量之间的因果关系以及相应的发展变化趋势。所谓实验就是企业在某一真实的市场环境中，人为改变某些变量的数值，然后根据消费者的实际购买结果，分析市场影响因素与消费者购买行为的内在联系。

5. 经验判断(Experience Judgment)：经验判断预测就是预测者根据占有的历史资料和现实资料，凭借自己的直觉、主观经验、知识和综合判断能力，对某种商品未来需求的变化发展趋势做出判断预测。

6. 回归分析(Regression Analysis)：依据多组观察数据，根据最小二乘法的基本原理，找出关于这些数据点的最佳拟合曲线，从而确定影响需求量变化的诸因素对需求量变化的影响的关系式，并用一个确定的需求曲线描绘出来。

7. 需求(Demand)：需求是指人们在某一特定的时期内在各种可能的价格下愿意并且能够购买某个具体商品的数量。我们常说的需求规律的含义是指：当影响商品需求量的其他因素不变时，商品的需求量随着商品价格的上升而减少，随着商品价格下降而增加。影响需求量的因素主要有：商品本身的价格、替代品的价格、互补品的价格、消费者的收入水平、消费者的偏好以及消费者的预期等。需求量是在某一时期内，在某一价格水平上，居民户(消费者)购买的商品数量，商品价格的变动引起购买量的变动，我们称之为需求量的变动。它表现为该曲线上的点的变动。需求是在一系列价格水平时的一组购买量，在商品价格不变的条件下，非价格因素的变动所引起的购买量变动(如收入变动等)称之为需求的变动。它表现为需求曲线的移动。

8. 供给(Supply)：供给是指生产者在某一特定时期内，在某一价格水平上生产者愿意并且能够生产的一定数量的商品或劳务或生产出一定的数量商品后愿意并且能够售出的商品或劳务数量。在市场经济中,供给量与价格是有一定关系的。如果商品价格高,供给量会增加;商品价格低,供给量会减少。影响供给的主要因素包括:商品本身的价格、相关商品的价格、生产技术的变动、生产要素的变动以及厂商对未来的预期等。供给量的变动是指其他因素不变,由某种商品价格的变动引起的该商品供给量的变动。在坐标图中,供给量的变动表现为在同一条供给曲线上点的移动。供给变动是指某种商品的价格不变,由其他因素变动引起的供给量的变动。在供给曲线的坐标图中,供给变动表现为供给曲线本身的移动。在既定的价格水平上,如果商品的生产成本降低,该商品的供给就会增加,供给曲线向右移动;如果商品的生产成本提高,该商品的供给就会减少,供给曲线向左移动。

9. 均衡价格(Equilibrium Price):均衡价格是指需求与供给相等、市场出清时的价格或者是买卖双方都愿意接受的市场价格。在均衡价格下的交易量,称为均衡数量。经济学中的均衡,是指模型中的所有经济主体都选择了预期能给自己带来最大化利益的决策或行动的状况。正确的预期,是均衡的基本特征。微观经济学认为,单个经济主体追求私人利益最大化的行为,在市场机制这只"看不见的手"的引导下,会极大地增进整个社会的福利。因此,均衡和均衡分析在微观经济学中占有相当重要地位,贯穿微观经济学的始终。

10. 需求的价格弹性(Price Elasticity of Demand):需求的价格弹性是指某种商品的需求量的变动率与该商品价格的变动率之比,用来衡量某种商品的需求量对其价格变动的反应程度。如果用 P、Q_d 分别表示某种商品的初始的价格和初始的需求量,ΔP、ΔQ_d 分别表示该商品的价格变动量和需求量的变动量,根据需求价格弹性的定义,可以得到需求价格弹性的计算公式:

$$E_d = \frac{\frac{\Delta Q_d}{Q_d}}{\frac{\Delta P}{P}} = \frac{\Delta Q_d}{\Delta P} \cdot \frac{P}{Q_d}$$

由于需求曲线向右下方倾斜,需求量的变动(ΔQ_d)与价格的变动(ΔP)负相关,因此,需求价格弹性值 $E_d < 0$。但在比较需求价格弹性大小时,总是取其绝对值。

11. 需求的交叉弹性(Cross Elasticity of Demand):需求的交叉弹性是指某种商品需求量的变动率与另一种商品的价格变动率之比,描述某种商品的需求量对另一种商品价格变动的反应程度。两种商品的关系不同,需求交叉价格弹性值也不同。如果 X 和 Y 是两种替代商品,则 X 商品的需求量的变动与 Y 商品的价格变动正相关,X 商品的需求交叉价格弹性大于零;如果 X 和 Y 是两种互补商品,则 X 商品的需求量的变动与 Y 商品的价格变动负相关,X 商品的需求交叉价格弹性小于零。

12. 需求的收入弹性(Income Elasticity of Demand):需求的收入弹性是指某种商品需求量的变动率与消费者收入的变动率之比,用来衡量某种商品的需求量对消费者收入变动的反应程度。其计算公式为

$$E_M = \frac{\frac{\Delta Q_d}{Q_d}}{\frac{\Delta M}{M}} = \frac{\Delta Q_d}{\Delta M} \cdot \frac{M}{Q_d}$$

其中,M 表示收入水平。所有的商品可以划分为正常商品和低档商品两大类。商品的属性不同,其需求收入弹性的值也不同。对于正常商品来说,随着收入的增加,人们对它的需求

量也会增加。因此,正常商品的需求收入弹性大于零。这个结论反过来也成立,即需求收入弹性大于零的商品,一定是正常商品;对于低档商品来说,随着收入的增加,人们对它的需求量会减少。因此,低档商品的需求收入弹性小于零。这个结论反过来也成立,即需求收入弹性小于零的商品,一定是低档商品。正常商品又可以划分为生活必需品和奢侈品。生活必需品的需求收入弹性在 0 和 1 之间;奢侈品的需求收入弹性大于 1。

二、简答题

1. ① 确定调查目的,要清楚地界定所欲调查的问题和范围,以及调查的用途与假设前提;② 拟订调查计划,调查人员需要着手拟定具体的调查计划,即设计获取所需信息的详细程序;③ 收集资料,所需资料可以由调查人员通过现场访谈获得,也可以通过电话访谈、信件交流获得,还可以借助互联网工具如查询因特网、发送电子邮件等获得;④ 整理与分析资料,当收集到原始的资料之后,必须审阅和编辑每份调查表或材料,并进一步根据调查目的对资料进行整理、汇总;⑤ 撰写和提交调查报告,在熟悉和掌握资料的基础上,调查人员需要写出完整的书面报告,内容包括调查目的及具体问题、资料收集与分析方法、调查结果与主要结论等。

2. 需求估计的方法主要有三种:① 市场调查法;② 市场实验;③ 模拟与虚拟购买。市场调查是运用科学的方法,系统地收集、记录、整理和分析有关市场的信息和资料,从而了解市场发展变化的现状和趋势,为市场预测和经营决策提供科学依据的过程。市场实验是指在既定的市场环境条件下,通过对不同市场进行商品销售实验,从而获得市场中某些变量之间的因果关系以及相应的发展变化趋势。模拟购买的调查方式,即选择个别消费者,给予每人一定数量的货币,要求其在一个模拟的商店里进行消费,了解他们对商品的价格、同类竞争产品的价格、产品的规格样式、商品陈列的位置等影响需求的因素发生变化的反应。

3. 需求预测的方法主要有三类:① 判断分析预测,主要是通过经验判断法、德尔菲法、市场调研法等具体方法对需求进行预测;② 时间序列分析预测,通过简单平均法、移动平均法、指数平滑法和季节指数法等具体方法对需求进行预测;③ 回归分析预测,运用回归分析的方法,来探求经济变量之间的内在联系,从而实现对需求的科学预测。

4. 这种说法是不正确的。移动平均法就是把被平均的项逐渐向后推移再求算术平均值,每次平均的总项数不变,得到的平均值就直接作为下一期的预测值。移动平均法不断吸收最新的观测值,不断舍弃远期的观测值,可以提高预测的精确度。因此取平均值的数据越多并不能对实际变化的响应越灵敏。

5. 收集到市场的原始数据,为了满足进一步分析的需要,一般还要对数据进行加工整理,比如,统一不同变量数据的单位,或者按照统一的时间先后排序。而且各解释变量彼此应该相互独立。

回归方程可决系数表示一个随机变量与多个随机变量关系的数字特征,用来反映回归模型解释说明因变量变化可靠程度的一个统计指标,因此一般情况下可决系数越高越好。

三、计算题

1. 本题可以使用经验判断法对销售量进行估计。

销售员甲预测的期望值 $= \sum$ 需求预测值 $\times$ 概率 $= 80 \times 0.3 + 70 \times 0.5 + 60 \times 0.2 =$

71(万件)；

销售员乙预测的期望值＝75×0.2＋65×0.6＋55×0.2＝65(万件)；

销售员丙预测的期望值＝85×0.1＋70×0.6＋60×0.3＝68.5(万件)；

销售员综合预测值＝∑预测期望值×权重＝71×0.33＋65×0.33＋68.5×0.33＝67.485(万件)。

因此销售人员估计的销售量为 67.485 万件。

2. 要预测 2010 年各个季度的需求量，首先要计算出各个季度的季节指数，具体如下：

季度总平均需求量＝总需求量/总季度数＝650/16＝40.625(万件)

则

一季度的季节指数＝一季度平均需求量/季度总平均需求量＝27.75/40.625＝0.683 其他季度的季节指数依次计算出，如表 2.2.1 所示。

表 2.2.1 各个季度的季节指数

季度	一	二	三	四
季节指数	0.683	1.157	1.483	0.677

得出各个季度的季节指数之后，2010 年预计的季度平均需求量，计算出 2010 年各季度需求量的预测值。即：

今年某季度的需求量预测值＝当年预测的季度需求量平均值×相应季度的季节指数

预计 2010 年该企业电子元件的需求量为 210 万件，就可以计算出 2010 年一季度的需求量预测值：

一季度的需求量预测值＝2010 年预测的季度需求量平均值×一季度的季节指数
　　　　　　　　　　＝210÷4×0.683＝35.8575(万件)

2010 年其他季度的需求量预测值可依次计算出，如表 2.2.2 所示。

表 2.2.2 2010 年各个季度的销售量预测值

单位：万件

季度	一	二	三	四
销售量预测值	35.8575	60.7425	77.8575	35.5425

3. (1) 此回归模型是一个线性模型。Y 前面的系数含义为居民收入每上升 1 元对产品需求量上升 0.05 件，P 前面的系数含义为产品价格上升 1 元对产品需求量下降 12.8 件。

(2) 结果不可靠，因为可决系数只有 0.633，数值较小。

4. (1) 该商品市场上有 1000 位消费者，他们的个别需求相同且需求函数为 $d=12-2P$，则总的需求函数 $D=1000×(12-2p)=12000-2000p$。

同理，该商品市场上有 100 家厂商且他们的供给函数都为 $s=20P$，则总的供给函数为 $S=100×20p=2000p$。

当供求平衡，即 $S=D$ 时，得 $12000-2000p=2000p$。

解得均衡价格为 3，均衡产量为 6000。

(2) 随着每位消费者收入增加，个别需求曲线右移 2 单位，得到新的个别需求函数为 $d'=14-2p$，此时总的需求函数为 $D'=1000×(14-2p)=14000-2000p$。

故此时的均衡价格为 3.5，均衡产量为 7000。

(3) 随着每家厂商的技术进步,个别供给曲线右移 40 单位,得到新的个别供给函数为 $s'=20p+40$,此时新的总供给函数为 $S'=100\times(20p+40)=4000+2000p$。

故此时的均衡价格为 2,均衡产量为 8000。

四、论述题

1. 回归分析法一般包括如下过程:① 确定解释变量,为了估计市场因素对商品需求的影响结果,在回归分析中需求量成为被解释变量或因变量,而影响商品需求的市场因素就是解释变量或自变量;② 收集市场数据,确定解释变量之后,就是收集与变量(包括解释变量和被解释变量)相关的市场数据;③ 选择回归方程的形式,在进行回归分析时,需要构建回归方程;④ 估计回归参数,选择了回归方程即需求函数的形式,再利用收集的有关数据,一般采用最小二乘法估计需求函数的参数,并进一步检验回归方程的可靠性,通过 R^2 检验、F 检验、t 检验等统计检验,只有回归参数通过一系列统计检验,才有运用的价值;⑤ 经济检验,回归方程通过统计检验,也只是说明从统计学的角度来看是合理的,但是不是符合企业经营或市场环境的实际状况,还需要进行经济检验;⑥ 代入变量值得到预测值,当回归模型通过所有检验,验证了其准确性之后,就可以具体运用到预测中去。

2. 本题可采用多种调查方式,言之有理即可。调查问卷自拟。

3. 对于需求函数而言,常用到的有线性函数、幂函数和对数函数。

线性函数:
$$Q = c + aP + \omega$$

式中,ω 代表统计误差项,c 和 a 是需要估计的参数,a 的经济学含义是边际效应,例如 P 每上升一个单位 Q 会上升 a 个单位。

幂函数:
$$Q = AP^\alpha$$

A 和 α 是需要估计的参数,α 表示需求价格弹性。

对数函数:
$$\ln Q_d = a + \alpha \ln P + \beta \ln I$$

式中的 a、α、β 是需要估计的参数。α、β 是解释变量的指数,在数值上正好等于该解释变量的需求弹性,其中 α 表示需求价格弹性,β 表示需求收入弹性。

4. (1) 需求是指对某种商品或服务的需求,是指消费者在一定时期内,在每一价格水平下愿意且有能力购买的该商品或服务的数量。影响需求量的因素很多,主要有:① 商品自身的价格。在其他因素不便的条件下,某种商品的需求量与该商品的价格负相关。② 相关商品的价格。两种不同商品之间的关系有互补和替代两种关系。如果两种商品只有结合在一起使用,才能满足人们的某种欲望,那么这两种商品就称为互补商品。它们之间的关系就是互补关系。在其他因素不变的条件下,互补商品中的某种商品的需求量与另一种商品的价格反方向变动。如果两种商品都能满足人们某种共同的欲望,那么这两种商品就称为替代商品。它们之间的关系就是替代关系。在其他因素不变的条件下,替代商品中的某种商品的需求量与另一种商品的价格同方向变动。③ 消费者的收入水平。某种商品需求量的变动与收入变动是正相关还是负相关,取决于该商品是正常商品还是低档商品。正常商品的需求量与收入正相关,收入增加时,人们对正常商品的需求量就会增加;低档商品的需求量与收入负相关,收入增加时,人们对低档商品的需求量就会减少。正常商品与低档商品的划分具有相对性,相对于一定的时空条件。④ 消费者对未来价格的预期。如果其他因素不变,某种商品的需求量与消费者对该商品的预期价格正相关,当消费者预期某种商品的价格上涨时,就会增加对该商品的购买量;反之,当消费者预期某种商品的价格下降时,则会减少对该商品的购买量。⑤ 消费者对商品的偏好。消费者对商品的偏好是指消费者对某种商品的喜欢程度。显然,根据偏好的含义,某种商品的需求量与消费者对该商品的偏好程度正相关,如果其他因素不变,对某种商品的偏好程度越高,消费者对该商品的需求量就越多。⑥ 人口的多少。其他因素既定,某种商品的市场需求量与人口正相关。人口越多,需求量也就越多。此外,一国人口的年龄结构、收入分配的平等程度、气候条件与风俗习惯等因素,也会影响商品的市场需求量。商品的需求量将随着这些因素的变动而变动,是这些因素的函数。

(2) 供给是指某种商品或服务的供给,是指厂商在一定时期内,在每一价格水平下愿意且有能力出售的某种商品或服务的数量。影响供给量的因素很多,主要有:① 商品自身的价格。如果其他因素不变,一般情况下,商品的供给量与其价格同方向变动。② 要素价格、生产的技术和管理水平等因素决定生产成本。商品供给量与其生产成本负相关。要素价格越低、生产的技术和管理水平越高,单位产品的成本就越低,在商品价格和其他因素不变的情况下,商品的供给量就越多。因为在这种情况下,厂商的利润将随着商品供给量的增加而增加。③ 其他商品的价格。在厂商能够生产的多种不同的商品中,如果某种商品的价格不变,而其他商品的价格发生变化,该商品的供给量也会发生变化。例如,对某个生产小麦和玉米的农户来说,在小麦价格不变,玉米价格上升时,该农户就会增加玉米的耕种面积,减少小麦的耕种面积。④ 厂商对价格的预期。商品的供给量与厂商的预期价格负相关。当厂商预期某产品的未来价格上涨时,就会囤积这种商品,减少这种商品的当前供给量;当厂商预期某产品的未来价格将下降时,必然大量抛售,增加这种商品的当前供给量。⑤ 自然条件。很多农产品的供给量受自然条件的制约,在不同的年份(丰收年份和歉收年份),它们的供给量都会有所不同。⑥ 厂商数量。市场上出售同一产品的厂商数量越多,在给定各厂商生产规模的条件下,市场供给量也就越多。

(3) 均衡价格是指需求与供给相等、市场出清时的价格,或者说是买卖双方都愿意接受的市场价格。均衡价格既然是由市场需求和市场供给决定的,是市场需求和供给相等时的价格,那么,均衡价格必然会随着市场需求和市场供给的变动而变动。在供给不变的情况下,均衡价格与需求正相关。市场需求增加,需求曲线向右平移时,均衡价格上升;反之,当市场需求减少,需求曲线左移时,均衡价格就降低。在市场需求不变的情况下,均衡价格与市场供给负相关。市场供给增加,供给曲线向右方平移时,均衡价格下降;供给减少,供给曲线向左方平移时,均衡价格上升。

总之,均衡价格同市场需求正相关,与市场供给负相关;均衡数量既同市场需求正相关,也同市场供给正相关。这就是所谓的供求定律。市场需求和供给同时但不同幅度的变动,以及其他形式的变动引起的均衡价格变动情况,可以根据供求规律进行具体的考察。

5. (1) 需求价格弹性是指某种商品的需求量的变动率与该商品价格的变动率之比,用来衡量某种商品的需求量对其价格变动的反应程度。如果用 P、Q_d 分别表示某种商品的初始的价格和初始的需求量,ΔP、ΔQ_d 分别表示该商品的价格变动量和需求量的变动量,根据需求价格弹性的定义,可以得到需求价格弹性的计算公式:

$$E_\text{d} = \frac{\dfrac{\Delta Q_\text{d}}{Q_\text{d}}}{\dfrac{\Delta P}{P}} = \frac{\Delta Q_\text{d}}{\Delta P} \cdot \frac{P}{Q_\text{d}}$$

由于需求曲线向右下放倾斜,需求量的变动(ΔQ_d)与价格的变动(ΔP)负相关,因此,需求价格弹性值 $E_\text{d}<0$。但在比较需求价格弹性大小时,总是取其绝对值。

(2) 根据需求价格弹性的绝对值的大小,需求价格弹性可以划分成以下 5 类:

① 缺乏弹性,需求价格弹性的绝对值在 0 和 1 之间,即 $0<|E_\text{d}|<1$。表示某种商品的价格变动 1% 时,它的需求量的变动幅度小于 1%。生活必需品的需求大多缺乏价格弹性。

② 富有弹性,需求价格弹性的绝对值在 1 和无穷大之间,即 $1<|E_\text{d}|<\infty$。表示某种商品的价格变动 1% 时,它的需求量的变动幅度大于 1%。奢侈品的需求大多富有价格弹性。

③ 单位弹性,需求价格弹性的绝对值等于 1,即 $|E_\text{d}|=1$ 时。表示某种商品的价格变动 1% 时,它的需求量的变动幅度也正好等于 1%。

④ 完全有弹性,需求价格弹性的绝对值等于无穷大,即 $|E_\text{d}|=\infty$。表示某种商品的价格变动 1% 时,它的需求量的变动为无穷大。完全有弹性的需求曲线为一条水平线。

⑤ 完全无弹性,需求价格弹性的值等于零,即 $E_\text{d}=0$。表示不管某种商品的价格如何变动,它的需求量始终不变。

(3) 影响某种商品的需求价格弹性大小的因素主要有:① 被其他商品的替代程度。某种商品的需求价格弹性的大小与该商品被其他商品的替代程度正相关。如果一种商品的可替代品越多,替代性越好,该商品价格一定幅度的上升所降低的需求幅度就越高,从而,该商品的需求价格弹性就越大。相反,一种商品的可替代品越少,替代性越差,该商品价格一定幅度的上升所降低的需求幅度就越低,从而,该商品的需求价格弹性就越小。一般说来,对一种商品的定义越狭窄,这种商品的替代品就越多,它的需求价格弹性也就越大。② 商品用途的多少。某种商品的需求价格弹性的大小与其用途的多少正相关。如果某种商品的越多,它的需求的价格弹性就越大;相反,用途越少,它的需求价格弹性就越小。这是因为,如果一种商品具有多种用途,当它的价格较高时,消费者只购买较少的数量用于其最重要的用途上。当它的价格逐渐下降时,消费者的购买量就会相应增加,该商品会越来越多地用于其他相对不重要的用途上。③ 商品在消费者生活中所占地位的重要程度。某种商品的需求价格弹性与其在人们生活中所占地位的重要程度负相关。某种商品在生活中所占地位越重要,该商品价格一定幅度的上升所降低的需求幅度就越低,它的需求价格弹性就越小。一般说来,生活必需品的需求价格弹性较小,而奢侈品的需求价格弹性较大。④ 某种商品的消费支出在消费者预算总支出中所占的比重。某种商品的需求价格弹性与消费者对该商品的消费支出在消费者预算总支出中所占的比重正相关。消费者对某种商品的消费支出在预算总支出中所占的比重越小,该商品的需求价格弹性就越小。例如,火柴的需求的价格弹性通常较小。因为,消费者每月购买火柴的支出在预算总支出中所占的比重很小,消费者往往不计较这类商品价格的变化。⑤ 时间长短。某种商品的需求价格弹性与所考察的时间长短正相关。对某种商品的需求量的变动所考察的时间越长,该商品的需求价格弹性就越大。这是因为,当某种商品的价格上升时,消费者会减少对它的购买量、增加对其替代品的购买量,即调整自己的消费结构。而消费结构的彻底调整常常不是瞬间就能完成的,总需要一段时间。显然,如果所考察的时间越是短于消费结构的彻底调整所需要的时间,该商品的需求价格弹性就越小；相反，如果所考察的时间越长，越是接近于消费结构的彻底调整所需要的时间，该商品的需求价格弹性就越大。

6. （1）对于需求缺乏弹性的商品来说，总收益与价格正相关。商品价格上升，厂商的总收益增加。因为，需求缺乏弹性的商品的需求量的减少幅度小于价格的上升幅度，使得需求量减少所导致的总收益的减少，可以通过价格上升引起的总收益的增加来弥补而有余，最终使总收益增加。

（2）对于需求富有弹性的商品来说，总收益与价格负相关。商品价格下降，厂商的总收益增加。因为，需求富有弹性的商品的需求量的上升幅度大于价格的下降幅度，使得价格下降所导致的总收益的减少，可以通过更多的需求量增加引起的总收益的增加来弥补而有余，最终使总收益增加。

（3）对于需求单位弹性的商品来说，总收益与价格无关。商品价格无论是上升还是下降，厂商的总收益不变。因为，需求单位弹性的商品的需求量的上升幅度等于价格的下降幅度，使得价格下降所导致的总收益的减少，正好可以通过需求量增加引起的总收益的增加来弥补，最终使总收益不变。

五、案例分析

案例1 科学技术是第一生产力。国外企业运用高科技手段精确预测了我国的粮食产量与粮食需求，从而在国际粮食市场上大赚一笔。从这个案例上我们可以看出如果可以精确分析出消费者的消费需求，可以显著提高企业的盈利能力，并且有机会获得超额收益。（言之有理即可）

案例2 随着互联网和电子商务的普及，越来越多的消费者会在互联网上留下浏览记录、消费记录和个人信息，这些信息中会透露出消费者的消费习惯、消费需求，通过对消费者信息的抓取可以更加准确地了解消费者的需求。（言之有理即可）

案例3 影响猪肉供给的因素主要有：① 猪肉自身的价格。如果其他因素不变，一般情况下，商品的供给量与其价格同方向变动。② 要素价格、生产的技术和管理水平等因素决定的生产成本。猪肉供给量与其生产成本负相关。要素价格越低、生产的技术和管理水平越高，单位产品的成本就越低，在商品价格和其他因素不变的情况下，商品的供给量就越多。因为在这种情况下，厂商的利润将随着商品供给量的增加而增加。比如，饲料价格上涨，那么必然影响猪肉的供给。③ 其他商品的价格。在厂商能够生产的多种不同的商品中，如果某种商品的价格不变，而其他商品的价格发生变化，该商品的供给量也会发生变化。其他家禽肉类和牛羊肉的价格变动也会影响山东省猪肉的价格变化。（言之有理即可）

案例4 影响需求量的因素有：① 商品自身的价格。在其他因素不便的条件下，某种商品的需求量与该商品的价格负相关。② 相关商品的价格。两种不同商品之间的关系有互补和替代两种关系。如果两种商品只有结合在一起使用，才能满足人们的某种欲望，那么这两种商品就称为互补商品。它们之间的关系就是互补关系。在其他因素不变的条件下，互补商品中的某种商品的需求量与另一种商品的价格反方向变动。如果两种商品都能满足人们某种共同的欲望，那么这两种商品就称为替代商品。它们之间的关系就是替代关系。在其他因素不变的条件下，替代商品中的某种商品的需求量与另一种商品的价格同方向变动。③ 消费者的收入水平。某种商品需求量的变动与收入变动是正相关还是负相关，取决于该商品是正常商品还是低档商品。正常商品的需求量与收入正相关，收入增加时，人们对正常商品的需求量就会增加；低档商品的需求量与收入负相关，收入增加时，人们对低档商品的需求量就会减少。正常商品与低档商品的划分具有相对性，相对于一定的时空条件。④ 消费者对未来价格的预期。如果其他因素不变，某种商品的需求量与消费者对该商品的预期价格正相关，当消费者预期某种商品的价格上涨时，就会增加对该商品的购买量；反之，当消费者预期某种商品的价格下降时，就会则会减少对该商品的购买量。（言之有理即可）

案例5 供给与需求相互影响。当社会上的需求量上升时，厂商从利益的角度出发，通过市场机制，会提高相应产品的供给。当市场上出现供不应求的情况时，价格就会上涨。即鸡蛋供给已经基本恢复，但与旺盛需求相比，鸡蛋有效供给仍有缺口，导致了鸡蛋价格高位运行。此外，互为替代的两种商品，当一种产品的价格上涨时，人们就会减少对该产品的需求，而去追求它的替代商品，从而导致其替代商品的价格上涨。全国猪肉月均价从2月份的18.33元/千克持续上涨到10月份的44.09元/千克，上涨幅度高达140.53%，10月30日猪肉价格更是创下今年新高，达52.23元/千克。由于猪肉价格居高不下，作为优质廉价的动物蛋白质来源以及猪肉重要替代品，鸡蛋成为居民畜产品消费的增长点，需求旺盛，导致鸡蛋价格自8月份以来保持在10元/千克以上。（言之有理即可）

案例6 两种不同商品之间的关系有互补和替代两种关系。如果两种商品只有结合在一起使用，才能满足人们的某种欲望，那么这两种商品就称为互补商品。它们之间的关系就是互补关系。在其他因素不变的条件下，互补商品中的某种商品的需求量与另一种商品的价格反方向变动。如果两种商品都能满足人们某种共同的欲望，那么这两种商品就称为替代商品。它们之间的关系就是替代关系。在其他因素不变的条件下，替代商品中的某种商品的需求量与另一种商品的价格同方向变动。猪肉价格持续攀升，由于互补商品的关系，导致不少下游产品跟着涨价，其中最明显的就是肉夹馍、肉包子的价格。根据互为替代商品的相关知识，在猪肉价格疯涨的同时，鸡鸭鱼肉的需求在不断增加。（言之有理即可）

案例7 这两个现象反映的是经济学中一个最基本的规律：价格变化所引起的需求的变化，取决于需求的价格弹性。所谓的需求的价格弹性就是指价格的值每变动百分之一，所引起的需求量变动的百分率。它的值可为正数、负数或者是0。通常用其绝对值的大小来表示价格变化对需求量变化的影响程度。

我们根据需求的价格弹性来分析上面的两个现象，猪肉的替代品较多，例如鸡肉或鸡蛋，它们照样可以满足身体所需的营养，就算这几种肉类价格都上涨人们也可以少吃，甚至暂时不吃肉，因此猪肉的需求价格弹性就比较大，因此价格的变动就会引起需求量的更大的变动，所以猪肉一涨价，马上就滞销。在我们的日常生活中，食用油是必需品，不管是做饭、炒菜，每家每天都要用到，而且替代品也有限。食用油的种类也只有花生油、调和油、葵花籽油、玉米油等。因此食用油是属于价格缺乏弹性的商品，即便价格上变动，对需求量的影响也是非常有限的。

因此，面对这两个现象，相应的处理措施是不一样的，猪肉价格基本属于市场定价，政策干预很少，猪肉价格上涨，国家会尽量调控更多的替代品来满足人民群众的生活需要，而不会直接控制猪肉价格，而食用油的价格则不同国家会存在一定的控制措施，不能任由其自由升跌，每次食用油的价格调整都要向国家的相关部门申请，目的就是控制好这些必需品的价格，给人民群众的生活营造一个稳定的环境。（言之有理即可）

案例8 均衡价格是指一种商品需求量与供给量相等时的价格。当实现了市场供求均衡时，该商品的需求价格与供给价格相等称为均衡价格，该商品的成交量（需求量与供给量）

相等称为均衡数量。

在市场上,由于供给和需求力量的相互作用,市场价格趋向于均衡价格。如果市场价格高于均衡价格,则市场上出现超额供给,超额供给使市场价格趋于下降;反之,如果市场价格低于均衡价格,则市场上出现超额需求,超额需求使市场价格趋于上升直至均衡价格。国内粮食价格水平要想维持总体平稳,就要保证国内的粮食供给,以适应需求,以此维持价格稳定。一切影响国内粮食供给和需求的因素都会影响粮食的价格水平。从新冠肺炎疫情对农产品市场所形成的重大影响来看,主要集中在以下几个方面:一是农产品的种植与产量;二是农产品的运输;三是农产品的需求;四是农产品的价格预期;五是市场心理。(言之有理即可)

案例9 薄利多销的含义是:价格下降会导致产品销售增加,从而使总收益增加。需求价格弹性指某种商品需求量变化的百分率与价格变化的百分率之比,它用来测度商品需求量变动对于商品自身价格变动反应的敏感程度。从弹性理论方面看,价格下降能否导致总收益增加,取决于产品的价格弹性。当产品的价格弹性大于1时,价格下降可以导致总收益增加;当价格弹性小于1时,价格下降将导致总收益减少;当价格弹性等于1时,价格下降对总收益没有影响。当 $E_d>1$,即需求富有弹性时,销售收入与价格反向变动,即它随价格的提高而减少,随价格的降低而增加。这是因为,当 $E_d>1$ 时,厂商降价所引起的需求量的增加率大于价格的下降率。这意味着价格下降所造成的销售收入的减少量必定小于需求量增加所带来的销售收入的增加量。所以,降价最终带来的销售收入是增加的,这就是所谓的"薄利多销"。

企业实行薄利多销必须满足两个条件:其一,该产品的需求是富有弹性的;其二,该产品的供给是不成问题的。这就是沃尔玛实施薄利多销战略的经济学理论依据。

为了保证薄利多销能够成功实施,沃尔玛实施了如下几点策略:

(1) 注重规模效应。沃尔玛要求,供应商的报价必须是最低价,否则免谈。在此基础上,沃尔玛以进货量巨大、帮助供应商进入世界市场、现金结算等三个理由,要求供应商降价25%。巨大的规模和雄厚的资金实力使沃尔玛在谈判桌上取得了绝对的优势。巨大的规模也使沃尔玛的各项费用和成本,在极大程度上被分摊。

(2) 控制成本。首先是厉行节约。在沃尔玛中国总部,大家看到的是狭窄的过道和没有任何装修、素面朝天的办公大厅。

(3) 需求导向。从当年刚一开场仅卖轮胎,到现在迎合中国市场的种种调整,沃尔玛深圳山姆会员店的经理杜丽敏目睹了它诸多的变化。

(4) 人力资源永不放弃。沃尔玛的创始人沃尔顿是一个人力资源高手,他给每一个分店都物色了具有相应能力的人来担任经理。

(5) 注重创新。沃尔玛最重要的创新,是它分析市场态势,引入了天天低价、一站式购物的销售方式。(言之有理即可)

第3章 生产理论

一、名词解释

1. 生产函数(Production Function)：生产函数是指产出和投入之间具有一种依存关系，投入一定数量的生产要素，会得到一定数量的产出，那么这种投入和产出之间的关系可以用生产函数表示，生产函数是描述在一定的生产技术水平条件下，生产要素投入量与最大产出量之间的物质数量关系。可以说生产函数实质上反映了生产过程的技术状态，是由企业可以利用的技术决定的。生产函数一般表示为：$Q=f(X_1,X_2,\cdots,X_n)$。其中，Q 表示产出，$X_1,X_2,\cdots,X_n$ 表示所投入的各种要素。一般地，生产函数可以概括出如下几个特点：① 生产函数是一个多元函数。这是由于一种产品的生产和产出需要多种生产要素的投入，使得生产函数的研究相对更为复杂。② 生产函数表示特定的投入产出关系，它须以技术条件不变为前提；当技术条件发生变化后，生产过程的有关函数关系也发生变化；换言之，不同的生产函数实际上代表着不同的生产技术方式。③ 每个企业都有自己的生产函数，一般来说它们是不相同的；即使生产相同产品，甚至规模也相近的企业，其生产函数也不尽相同。这是由于它们可能采用不尽相同的生产技术，从而涉及的投入要素种类和数量比例及其组合并不相同。

2. 短期生产函数(Short-run Production Function)：短期指生产者来不及调整全部生产要素的数量，至少有一种生产要素的数量是固定不变的时间周期。相应地，短期内生产要素可以区分为不变投入和可变投入。厂商在短期内无法调整投入数量的那部分要素称为不变要素投入，例如机器设备、厂房等。厂商在短期内可以调整投入数量的要素称为可变投入，如劳动、原材料、燃料等。则短期生产函数的形式为：$Q=f(L,\bar{K})$。式中 $\bar{K}$ 为资本，表示固定的投入量，即常量；L 为劳动，表示变动投入。短期生产函数表示在资本投入不变的条件下，产量随着劳动投入量的变动而变动。

3. 长期生产函数(Long-run Production Function)：长期指生产者可以调整全部生产要素的数量的时间周期。在长期内所有要素都是可变的，多种可变要素的长期生产函数可以写为：$Q=f(x_1,x_2,\cdots,x_n)$。其中，Q 表示产出，$x_1,x_2,\cdots,x_n$ 表示所投入的各种要素。该生产函数表示：长期内，在技术水平不变的条件下，由几种可变生产要素投入量的一定组合所能生产的最大产量。假定只使用劳动和资本两种可变生产要素，则长期生产函数可以写成：$Q=f(L,K)$。其中，Q 表示产出，L 表示可变要素劳动的投入量，K 表示可变要素资本的投入量。长期生产函数主要研究产出量与所有投入要素之间的数量关系，以确定多种要素之间的最优组合。

4. 等产量曲线(Iso-quant Curve)：等产量曲线描述客观存在的投入产出的技术关系。等产量曲线就是在技术水平不变的条件下，能为厂商带来同一产量水平的两种生产要素组合的轨迹。

等产量曲线具有如下一些性质:① 等产量曲线有无数多条。由于一条等产量曲线只能表示厂商的一种产量水平,当产量水平可以无限细分的情况下,每一细微的产量变动都意味着等产量曲线移向了另一条等产量线,所以,等产量线有无数多条,并且充满整个坐标系的第一象限。② 等产量曲线凸向原点。沿着等产量曲线从上向下移动时,随着劳动要素的逐渐增加,为保持产量水平不变,能够减少的资本要素的数量越来越少(劳动要素等量增加)。这是因为,随着劳动投入增加,资本显得越来越不足。反过来说,厂商如果要保持产量不变,减少同等数量的资本要素,必须增加更多的劳动要素。这一点在下面介绍边际技术替代率时还有详细分析。③ 等产量曲线一般向右下方倾斜。通常说来,劳动和资本两种生产要素在一定范围内是可以替代的,因此,沿着等产量曲线从上向下移动时,资本要素的使用量逐渐减少,为了保持产出水平不变,势必要增加劳动要素,即资本和劳动要素的投入量变动的方向是相反的。这样,等产量曲线向右下方倾斜。④ 等产量曲线的斜率的绝对值递减,等产量曲线凸向原点。

5. 边际技术替代率(Rate of Marginal Technical Substitution):边际技术替代率是指在技术和产量不变的条件下,厂商为增加一单位某种要素的投入所能减少的另一种要素的投入量。劳动对资本的边际技术替代率可以表示为 $MRTS_{LK}$。

在图 2.3.1 中,假定生产 Q_1 产量水平的初始的生产要素投入组合为 L_1K_1。现在劳动的价格下降,厂商沿着等产量曲线 Q_1 将劳动投入增加到 L_2,为保证产量不变,资本投入就必须相应地从 K_1 减少到 K_2。设劳动的增加量为 ΔL,资本的减少量为 ΔK,则劳动对资本的边际技术替代率为

$$MRTS_{LK} = \frac{\Delta K}{\Delta L}$$

上式表明,边际技术替代率就是等产量曲线的斜率。由于 ΔK 和 ΔL 的符号相反,故等产量曲线的斜率为负,等产量曲线向右下方倾斜。

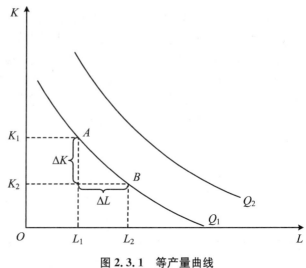

图 2.3.1　等产量曲线

6. 规模报酬(Return to Scale):规模报酬是指厂商的所有要素投入按相同比率变动引起的产量变动。假定某厂商的生产过程中只需要投入劳动和资本两种生产要素,其投入量分别为 L 和 K,这时,当两种要素的投入量同时增加一倍,即增加到 $2L$ 和 $2K$ 时,称之为厂商的生产规模扩大了一倍。根据产量的变化情况,规模报酬变动可分为三个阶段。第一阶段为规模报酬递增阶段,即产量的变动幅度大于各种生产要素的变动幅度。企业刚开始扩大规模生产时,规模报酬常常递增。第二阶段为规模报酬不变阶段,即产量的变动幅度等于各种生产要素的变动幅度。企业规模扩大到最优规模时,就会出现这种情况。第三阶段是规模报酬递减阶段,即产量的变动幅度小于各种生产要素的变动幅度。企业的规模扩大到最优以后,再扩大规模,规模报酬将递减。

二、简答题

1. 边际报酬递减规律是指生产要素的边际报酬递减规律,是指在技术水平和其他要素投入固定不变,只有一种要素投入可以变动时,随着该可变要素投入的增加,其边际产量即每增加一单位可变要素投入所增加的总产量是越来越少。在生产过程中,可变要素与不变要素之间在数量上都存在一个最佳配合比例。开始时,由于可变要素投入量小于最佳配合比例所需数量,随着可变要素投入量的逐渐增加,越来越接近最佳配合比例。边际产量是呈递增趋势。当达到最佳配合比例后,再增加可变要素的投入,可变生产要素的边际产量就是呈递减趋势。

由于边际报酬递减规律的作用,当厂商不断地用劳动替代资本时,随着劳动投入的增加,劳动的边际产量日益减少;随着资本投入的减少,资本的边际产量日益增加。因此,劳动对资本的边际技术替代率具有递减的趋势。即等产量曲线不仅向右下方倾斜,而且凸向原点。

2. 规模报酬是指厂商的所有要素投入按相同比率变动引起的产量变动。规模报酬变动可分为三个阶段。其中,第一阶段为规模报酬递增阶段,即产量的变动幅度大于各种生产要素的变动幅度。企业刚开始扩大规模生产时,规模报酬常常递增。第二阶段为规模报酬不变阶段,即产量的变动幅度等于各种生产要素的变动幅度。企业规模扩大到最优规模时,就会出现这种情况。第三阶段是规模报酬递减阶段,即产量的变动幅度小于各种生产要素的变动幅度。企业的规模扩大到最优以后,再扩大规模,规模报酬将递减。

规模报酬不变的原因在于:当所有的生产要素投入都增加一倍时,我们可照原样复制一个相同的生产过程,这时产量与投入增加一倍一样。事实上复制不像复印机,总会有一定的差异,例如,新的生产过程可能得不到与原来同样有效率的工人、同样有效率的生产地理位置等等。不过这些差异并不造成理论上的困难,当我们投入的要素具有同样效率时就会消除这些差异;规模报酬递增,主要归功于建立在分工协作基础上的专业化生产和大型不可分割且效率比较高的生产设备的使用等两个因素。生产规模扩大时,一方面厂商所使用的劳动投入较多,劳动者之间可以进行细致的分工,实施专业化生产,从而提高生产效率;另一方面,根据资源集约化使用原则,厂商可以有效地使用大型的不可分割的资本设备,例如使用流水线进行生产。它们共同导致规模报酬递增。而在生产规模比较小时,不仅所雇佣的劳动量较少,专业化生产程度较低,而且厂商使用那些大型的不可分割的生产设备,得不偿失;规模报酬递减主要原因有两个:其一是生产要素可得性的限制。随着厂商生产规模的逐渐扩大,由于地理位置、原材料供应、劳动力市场等多种因素的限制,可能会使厂商在生产中需要的要素投入不能得到满足。其二是生产规模较大的厂商在管理上效率会下降。企业规模过大,势必造成管理层次增多、官僚主义、文牍主义产生,生产往往缺乏有力的监督,常常坐失经营良机,管理者忙于应付行政事务,无力对企业全局性的问题进行决策,结果经济效益很差。其三,是某些资源性厂商生产的自然条件日趋恶化。为了求得产出,必须较多地增加投入,如油井日益干枯,煤层越来越薄,为了保持产出水平,必须加倍采取措施,使用更多的人力与物力,投入的成本也相应增加,导致规模报酬递减。

三、计算题

1. 在短期情况下,资本 K 的投入量固定为10,此时生产函数为 $TQ = 10L - 0.5L^2 - 32$。

故劳动的平均产量函数为 $AQ_L = \dfrac{Q}{L} = \dfrac{10L - 0.5L^2 - 32}{L} = 10 - 0.5L - \dfrac{32}{L}$；

劳动的边际产量函数为 $MQ_L = \dfrac{\mathrm{d}Q}{\mathrm{d}L} = 10 - L$。

当劳动的平均产量 AQ_L 达到极大值时，一定有 $AQ_L = MQ_L$。

于是，$10 - L = 10 - 0.5L - \dfrac{32}{L}$，即 $L = 8$ 或 -8（舍去）。

当 $L = 8$ 时，当劳动的平均产量 AQ_L 达到极大值，此时极大值为 2；

当 TQ 达到极大值时，则 $MQ_L = 0$，得 $L = 10$，故此时 $TQ = 10 \times 10 - 0.5 \times 10^2 - 32 = 18$。

即当 $L = 10$ 时，当劳动的边际产量 TQ 达到极大值，此时极大值为 18。

四、论述题

1. 根据可变要素投入变化过程中，总产量变化的不同特征，结合总产量与边际产量和平均产量的关系，从管理定位角度出发，我们以平均产量的最大值点（同时也是边际产量和平均产量的交点）和边际产量为零的点把生产要素投入划分为三个阶段，其中第一阶段可称为平均收益递增阶段，第二阶段称为平均收益递减区域，第三阶段称为负边际收益区域，如图 2.3.2 所示。

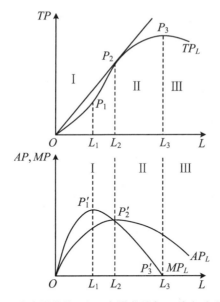

图 2.3.2　总产量曲线、平均产量曲线、边际产量曲线与一种变动生产要素的 3 个投入阶段

一种变动要素的合理投入阶段是第二阶段：即平均产量递减且边际产量大于零的阶段。这是因为：

首先厂商不会停留在第一阶段。因为平均产量处于递增的阶段，厂商要素投入不会停留在这一区域，加上这时边际产量大于平均产量，即 $MP_L > AP_L$，意味着厂商继续增加要素投入是有利可图的，使厂商能更有效地利用固定的资本要素，增加更多的产量。在产品市场价格和要素价格给定的情况下，总产量增加符合厂商的利益。因此，厂商就必然会不断增加变动投入，从而进入第二阶段。

其次,厂商也不会选择第三阶段。当劳动要素的投入大于 L_3 时,即处于生产的第三阶段,这时边际产量为负值,继续增加投入将使总产量开始下降,表明与固定的资本要素的投入相比,劳动要素的投入太多了,厂商如果继续增加劳动要素投入将是不经济的,追求利润最大化的厂商当然不会在此区域生产。厂商如果在这个阶段组织生产是十分不利的,可变要素投入量过多,物极必反,效益必然下降。要改变这种不经济的状况,从管理决策角度,重点是改变前提条件,如生产技术条件、其他要素投入量等,这些条件发生变化,边际收益递减规律就不适用了。

最后,当劳动要素投入处于 L_2 到 L_3 区域内时,增加劳动要素投入,总产量是递增的,虽然边际产量递减,但仍大于0。当然,厂商会选择在第二区域中进行生产,这一区域称为生产的合理投入区域。

生产三阶段理论说明,在企业里,劳动和资本之间应当始终保持合理的比例。不变要素量相对过多(第一阶段)或可变要素量相对过多(第三阶段),都会导致经济效益的下降。管理的有效性在于随机制宜,适时创新。

2.(1)脊线是指在劳动位于一个轴而资本位于另一个轴的图中,包括了利润最大化的厂商能够选择的全部投入品组合的线,也就是边际技术替代率为零或为无穷的生产要素投入组合方式的轨迹。

(2)在图2.3.3中,各条等产量曲线上斜率为零的点(例如 a_1、a_2、a_3)的连线(OA)或斜率为无穷大的点(例如 b_1、b_2、b_3)的连线(OB)是脊线。在图2.3.3中,可以看出,处于脊线以外的等产量曲线的斜率大于零,处于脊线以内的等产量曲线的斜率小于零。等产量曲线的斜率就是边际技术替代率。因此,脊线本质上是各条等产量曲线上边际技术替代率小于零与大于零的分界点的连线。

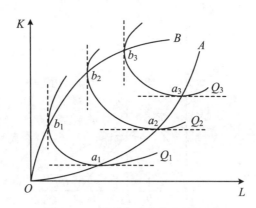

图 2.3.3　脊线与生产的经济区域

在脊线 OB 上方和 OA 下方的区域中,等产量曲线的斜率为正,即边际技术替代率为正,意味着为了维持相同的产量水平,劳动和资本这两种生产要素必须同时增加。因此,其中一种生产要素的边际产量必然小于零。否则,产量会变动。在脊线 OB 上方,$MP_K<0$。此时,在劳动投入不变的条件下,增加资本投入将减少产量;脊线 OA 下方,$MP_L<0$。此时,在资本投入不变的条件下,增加劳动投入将减少产量。脊线 OB 代表生产各种产量所使用的资本量的最高限,脊线 OA 代表生产各种产量所使用的劳动量的最高限。

在两条脊线 OB 和 OA 所围成的区域中,等产量曲线的斜率小于零,即边际技术替代率为负,意味着要维持既定的产量水平不变,在增加某种要素的同时,必须减少另一种要素投入量。此时,两种要素的边际产量都大于零。理性的厂商总是在两种生产要素的边际产量都大于零的条件下从事生产,即在两条脊线以内的区域中从事生产。因此,两条脊线 OB 与 OA 所围成的区域是生产的经济区域。

五、案例分析

案例1 我国在长期生产中应该注意各种要素的合理投入,从而实现国民经济的稳定发展。过去经济增长主要依靠廉价劳动力,以及高债务投入或者货币投放,未来则需要靠高技术发展,以及劳动生产率提高来实现。因为过去高速增长的动力在减弱,原先的有利条件正在消失。比如无限的人力资源供给,廉价的土地和资源能源,以及货币投放条件也在改变。因此,经济要实现高效率,其实就是要提高投入产出率。(言之有理即可)

案例2 生产要素的边际报酬递减规律是指在技术水平和其他要素投入固定不变,只有一种要素投入可以变动时,随着该可变要素投入的增加,其边际产量即每增加一单位可变要素投入所增加的总产量是越来越少。

物质资本最重要的特点之一就是具有边际报酬递减的性质,而人力资本不同,在大多数情况下,人力资本都表现出了较强的边际报酬递增的属性,这也是人力资本与物质资本区别的根本所在。随着人口红利的逐渐消失,以往靠劳动力数量推动产业进步的现象也将会逐渐消失,数量减少导致生产力的降低必须要靠劳动力质量的提高来弥补。"抢人大战"现象便是这一理论最好的佐证。(言之有理即可)

案例3 规模报酬定义为厂商的所有要素投入按相同比率变动引起的产量变动。规模报酬递减主要原因有三个:其一是生产要素可得性的限制。随着厂商生产规模的逐渐扩大,由于地理位置、原材料供应、劳动力市场等多种因素的限制,可能会使厂商在生产中需要的要素投入不能得到满足。其二是生产规模较大的厂商在管理上效率会下降。企业规模过大,势必造成管理层次增多,官僚主义、文牍主义产生,生产往往缺乏有力的监督,常常坐失经营良机,管理者忙于应付行政事务,无力对企业全局性的问题进行决策,结果经济效益很差。其三是某些资源性厂商生产的自然条件日趋恶化。为了求得产出,必须较多地增加投入,如油井日益干枯,煤层越来越薄,为了保持产出水平,必须加倍采取措施,使用更多的人力与物力,投入的成本也相应增加,导致规模报酬递减。管理软件市场的成熟应用,为各种互联网产品提供更丰富的技术解决方案,整个互联网大市场进入到井喷式的技术增长期。互联网产品平台建设的平均成本迅速下降,与用户规模的二次方程式增长,构成了互联网经济独特的规模报酬递增性,即网络效应,体现了互联网经济无穷的价值增值潜力。(言之有理即可)

案例4 从管理经济学生产理论的角度来看,在生产过程中,厂商应该做好充分的准备,提高产量和效益不能仅仅从投入资本和劳动力的角度去考虑,更应该考虑到生产技术水平、企业管理水平等方面。但是,我国自主品牌汽车厂商在每年的研发上也下足了功夫,业绩却很惨淡。究其原因,中国大部分整车企业尚未达到规模最优区间,较多处在规模报酬递增的阶段;中国汽车企业的规模效率与综合技术效率、纯技术效率相比较而言,相对较高;规模较大的综合型汽车企业的规模效率相对更高。我国现有的轿车制造企业大多具有国有企业背景,其管理上存在冗员现象,中国企业的产量职工人数比远远低于国外企业,所以这是由我国企业管理水平低下所造成的。另外,我国越是大型的汽车企业纵向一体化程度越高,从外部购买零件的比例越低,而从外部购买零部件可以通过提高产业专业化水平而提高效率,因此我国汽车企业出现了规模不经济。先放下那些好高骛远的念头,看看脚下,制造工业的基本面一直是生产效率的竞争,这决定了企业能走多远,还确定了企业能做多大,一个有效率的组织才能真正承受得住规模扩张的挑战。(言之有理即可)

案例 5 改革开放四十多年来,中国取得了举世瞩目的经济增长"奇迹",同时创造了史无前例的减贫脱贫成就。中国长期中高速经济增长是大规模减贫的主要贡献因素。但是,非平衡增长的"涓滴效应"并未实现所有地区、人群获取分享均等的发展红利,仍有相当一部分低收入群体未能分享经济增长的成果。贫困人口识别有待精准,政策和公共物品提供的针对性有待加强。在此背景下,精准扶贫提出精准识别,因人因户施策,因村提供公共物品,并将扶贫的思路从单一公平视角增加贫困户收入,转换为增长、发展和波动多重视角。

当前,中国已经进入到一个高度的合作型社会,个人的劳动生产能力,很大程度上受其合作者劳动生产率的影响。研究发现,在资本投入不变的情形下,同技能劳动者之间相互合作所创造的产出一般会高于高技能劳动者与低技能劳动者之间合作所创造的产出。另一方面,在劳动力数量固定不变的情形下,个人的边际产出与其依附的资本有关。譬如,城镇劳动力工资明显高于农村,发达地区的人均收入水平高于欠发达地区。这一差异的根源是人均资本存量差异,包括基础设施、金融投资、教育资源等方面水平的差异。

按照边际资本报酬递减的规律,将投资向资本存量较少、基础设施薄弱的地区倾斜,既有的投入会获得更高的回报率,对经济增长的贡献也相对更大。政府实施财政保障和支持的措施有助于促进投资,降低投资风险,进而带动经济增长。从这个意义上来看,精准扶贫期间,政府通过保障有助于减贫的投资项目的落地,一方面能够促进贫困居民的收入;另一方面吸引更多的投资,进而增加投资对当地经济增长的拉动作用,进而缩小地区之间、城乡之间以及农村内部的收入差距问题,促进地区之间的协调发展。(言之有理即可)

案例 6 生产要素投入总量的增加或要素生产率的提高将促进农业总产出的增长。按照一般的说法,主要靠前者引起的增长是粗放型增长,主要靠后者引起的增长是集约型增长。转变农业要素投入方式就是要使农业增长主要从粗放型增长向集约型增长转变。集约持续农业将会把土地利用率放在首位,力求变低产为高产,积极提高劳动生产率。实行劳动密集、科技密集与适当增加投入的有机结合和相互置换。三者有机结合将改变原有的生产函数,产生新的生产函数,实现最大化产出量。低产低效益的农业是不可能持久发展的。因此转变农业要素投入方式是构建现代农业生产体系的关键一步。(言之有理即可)

案例 7 规模经济也称规模效益,是指在一定的产量范围内,随着产量的增加,平均成本不断降低的事实。规模经济是由于在一定的产量范围内,可以认为固定成本变化不大,那么新增的产品就可以分担更多的固定成本,从而使总成本下降。格兰仕微波炉公司的规模经济首先表现在生产规模上。在初期从日本东芝引入 20 万台/年产能的生产线,到 1996 年格兰仕达到了 100 万台这个在当时行业公认的经济规模,而其后,每年以两倍于上一年的速度迅速扩大生产规模,到 2000 年底,格兰仕微波炉生产规模达到 1200 万台,是全球第 2 位企业的两倍多。生产规模的迅速扩大带来了生产成本的大幅度降低,成为格兰仕成本领先战略的重要环节。格兰仕规模每上一个台阶,价格就大幅下调。当规模达到 300 万台时,格兰仕又把出厂价调到规模为 200 万台的企业的成本线以下,使对手缺乏追赶上其规模的机会。格兰仕这样做的目的是要构成行业壁垒,要摧毁竞争对手的信心,将散兵游勇的小企业淘汰出局。格兰仕虽然利润极薄,但是凭借着价格构筑了自己的经营安全防线。格兰仕的微波炉在市场上处于绝对的统治地位,低成本领先战略是其发展壮大的战略组合中的重要一环。格兰仕选择通过大规模生产获得高市场占有率,把零售客户规模做到巨量,然后以生产规模压低生产成本,在达到一定规模后采取降价的策略,一步步挤掉竞争对手,最终实现了规模内部经济。(言之有理即可)

案例8 规模报酬定义为厂商的所有要素投入按相同比率变动引起的产量变动。厂商增加的资本投入可能实现内在经济,也可能会造成内不经济,造成企业内部不经济最主要的因素就是管理变得困难,导致信息不流畅造成企业生产效率低下,最终企业的规模报酬递减。规模报酬递减主要原因有三个:其一是生产要素可得性的限制。随着厂商生产规模的逐渐扩大,由于地理位置、原材料供应、劳动力市场等多种因素的限制,可能会使厂商在生产中需要的要素投入不能得到满足。其二是生产规模较大的厂商在管理上效率会下降。企业规模过大,势必造成管理层次增多,官僚主义、文牍主义产生,生产往往缺乏有力的监督,常常坐失经营良机,管理者忙于应付行政事务,无力对企业全局性的问题进行决策,结果经济效益很差。其三是某些资源性厂商生产的自然条件日趋恶化。该案例中诺基亚手机从巅峰到迅速衰落与当时管理者未能正确预估市场走向,划定了不适当的增长目标不无关系。即使后期都意识到诺基亚已经面临严重危机,主要管理者却仍然将精力耗费在诸如财务问题、社会责任问题、薪酬待遇问题等本应该通过公司日常运营解决的问题上。业务运营方式、管理传统和决策风格,这些要素最终导致诺基亚放弃手机部门。(言之有理即可)

案例9 生产要素的边际报酬递减规律是指在技术水平和其他要素投入固定不变,只有一种要素投入可以变动时,随着该可变要素投入的增加,其边际产量即每增加一单位可变要素投入所增加的总产量越来越少。劳动力只有与资本等其他生产要素保持合适的比例,才能高效率地生产财富。如果一味增加劳动力,只会导致生产的下降。该案例中惠普公司作为一家大型IT企业,在发展过程中并不是人越多越好,人员如果过于拥挤反而会造成生产量下降。为了让企业发展壮大,创造力才是IT企业生存的根本。对于一家在全球拥有几十万员工的老牌IT企业而言,裁员是企业管理中的常事,但一次裁员几万人,则是万不得已的事情,裁员真正的原因还是源于利润的下滑,减员增效也就成了很多管理者的惯用手法。资本的本性决定了企业总要不断的追逐利润,给投资者合理的回报;企业的发展离不开人的贡献,技术创新需要人来完成的同时又需要资本的支持,如何在企业的发展中维持这三者的平衡,是需要企业管理者来思考的问题。如果企业管理者都能很好地掌握技术创新、裁员以及资本回报的动态平衡,将会给IT行业的良性发展带来好处,也必定促使IT行业的和谐发展。(言之有理即可)

第 4 章　企业成本理论

一、名词解释

1. 机会成本(Opportunity Cost)：机会成本是指资源用于次好的、被放弃的其他用途本来可以得到的净收入。生产某种产品的机会成本是指生产该产品的经济资源用于其他用途所能得到的最高收入。这一概念是管理经济学的基础，有效的管理者在进行决策时都须从这一角度看成本。

2. 显性成本(Explicit Cost)：显性成本是指厂商在生产要素市场购买或租用所需要的生产要素的实际支出，主要包括：厂商向职工支付的工资和奖金、为购买生产要素所支付的各种款项、租用生产要素所支付的租金、向银行支付的利息等。因为厂商的显性成本支出能够通过会计账簿的记录体现出来，所以也称为会计成本。会计成本不能用于企业决策的依据，是因为它只反映企业使用资源的实际货币支出，而没有反映企业为使用这些资源而付出的总代价。

3. 隐性成本(Intangible Cost)：隐性成本是指厂商自己所拥有的并被用于生产过程中的生产要素的总价值，是理论上应该支付而实际上并没有支付的成本。

4. 增量成本(Incremental Cost)：增量成本是指因为做出某一特定的决策而引起的全部成本的变化。

5. 沉没成本(Sunk Cost)：沉没成本指由过去的决策所引起的、并且已经支付了(或已经承诺支出)的成本。由于这类成本已经发生了，这种成本对今后的决策来说，是非相关成本，或者说是它对企业的最佳决策方案已经不起作用了。

6. 经济利润(Economic Profit)：经济利润是指厂商的总收益与总成本之间的差额，厂商所追求的最大利润指的就是最大的经济利润。厂商的经济利润等于总收益减去总成本，当厂商的经济利润为零时，厂商仍然得到了全部的正常利润，因此经济利润又叫超额利润。经济利润＝销售收入－机会成本。

7. 会计利润(Accounting Profit)：会计利润是指厂商的会计账簿上所显示出来的利润，即账面实际收益与账面实际成本之间的差额。会计利润＝销售收入－会计成本。

8. 正常利润(Normal Returns)：正常利润是指厂商对自己所提供的企业家才能的报酬支付。正常利润是隐性成本的一个组成部分。

9. 成本函数(Cost Function)：成本函数是指成本是产量的函数。与生产函数一样，成本函数也可以分为短期成本函数和长期成本函数。短期内，厂商使用的要素投入部分是固定不变的，部分是可变的，因此短期成本函数为 $C=f(Q)+b$；长期内，厂商使用的所有要素投入都是可变的，因此长期成本函数为 $C=f(Q)$。

10. 短期总成本(Short-term Total Cost)：短期总成本是指厂商在短期内对全部生产要

素所支付的总成本,一般用"STC"来表示。短期总成本是固定成本与可变成本之和,即短期总成本=固定成本＋可变成本。短期总成本的函数式为 $STC(Q)=TVC(Q)+TFC$。

11. 固定成本(Fixed Cost):厂商投入的部分要素是固定不变的,这部分要素形成的成本称为固定成本,不随产量变化影响的成本。

12. 可变成本(Variable Cost):厂商使用的部分要素是可变的,这部分要素形成的成本称为可变成本。

13. 短期平均成本(Short-run Average Cost):短期平均成本是指厂商在短期内平均生产每一单位产品所耗费的全部成本,一般用"SAC"来表示。短期平均成本是平均不变成本与平均变动成本之和,即短期平均成本等于平均不变成本加上平均变动成本。其公式为

$$SAC=\frac{STC}{Q}=\frac{TFC+TVC}{Q}=\frac{TFC}{Q}+\frac{TVC}{Q}=AFC+AVC$$

14. 平均固定成本(Average Fixed Cost):又称为平均不变成本,是指短期内厂商平均每生产一单位产品所耗费的固定成本,一般用"AFC"来表示。其公式为 $AFC=\frac{TFC}{Q}$。

15. 平均可变成本(Average Variable Cost):又称为平均变动成本,是指短期内厂商平均每生产一单位产品所耗费的可变成本,一般用"AVC"来表示。其公式为 $AVC=\frac{TVC}{Q}$。

16. 规模经济(Economies of Scale):规模经济是指厂商的长期平均成本随生产规模扩大而递减的现象。规模经济可以分为规模内在经济和规模外在经济两种。规模内在经济是指厂商由于自身生产规模扩大而导致的长期平均成本减少的情况。产生内在经济的主要原因是劳动分工和专业化以及技术因素。规模外在经济是指由行业规模扩大导致单个厂商的长期平均成本减少的现象,它根源于行业扩张引起的厂商外界环境的改善,如要素价格的降低、劳动力成本的下降等。

17. 长期总成本(Long-run Total Cost):长期总成本是指在工厂规模可以变动的条件下,厂商生产每一产量所耗费的最低总成本,一般用"LTC"来表示。在生产规模无限细分的情况下,长期总成本曲线就是无数条短期总成本曲线的下包络线。

18. 盈亏平衡分析(Break-even Analysis):通过对厂商的产量与成本、收入、利润之间的关系进行研究,从而得出厂商生产的盈亏平衡点。为了分析的方便,假定厂商的总收益曲线和总成本曲线是线性的。解决盈亏平衡问题的方法主要有几何分析法和代数分析法两种。

19. 长期边际成本(Long-run Marginal Cost):长期边际成本指工厂规模可以变动的条件下,厂商每增加一单位产量的生产所增加的长期总成本,一般用"LMC"来表示。其函数形式为:$LMC(Q)=\frac{\Delta LTC(Q)}{\Delta Q}=\lim_{\Delta Q \to 0}\frac{\Delta LTC(Q)}{\Delta Q}=\frac{\mathrm{d}LTC(Q)}{\mathrm{d}Q}$,长期边际成本就是长期总成本曲线的斜率。

20. 长期平均成本(Long-run Average Cost):长期平均成本指厂商在长期内每单位产量分摊的最低成本,一般用"LAC"来表示,其函数形式为:$LAC(Q)=\frac{LTC(Q)}{Q}$。

21. 贡献分析法(Contribution Analysis Method):贡献分析方法实际上是增量分析方法在成本利润分析中的应用。一个方案的贡献是指该方案能够为企业增加多少利润,通过对某方案贡献的计算与比较,来判断一个方案是否可以被接受的方法,称为贡献分析法。其公式为:贡献(增量利润)＝增量收入－增量成本。贡献分析法主要用于厂商的短期决策。

二、简答题

1. 因为在企业日常经营中，设备厂房等已经建成，这些固定资产无法变更，要增加产量，只能通过增加劳动力或者原材料等生产要素的投入。这时决策因为包含固定成本，所以要使用短期成本函数；而企业在长期规划时，可以考虑增减厂房设备等固定资产，从而降低成本，这时，所有投入要素都是可变的，所以应该使用长期成本函数。

2. 短期平均成本曲线（SAC）是平均固定成本（AFC）和平均可变成本（AVC）之和，当 AVC 曲线达到最低点后开始上升时，AFC 曲线仍在下降。只要 AFC 曲线下降幅度大于 AVC 曲线上升的幅度，SAC 曲线就会一直下降；当 AFC 曲线下降幅度等于 AVC 曲线上升的幅度时，SAC 曲线达到最低点，所以 AVC 曲线总是比 SAC 曲线先达到最低点，因此，SAC 曲线的最低点总是位于 AVC 曲线最低点的右边（图 2.4.1）。

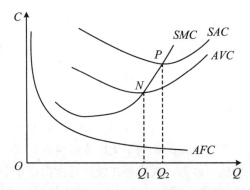

图 2.4.1　短期平均成本和平均可变成本曲线

3. 这是由边际收益递减规律决定的。随着可变要素投入的增加，边际产量先呈递增趋势，后呈递减趋势，从而边际成本呈先递减，后递增的趋势，因此短期边际成本曲线呈倒 U 形。这一规律也决定平均产量会先递增，后递减，从而使平均成本先递减，后递增，所以短期平均成本曲线也呈倒 U 形。两条曲线的关系是：SAC 曲线向下倾斜时，SMC 曲线在 SAC 曲线的下方；当 SAC 曲线向上倾斜时，SMC 曲线在 SAC 曲线的上方，短期边际成本 SMC 曲线与短期成本曲线 SAC 交于 SAC 曲线的最低点（图 2.4.2）。

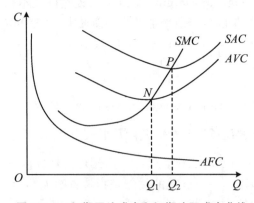

图 2.4.2　短期平均成本和短期边际成本曲线

4. 解决盈亏平衡问题的方法主要有几何分析法和代数分析法两种。几何分析法即借助几何图形来分析厂商的盈亏状况。用几何分析法进行盈亏平衡分析的优点在于能够非常形象地从几何图形中看到产量、成本、收入和利润之间的相互关系。代数分析法就是用代数式来表示产量、成本、收入和利润之间的关系,令总收益与总成本函数相等,解方程求解盈亏平衡产量。

5. 成本函数的估计方法包括短期成本函数和长期成本函数的估计方法。

在短期,由于固定成本不随产量的增减而变动,因而它的大小不会影响对短期决策特别重要的平均变动成本和边际成本函数。因此,进行短期成本函数估计,一般只估计总变动成本函数。短期成本函数常用的估计方法是回归分析法,由于它只是用来估计某特定企业的成本函数,所以一般只能使用时间序列数据。

在长期,所有生产要素投入量都是可变的,因此厂商生产的所有成本都是可变的,长期成本函数的估计必然要包括全部成本。估计长期成本函数主要有回归分析法和适存检验法两种,使用方法的选择则取决于所掌握的成本资料。

6. 共同点:边际分析法和增量分析法两者都是管理决策中的科学方法,都体现了向前看的决策思想。

区别:边际分析法分析的是产量的单位变化对收入、成本和利润等的影响,增量分析法分析的是某种决策对收入、成本和利润等的影响,边际分析法偏重理论,而增量分析法则多用于实际。

三、论述题

1. 长期边际成本曲线 LMC 与长期平均成本曲线 LAC 之间的关系类似于短期边际成本曲线与短期平均成本曲线之间的关系,均呈倒 U 形,当 LAC 曲线下降时,LMC 曲线位于其下方;当 LAC 曲线上升时,LMC 曲线位于其上方,LMC 曲线穿过 LAC 曲线的最低点。

短期平均成本曲线 SAC 假设企业规模已经给定,表示某一特定规模下产量与成本之间的相互关系。长期平均成本曲线 LAC 则假定在每一产量上都能选择最优规模,因而每一产量上的成本都是通过实现最优规模所能达到的最低成本,这样形成的产量与成本之间的关系,就反映为长期平均成本曲线。因此,可以把长期平均成本曲线看成是假定在每一产量上都能实现最优规模的条件下,产量与短期平均成本组合的轨迹。从图形上看,LAC 曲线就是众多不同规模的 SAC 曲线的包络线。

短期边际成本曲线 SMC 表示的是,在某一特定规模条件下,产量与边际成本之间的相互关系。长期边际成本曲线 LMC 则是假定在每一产量上都能实现最优规模的条件下,产量与短期边际成本的组合的轨迹。

2. 成本函数是成本关于产量的函数,它是在生产函数的基础上建立起来的,所以,短期产量曲线与短期成本曲线也有着密切关系。

假定短期生产函数为 $Q=f(L,K_0)$,短期成本函数为 $STC(Q)=TVC(Q)+TFC$,而 $TVC(Q)=w \cdot L(Q)$,劳动的价格 w 既定。由此,我们可以得出:$AVC=\dfrac{TVC(Q)}{Q}=\dfrac{w \cdot L(Q)}{Q}=w \cdot \dfrac{L}{Q}$,$AP_L=\dfrac{Q}{L}$,则有 $AVC=w \cdot \dfrac{1}{AP_L}$,当 w 是既定的常量时,AVC 曲线与 AP 曲线存在此消彼长的关系,即平均变动成本 AVC 和平均产量 AP 两者变动的方向是相反

的。相应地,平均产量曲线与平均可变成本曲线的凹凸形状也刚好相反。由于 AP 曲线为递增趋势时,AVC 曲线为递减趋势;当 AP 曲线为递减趋势时,AVC 曲线为递增趋势;AP 曲线的最高点 M 对应 AVC 曲线的最低点 M'(图 2.4.3)。

根据 $STC(Q)=TVC(Q)+TFC=w \cdot L(Q)+TFC$,$SMC=w \cdot \dfrac{1}{MP_L}$,可以看出短期边际成本 SMC 与边际产量 MP 之间也存在着此消彼长的关系,即短期边际成本 SMC 和边际产量 MP 两者变动的方向是相反的。相应地,边际产量曲线与短期边际成本曲线的凹凸形状也刚好相反。具体来讲,由于边际报酬递减规律的作用,MP 曲线是先上升,达到高点后再下降;SMC 曲线则是先下降,达到最低点后再上升。MP 曲线的上升段对应 SMC 曲线的下降段;MP 曲线的下降段对应 SMC 曲线的上升段;MP 曲线的最高点 N 对应 SMC 曲线的最低点 N'(图 2.4.4)。

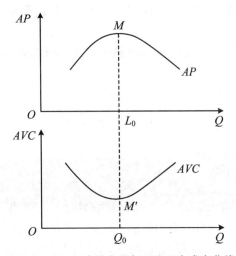

图 2.4.3 平均产量曲线与平均可变成本曲线　　图 2.4.4 边际产量曲线与边际成本曲线

总产量 TP 曲线与总可变成本 TVC 曲线、总成本 STC 曲线也存在对应关系:当 TP 曲线下凸时,STC 曲线和 TVC 曲线是下凹的;当 TP 曲线下凹时,STC 曲线和 TVC 曲线是下凸的;当 TP 曲线有拐点时,STC 曲线和 TVC 曲线也有拐点。同时,由于短期边际成本 SMC 曲线与平均变动成本 AVC 曲线交于 AVC 曲线的最低点,而边际产量 MP 曲线与平均产量 AP 曲线交于 AP 曲线的最高点,所以,SMC 曲线与 AVC 曲线的交点和 MP 曲线与 AP 曲线的交点相对应(图 2.4.5)。

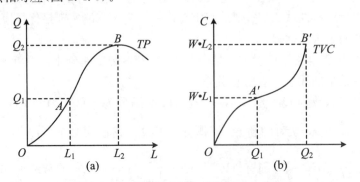

图 2.4.5 总产量曲线与总可变成本曲线

第4章 企业成本理论

3. 长期平均成本 LAC 指厂商在长期内每单位产量分摊的最低成本，长期平均成本曲线可以由短期平均成本曲线推导出来。设有三条短期平均成本曲线 SAC_1、SAC_2、SAC_3，代表三种不同的生产规模。在长期内，厂商可以根据产量的要求选择最优的生产规模进行生产。若厂商生产 Q_1 产量，则会选择 SAC_1 曲线所代表的生产规模，以 OC_1 的平均成本进行生产；若厂商生产 Q_2 产量，则会选择 SAC_2 曲线所代表的生产规模，以 OC_2 的平均成本进行生产；若厂商生产 Q_3 产量，则会选择 SAC_3 曲线所代表的生产规模，以 OC_3 的平均成本进行生产（图 2.4.6）。

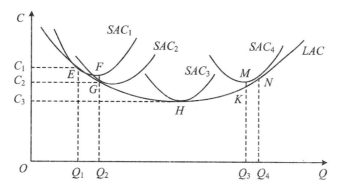

图 2.4.6　长期平均成本曲线与短期平均成本曲线

若厂商生产的产量为 Q' 时，厂商用 SAC_1 所代表的生产规模和 SAC_2 所代表的生产规模进行生产的平均成本相同。如果厂商对行业的前景看好，他可能选择 SAC_2 所代表的生产规模进行生产；如果厂商对行业的前景并不乐观，他可能会选择用 SAC_1 所代表的生产规模进行生产。这样的分析同样可以适用于其他短期平均成本曲线的交点。

由于在长期，企业可供选择的生产规模不止三个，而是无穷多个，则在理论上就可以有无数条 SAC 曲线，从而厂商在每一个产量水平都可以选择最优生产规模进而实现该产量下的最低平均成本。由此，我们就得到了一条平滑的长期平均成本曲线，它是无数条短期平均成本曲线的下包络线，其形状与短期平均成本曲线相类似，都呈 U 型，但更为平坦。

但需注意的是，LAC 曲线并不是都是与 SAC 曲线的最低点相切，除了最优生产规模 SAC_3 曲线。当 LAC 曲线随着产量的增加而递减时，LAC 曲线与 SAC 曲线的切点位于 SAC 曲线最低点的左侧；当 LAC 曲线随着产量的增加而递增时，LAC 曲线与 SAC 曲线的切点位于 SAC 曲线最低点的右侧。

4. 贡献是指该方案能够为企业增加多少利润，通过对某方案贡献的计算与比较，来判断一个方案是否可以被接受，此方法称为贡献分析法。根据贡献的定义，我们可以把某项决策的贡献表示为该决策引起的增量收入减去该决策引起的增量成本，即贡献（增量利润）=增量收入－增量成本。管理经济学家运用贡献分析法来对其决策进行判别时，主要看增量利润。如果有增量利润，也就是贡献大于零，说明这一决策可以使利润增加，因而该决策是可接受的；如果有两个以上方案的贡献都是正值，那么贡献大的方案就是较好方案；反之，如果没有增量利润，也就是贡献小于零，说明该决策是不可接受的。

价格是由变动成本、固定成本和利润三个部分组成，单位产品贡献等于固定成本加上利润，其经济含义为：企业得到的贡献首先用来补偿固定成本的支出，剩下的部分就是企业的利润。当厂商的利润为零时，贡献与固定成本的值相等。

贡献分析法主要用于厂商的短期决策。因为在短期决策中,厂商的设备、厂房等支出构成其固定成本,即使厂商不生产,也仍然要支出,所以在决策时不用加以考虑。正因为如此,在短期决策中,衡量决策的标准应该是贡献(增量利润),而不是利润。但如果厂商是进行长期决策分析,比如说某厂商要不要投资新建一家企业,这就属于长期决策,而利润是厂商长期决策的依据。因此,对于管理者而言,长期决策和短期决策的依据标准是一样的。

5. (1) 规模收益递增是指如果投入要素的投入量增加一倍,则产量的增加会超过一倍,即产量的变动幅度大于各种生产要素的变动幅度。这时自然会使单位产量的成本趋于减少。厂商的长期平均成本随生产规模扩大而递减的现象被称为规模经济。规模经济可以分为规模内在经济和规模外在经济两种。

规模内在经济是指厂商由于自身生产规模扩大而导致的长期平均成本减少的情况。产生内在经济的主要原因是劳动分工和专业化以及技术因素。当厂商规模扩大时,投入的劳动增多,劳动者可以进行合理的分工,提高专业化程度从而提高生产效率,降低厂商的长期平均成本。技术因素对规模经济的作用,主要体现在规模扩大以后可以使投入的要素得到充分的利用。规模外在经济是指由行业规模扩大导致单个厂商的长期平均成本减少的现象,它根源于行业扩张引起的厂商外界环境的改善,如生产要素价格的降低,经过培训的劳动者具有更高的生产效率等等。外在经济使长期平均成本曲线向下垂直移动,表示在每一单位产量水平上,现在耗费的长期平均成本都比过去减少了。

(2) 规模收益递减指产量的变动幅度小于各种生产要素的变动幅度,会使单位产量的成本趋于增加,厂商的长期平均成本随生产规模扩大而递增的现象称为规模不经济。规模不经济可以分为规模内在不经济和规模外在不经济两种。

规模内在不经济是由于厂商自身规模扩大使得管理无效率而导致长期平均成本上升的情况。当厂商的规模变得过大时,厂商就必须增加更多的管理层级和管理人员。这种情况不仅增加管理成本,而且往往引起信息传递的失真与延误,导致决策失误,从而降低管理效率。内在不经济使长期平均成本曲线从其最低点开始逐渐上升。规模外在不经济是指由行业规模扩大导致单个厂商的长期平均成本上升的现象,它根源于行业扩张引起的厂商外界环境的恶化,如要素价格的上涨、劳动力成本的上升等。外在不经济使长期平均成本曲线向上垂直移动,表示在每一单位产量水平上,现在耗费的长期平均成本都比过去增加了。

四、计算题

1. 已知生产函数 $Q=\min(8L,4K)$,可得 $Q=8L=4K$;由 $K=10$,可得 $Q=40, L=5$。已知 $P_L=2, P_K=3$,可得 $STC=2\times 5+3\times 10=40, SAC=STC/Q=40/40=1$。

2. 由 $SMC(Q)=9Q^2+4Q+5$,积分可得,$TVC(Q)=3Q^3+2Q^2+5Q$;又 $STC(Q)=TVC(Q)+TFC=3Q^3+2Q^2+5Q+1000$,则 $SAC(Q)=STC(Q)/Q=3Q^2+2Q+5+1000/Q$。所以,$AVC(Q)=TVC(Q)/Q=3Q^2+2Q+5$。

3. 由题意知,$TFC=1000, SAC=50, AVC=10$,则 $AFC=SAC-AVC=50-10=40$。由 $TFC=AFC*Q$,可得 $40Q=1000, Q=25$。所以该企业现在的产量为 25。

4. 平均可变成本最小即平均产量最大,

由 $Q=-0.1L^3+6L^2+12L$ 可得,平均产量 $AP_L=Q/L=-0.1L^2+6L+12$;由 $\dfrac{dAP_L}{dL}=-0.2L+6=0$,可得 $L=30$;

此时,产量为 $Q=-0.1\times 30+6\times 30^2+12\times 30=3060$。

5.(1)占有40%市场份额的企业占有优势。因为所有企业的可变成本函数相同,固定成本为100,如果一家企业生产的产品越多,那么分摊到每一个产品的固定成本就会越小。例如,占有40%市场份额企业的单个产品固定成本为0.25,而占有20%市场份额的企业单个产品固定成本为0.5,又因为每个产品的可变成本相同,所以可以得知占有40%市场份额的企业在成本上占有优势。

(2)从长期来看,企业的一切成本都是可以变化的,也就是说企业不再承担固定成本。如果企业的成本函数在长期变为 $C=Q$,那么 $AC=1$。可得企业的长期平均成本为固定值1,由此可知企业规模并不处于规模不经济,因为平均成本不随产量的上升而上升。

6.(1)在盈亏分界点上,有 $TR=TC$,

即 $8000Q=500000+3500Q+10Q^2$,化简得,$5000-450Q+Q^2=0$,

解得 $Q=200$,或 $Q=250$ 这两个盈亏分界点。

(2)利润最大时,有 $MR=MC$,

$MR=\dfrac{\mathrm{d}TR}{\mathrm{d}Q}=8000,MC=\dfrac{\mathrm{d}TC}{\mathrm{d}Q}=3500+20Q$,

有 $8000=3500+20Q$,

解得,$Q=225$。

五、案例分析

案例1 劳动力市场通过工资这个杠杆调控供求平衡,从而决定了最佳的劳动力数量。从供给和需求两个方面去分析就业问题。

当前我国劳动力供给远大于需求,因此要加大市场对劳动力的需求:① 全面深化改革,完善社会主义现代经济体系。要持续推进市场化改革,进一步发挥市场在资源配置中的决定性作用,不断完善社会主义现代经济体系。② 强化创新引领,加速转换经济增长核心动力。创新是引领发展的第一动力,深入推进创新驱动发展战略,加快建设创新型国家和世界科技强国。③ 布局先导产业,培育世界级的先进产业集群。围绕数字经济、生物医药、航天产业等未来先导产业,加快培育创新型领军企业,促进龙头企业从规模优势转向创新优势。④ 推进区域协调发展,打造具有全球竞争力的城市群。聚焦京津冀、长三角等重点区域,打造世界级城市群和先进制造业集群,提升城市群的全球竞争实力。

加快劳动力供给与需求的匹配,减少结构性失业和摩擦性失业:① 加强职业教育提高劳动者就业能力、完善社会保障体制、加强医疗体系改革、推进公共住房建设和增加政府责任等措施,加快建设全国统一大市场。② 政府可以提供用工信息,简化人才流动手续,减少政府对人才流动的干预。③ 发挥金融杠杆的作用,加大对大学生创业、农民工返乡创业等群体提供金融支持。

案例2 利用高效信息系统,美的集团在全国范围内实现了产销信息的共享,因为有了信息平台做保障,美的集团对于自己的原料储备知道得很清楚,所以可以大幅降低自身库存。另一方面,要求供应商在美的的仓库里租赁一个片区(仓库所有权归美的),并把其零配件放到片区里面储备。在美的需要用到这些零配件的时候,它就会通知供应商,然后再进行资金划拨、取货等工作。这时,零配件的产权,才由供应商转移到美的的手上——而在此之前,所有的库存成本都由供应商承担。这样就可以将原料储备成本转嫁给了供应商,降低了自

身的成本。(言之有理即可)

案例3 丰田汽车物流成本控制的基本思想是使物流成本构成明细化、数据化,通过管理和调整各明细项目的变动来控制整体物流费用。作为第三方物流公司,TFGL在确保物流品质、帮助丰田有效控制物流成本方面拥有一套完善的管理机制。丰田和TFGL在管理物流上具有以下共同特点:① 月度内的物流量平稳;② 设置区域中心,尽可能采用主辅路线结合的物流模式;③ 月度内物流点和物流线路稳定;④ 物流准时率要求非常高。

TFGL对物流承销商的管理原则为:① 为避免由于物流原因影响企业的生产、销售的情况发生,要求物流承运商理解丰田生产方式,并具有较高的运行管理能力和服务水平。② 对物流承运商进行循序渐进的培养。③ 建立长期合作的伙伴关系。这有助于减少物流承销商的管理成本和运作成本。

虽然TFGL管理下的丰田物流成本水平在行业未做比较,但其通过成本企划、精细的原单位管理、成本KPI导向的改善以及协同效应等方法系统化、科学化的物流成本控制,对即将或正在进行物流外包的企业具有一定的借鉴意义。(言之有理即可)

案例4 宜家既有便宜的价格,又有优秀的产品。做到这两者统一的前提是,宜家所采用的独特的成本领先策略,即对整条产业链的成本压缩与质量控制非常严格、精确,从设计、生产、渠道、终端,每一个环节都进行成本压缩。但值得注意的是,成本的降低并没有导致产品品质的下降,在其压缩成本的同时还保证甚至不断提高产品的品质,对品牌一点也没有造成负面影响,这就是宜家独到的供应链战略。

宜家在产品定价、销售预测、采购供应、物流配送、产品分类等各环节上都通过不同程度的创新与设计,节约了方方面面的成本。产品定价上,首先,坚持自己设计所有产品并拥有专利;其次,采用"从价格标签开始设计"的独特定价方法;同时,宜家还采用一种"模块"式设计方法(宜家的家具都是拆分的组装货,产品分成不同模块,分块设计)。采购供应上,不断加大在中国的采购,并且给予顾客DIY的权利。物流配送上,宜家物流中心的布局十分合理,并采用"平板包装",每个物流环节都能减少成本。最后还把产品科学分类以提高效率。(言之有理即可)

案例5 京东的成本控制经验表明,成本控制应以价值链分析为基础。首先,明确自身的主要价值链以及具体的价值活动。其次,识别主要价值活动的成本动因,通过控制成本动因控制成本。由于京东价值链的分化,京东的价值链由以信息为主导的虚拟价值链和实体价值链构成,因此可以从信息流、物流、资金流三个层面进行成本控制。

在信息流成本控制方面,可以通过技术创新以及加大设备、技术等投入,首先可对于网站生成的海量客户行为信息进行分析,另外先进的信息系统有助于实施更加有效和有针对性的商品信息展示,降低客户信息获取成本。网络营销模式可使得信息在企业与客户之间的传递更加快捷,为客户节省大笔成本。并且与客户更加快速便捷的信息交流沟通也能降低客户成本等隐性成本。

在物流成本控制方面,在即时库存管理和精细化库存管理两个方面实现仓储成本有效控制。通过自建物流体系和第三方物流的方法可对配送成本进行控制。第三方物流可以弥补自建物流覆盖范围有限的缺点,可以帮助京东扩展偏远地区的电子商务市场。特色且高效的物流配送模式,有助于提高客户的满意度,降低隐性成本。

在资金流成本控制方面,京东通过自建支付平台,一方面降低了资金流成本(如手续费等),另一方面降低商业机密泄露等隐性成本。(言之有理即可)

第4章 企业成本理论

案例6 面临着越来越广阔的市场,每个企业都有两种战略选择:一是多产业、小规模,低市场占有率;二是少产业、大规模,高市场占有率。格兰仕选择的是后者。格兰仕的微波炉,在国内已达到70%的市场占有率;在国外已达到35%的市场占有率。格兰仕的成功就运用规模经济的理论,即某种产品的生产,只有达到一定的规模时,才能取得较好的效益。微波炉生产的最小经济规模为100万台。早在1996~1997年间,格兰仕就达到了这一规模。随后,规模每上一个台阶,生产成本就下降一个台阶。这就为企业的产品降价提供了条件。格兰仕的做法是,当生产规模达到100万台时,将出厂价定在规模80万台企业的成本价以下;当规模达到400万台时,将出厂价又调到规模为200万台的企业的成本价以下;而现在规模达到1000万台以上时,又把出厂价降到规模为500万台企业的成本价以下。这种在成本下降的基础上所进行的降价,是一种合理的降价。降价的结果是将价格平衡点以下的企业一次又一次大规模淘汰,使行业的集中度不断提高,使行业的规模经济水平不断提高,由此带动整个行业社会必要劳动时间不断下降,进而带来整个行业的成本不断下降。低成本价格必然就低,降价最大的受益者是广大消费者。从1993年格兰仕进入微波炉行业到现在的10年之内,微波炉的价格由每台3000元以上降到每台300元左右,降掉了90%以上,这不能不说是格兰仕的功劳,不能不说是格兰仕对中国广大消费者的巨大贡献。(言之有理即可)

案例7 机会成本是由资源的稀缺性引起的。生产某种产品的机会成本是指生产该产品的经济资源用于其他生产用途所能得到的最高收入。机会成本虽然是一种观念上的成本,但它往往影响人们的决策行为。根据理性人假设,做出经济决策之前必须考虑相应的机会成本。该案例中永安百货公司在将店面出租前考虑的就是出租店面的机会成本,经过计算,发现出租店面的收入高于机会成本,因此出租店面的决策是理性的。(言之有理即可)

第 5 章 企业竞争理论

一、名词解释

1. 总收益(Total Revenue)：总收益是指企业出售一定产量所得到的收入总和，等于某种产品的价格与该产品销售量的乘积。

2. 平均收益(Average Revenue)：平均收益指平均销售每一单位产品所得到的收入，等于总收益除以产量。

3. 边际收益(Marginal Revenue)：边际收益是指每增加一单位产品的销售所增加的收益，等于总收益的变动量除以产量的变动量。

4. 利润(Profit)：企业的利润等于总收益减去总成本。

5. 市场结构(Market Structure)：影响市场竞争程度的因素主要有以下几点：第一，市场上企业的数目；第二，企业所提供的产品的差别程度；第三，单个企业对市场价格的控制程度；第四，企业进入或退出该市场的难易程度。依照这四个标准，人们将市场划分为四种类型，它们分别是：完全竞争市场、垄断竞争市场、寡头垄断市场和完全垄断市场。

6. 集中度(Concentration Ratio)：市场的集中度是指市场中最大的 n 个企业市场占有率的累计数，用 CR_n 表示。

7. HHI 指数(Herfindahl-Hirschman Index)：HHI 指数指的是市场中所有企业市场占有率的平方和，HHI 指数越大，市场垄断程度越高。

8. 斯威齐模型(Sweezy Model)：斯威齐模型也被称为弯折的需求曲线模型。该模型由美国经济学家斯威齐于 1939 年提出。这一模型用来解释一些寡头垄断市场上的价格刚性现象。模型假定，一旦某个寡头降低价格，试图夺取其竞争对手的市场份额，其竞争对手将如法炮制，降低自己产品的价格。如果该寡头提高其产品的价格，它的竞争对手则维持原价格不变，以便夺取其市场份额。

9. 价格领导模型(Price Leadership Model)：价格领导模型是指在一个寡头垄断行业内，由一家企业确定价格作为行业的价格领导者，其他企业以领导者价格为准制定自己的价格决策。充当价格领导者的企业一般都是行业内富有影响力的企业，它们或者具有较大的市场份额，或者拥有较大的成本优势。

10. 卡特尔(Cartel)：如果寡头行业中的主要企业通过明确的，通常是正式的协议来协调其各自的产量、价格或其他诸如销售地区分配等事项，它们就形成一个所谓的卡特尔。卡特尔是一种正式的勾结行为，它能使一个竞争性市场变成一个垄断市场，属于寡头市场的一个特例。

11. 完全垄断市场(Monopoly Market)：完全垄断市场是指整个行业中只有一个企业的市场组织。具体地说，完全垄断的条件主要有这样三点：第一，市场上只有一个企业生产和销售商品；第二，该企业生产和销售的商品没有任何相近的替代品；第三，其他任何企业进入该行业都极为困难或不可能。

12. 寡头垄断市场(Oligopoly Market)：寡头垄断市场又称寡头市场，介于垄断竞争市场和垄断市场之间，是由少数几家大型企业控制某种商品的绝大部分乃至整个市场的一种市场组织形式。寡头垄断市场具有以下几个基本特征：第一，寡头垄断市场上的企业只有少数几个，而每个企业对市场都具有相当大的控制力，它们的行为都会直接影响到整个市场的价格水平；第二，寡头垄断市场中的寡头行为是相互依存的。第三，与完全竞争市场和垄断竞争市场中企业可以自由进出不同，在寡头市场中，企业进出市场相当困难。

13. 垄断竞争市场(Monopolistic Competition Market)：垄断竞争市场是这样一种市场形式，在这个市场中有许多企业生产和销售相近的但又具有差别的商品。垄断竞争市场既具有竞争的因素，又具有垄断的因素。说它具有竞争的因素，是因为在这个市场中有许多生产者和销售者，它们都无法全面控制市场，进出市场比较容易，不存在很大的困难，而且它们所销售的商品都是相近的、可以相互替代的商品；它具有垄断的因素，是因为在这个市场中所销售的商品虽然相近，但都不是同质，而是异质的，因而，这些企业对该商品的市场都具有不同程度的控制力量。

14. 完全竞争市场(Perfect Competition Market)：企业对价格没有任何控制力的市场叫完全竞争市场。完全竞争市场有以下四个特征：第一，市场上存在大量的卖者和买者；第二、对于消费者来说，各企业生产的产品都是同质的；第三，买卖双方具有完全的信息；第四，在长期中，各种要素在不同的产业间可以自由流动。

二、简答题

1. 影响市场竞争程度的因素主要有以下几点：第一，市场上企业的数目；第二，企业所提供的产品的差别程度；第三，单个企业对市场价格的控制程度；第四，企业进入或退出该市场的难易程度。依照这四个标准，人们将市场划分为四种类型，它们分别是：完全竞争市场、垄断竞争市场、寡头垄断市场和完全垄断市场。

完全竞争市场是指企业对价格没有任何控制力的市场。完全竞争市场有以下四个特征：第一，市场上存在大量的卖者和买者；第二，对于消费者来说，各企业生产的产品都是同质的；第三，买卖双方具有完全的信息；第四，在长期中，各种要素在不同的产业间可以自由流动。完全垄断市场是指整个行业中只有一个企业的市场组织。具体地说，完全垄断市场的条件主要有这样三点：第一，市场上只有一个企业生产和销售商品；第二，该企业生产和销售的商品没有任何相近的替代品；第三，其他任何企业进入该行业都极为困难或不可能。垄断竞争市场是这样一种市场形式，在这个市场中有许多企业生产和销售相近的但又具有差别的商品。垄断竞争市场既具有竞争的因素，又具有垄断的因素。说它具有竞争的因素，是因为在这个市场中有许多生产者和销售者，它们都无法全面控制市场，进出市场比较容易，不存在很大的困难，而且它们所销售的商品都是相近的、可以相互替代的商品；它具有垄断的因素，是因为在这个市场中所销售的商品虽然相近，但都不是同质，而是异质的，因而，这些企业对该商品的市场都具有不同程度的控制力量。寡头垄断市场又称寡头市场，介于垄断竞争市场和垄断市场之间，是由少数几家大型企业控制某种商品的绝大部分乃至整个市场的一种市场组织形式。寡头垄断市场具有以下几个基本特征：第一，寡头垄断市场上的企业只有少数几个,而每个企业对市场都具有相当大的控制力,它们的行为都会直接影响到整个市场的价格水平;第二,寡头垄断市场中的寡头行为是相互依存的。第三,与完全竞争市场和垄断竞争市场中企业可以自由进出不同,在寡头市场中,企业进出市场相当困难。

2. 完全竞争市场是指企业对价格没有任何控制力的市场。完全竞争市场有以下四个特征:第一,市场上存在大量的卖者和买者;第二,对于消费者来说,各企业生产的产品都是同质的;第三,买卖双方具有完全的信息;第四,在长期中,各种要素在不同的产业间可以自由流动。

垄断竞争市场是这样一种市场形式,在这个市场中有许多企业生产和销售相近的但又具有差别的商品。垄断竞争市场既具有竞争的因素,又具有垄断的因素。说它具有竞争的因素,是因为在这个市场中有许多生产者和销售者,它们都无法全面控制市场,进出市场比较容易,不存在很大的困难,而且它们所销售的商品都是相近的、可以相互替代的商品;它具有垄断的因素,是因为在这个市场中所销售的商品虽然相近,但都不是同质,而是异质的,因而,这些企业对该商品的市场都具有不同程度的控制力量。

因此两种市场结构的区别主要体现在市场的企业数量,产品的异质性以及企业对于产品价格的控制程度上。

3. 完全竞争市场的基本条件是:第一,市场上存在大量的卖者和买者;第二、对于消费者来说,各企业生产的产品都是同质的;第三,买卖双方具有完全的信息;第四,在长期中,各种要素在不同的产业间可以自由流动。

4. 如果企业得到的利润多于正常利润,一些企业会认为该行业有利可图,因此进入这一行业。这样行业中企业数量上升,行业供给上升,从而使价格下降,直到价格等于长期平均成本曲线的最低点,此时,企业正好得到正常利润,整个行业达到均衡状态。

5. 在古诺模型中,寡头间的反应是一种联合决策,即每个寡头都将对手的行为视为给定,然后根据自己的预测做出决策。而斯塔克伯格模型中,寡头间的反应是一种连续决策,因此,既有领导者又有追随者。如果都是追随者,那么每个企业都将在对手产量或价格的约束下追求利润最大。如果一家企业为领导者,那么它将在对手反应函数的约束下追求利润最大。

6. 形成垄断的原因主要有以下几个:第一,生产者对于原料的控制。一旦生产者控制了某个产业产品生产的原料,而其他生产者无法获得这种原料,那么该生产者就成了该行业的垄断者。第二,专利权。专利法往往规定发明某项制作技术的企业在某些年内享有独家经营的专利权。一旦某企业发明了某项制作技术,并且得到了专利保护,那么在其专利被保护期间,该企业有可能成为这一行业的垄断者。我们只是说获得某项专利保护的企业有可能成为垄断者,但是并非一定成为垄断者。专利权并不必然导致垄断,因为专利权并不能阻止替代品的产生。第三,自然垄断。自然垄断是指某个企业的长期平均成本随着产量的增加而递减,以至于整个行业的产出由一家企业生产比两家或更多家企业生产所耗费的平均成本低。自然垄断企业的一个重要特征是固定成本很高,但增加一单位产量的边际成本却相对很低。因此规模的扩大将使长期平均成本递减。在这种情况下,行业只需要一家企业经营就可以满足整个市场的需求。若由两家或两家以上企业生产将产生较高的平均成本,造成社会资源的浪费。城市的公用事业,比如供水、供电等都带有自然垄断的性质。第四,政府特许权。政府往往授予某个企业垄断经营某种产品的特许权。例如,许多国家的邮政业、某些公用事业都是政府给予某个公司特许的垄断经营权。

三、计算题

1. 在长期均衡时，P 等于 LAC 的最低值，由
$$LAC = LTC/Q = 100 - 6Q + 0.1Q^2$$
LAC 的最低点是当 $\dfrac{dLAC}{dQ} = 0$ 时，即
$$-6 + 0.2Q = 0, Q = 30$$
因此，当 $Q = 30$ 时，有
$$P = LAC = 100 - 6 \times 30 + 0.1 \times 900 = 10$$
所以该机器厂的长期价格应为 10 元。

2. （1）在长期均衡下，需求曲线与平均成本曲线相切，则
$$\frac{dLAC}{dQ} = \frac{dP}{dQ}$$
$$LAC = 462.5 - 6Q + 0.1Q^2$$
$$\frac{dLAC}{dQ} = -6 + 0.3Q, \frac{dP}{dQ} = -1$$
$$-6 + 0.2Q = -1, Q = 25$$
所以此时的价格为：$P = 400 - 25 = 375$。

（2）此时，$LAC = 462.5 - 6 \times 25 + 0.1 \times 625 = 375$，因此 $P = LAC = 375$，故此时经济利润为 0。

（3）因为
$$MC = 462.5 - 12Q + 0.3Q^2$$
将 $Q = 25$ 代入上式，得
$$MC = 462.5 - 300 + 187.5 = 350$$
因为
$$MR = 400 - 2Q$$
将 $Q = 25$ 代入上式，得
$$MR = 400 - 50 = 350$$
综上可得，在长期均衡产量下边际收入等于边际成本。

3. （1）由于 A 企业是一家垄断企业，因此行业供给曲线就是该企业的 MC 曲线，行业的需求曲线就是该企业的需求曲线，即
$$MC = 8Q, \quad MR = 400 - 12Q$$
要使利润最大化，应是 $MR = MC$。
$$8Q = 400 - 12Q$$
$$Q = 20$$
$$P = 400 - 120 = 280(元)$$

（2）经济利润等于总收益减去总成本，故
$$\pi = 280 \times 20 - 150 - 4 \times 400 = 3850(元)$$
A 企业的经济利润为 3850 元。

4. （1）由于该公司拥有一条弯折的需求曲线，因此可以判断该公司属于寡头垄断市场结构。

（2）该公司拥有弯折的需求曲线，因此应分别计算两段需求曲线的最大利润时的价格和产量分别为

$$MR_1 = 90 - 3Q（当 Q \leqslant 20 时）$$
$$MR_2 = 140 - 8Q（当 Q \geqslant 20 时）$$
$$MR_1 = MC, \quad 90 - 3Q = 10 + 2Q, \quad Q = 16(<20)$$

$P = 90 - 24 = 66$，此时利润为 $\pi = 16 \times 66 - 80 - 160 - 256 = 560$，

$$MR_2 = MC, \quad 140 - 8Q = 10 + 2Q, \quad Q = 13(<20)$$

由于此产量不在第二条需求曲线范围内，所以最优产量应取

$$Q = 16, \quad P = 66$$

此时最大利润为 $\pi = 16 \times 66 - 80 - 160 - 256 = 560$。

5. 要使利润达到最大化，必须满足：$MR = MC_1 = MC_2 = MC_3$

$$10 + 0.005Q_1 = 50, \quad Q_1 = 8000$$
$$18 + 0.002Q_2 = 50, \quad Q_2 = 16000$$
$$3.5 + 0.01Q_3 = 50, \quad Q_3 = 4650$$

6. 厂商 1 的利润函数为

$$\pi_1 = TR_1 - C_1 = PQ_1 - C_1 = 300 - 10Q_1 + Q_2Q_1 - 15Q_1 = 285Q_1 - 10Q_1^2 - 10Q_1Q_2$$

厂商利润最大化一阶条件：

$$\frac{\alpha \pi_1}{\alpha Q_1} = 285 - 20Q_1 - 10Q_2 = 0$$

厂商利润最大化二阶条件：

$$\frac{\alpha^2 \pi_1}{\partial Q_1^2} = -20$$

由此得到厂商 1 的反应函数：

$$Q_1 = 14.25 - 0.5Q_2$$

同理，可得厂商 2 的反应函数：

$$Q_2 = 10 - \frac{1}{3}Q_1$$

联立厂商 1 和厂商 2 的反应函数，得

$$Q_1 = 11.1, Q_2 = 6.3$$

7. 企业 1 的利润函数为

$$\pi_1 = TR_1 - C_1 = PQ_1 - C_1 = 500 - 20Q_1 + Q_2Q_1 - 25Q_1 = 475Q_1 - 20Q_1^2 - 20Q_1Q_2$$

企业 2 的反应函数为

$$Q_2 = 10 - 0.4Q_1$$

代入上式可得

$$\pi_1 = 475Q_1 - 20Q_1^2 - 20Q_1(10 - 0.4Q_1)$$

由一阶条件可求得

$$Q_1 = \frac{275}{24}, \quad Q_2 = \frac{65}{12}$$

四、论述题

1. 从长期来看，企业所有的成本都是可变动的，这是因为企业可以选择退出市场，因此固定成本也是可变的。在这种情况下，只要 $P<ATC$，企业就会退出市场。所以，在长期来看，企业的长期供给曲线是 ATC 曲线的 MC 曲线部分。

2. 只有当企业产生正利润时，才会上交所得税，所以所得税税率的变化对于处在亏损状态企业的价格和产量决策是没有影响的。

如果企业处在盈利状态，所得税是对企业的盈利部分按一定比例进行征税，因此不会影响企业的最优产量决策。政府改变所得税税率只会影响企业的上缴税额而不改变企业的生产决策。综上可知，政府改变企业的所得税税率不会改变企业的最优价格和产量决策。

3. 垄断市场上问题的产生是由于企业生产和销售的产量低于使总剩余最大化的产量水平。无论损失量经济蛋糕变小了多少，这种无效率必然与垄断的高价格相关：当企业把价格提高到边际成本以上时，消费者就买得少了。垄断企业仍能从销售的产品数量中赚到的利润，但这并不是问题所在。问题产生于无效率的低产量。换句话说，如果高垄断价格不会阻碍一些消费者购买这些物品，它所增加的生产者剩余就正好是消费者剩余减少的量，而总剩余仍然与仁慈的社会计划者可以达成的一样。

4. 不一定，自然垄断是指某个企业的长期平均成本随着产量的增加而递减，以至于整个行业的产出由一家企业生产比两家或更多家企业生产所耗费的平均成本低。自然垄断企业的一个重要特征是固定成本很高，但增加一单位产量的边际成本却相对很低。因此规模的扩大将使长期平均成本递减。在这种情况下，行业只需要一家企业经营就可以满足整个市场的需求。若由两家或两家以上企业生产将产生较高的平均成本，造成社会资源的浪费。城市的公用事业，比如供水、供电等都带有自然垄断的性质。

5. 我们生活中的卡特尔组织有：石油输出国组织（OPEC）。

如果寡头行业中的主要企业通过明确的，通常是正式的协议来协调其各自的产量、价格或其他诸如销售地区分配等事项，它们就形成一个所谓的卡特尔。卡特尔是一种正式的勾结行为，它能使一个竞争性市场变成一个垄断市场，属于寡头市场的一个特例。

要在某个市场上形成卡特尔，至少需要以下三个条件：第一，卡特尔必须具有提高行业价格的能力。只有在预计卡特尔会提高价格并将其维持在高水平的情况下，企业才会有加入的积极性。这种能力的大小，与卡特尔面临的需求价格弹性有关，弹性越小，卡特尔提价的能力越强。第二，卡特尔成员被政府惩罚的预期较低。只有当成员预期不会被政府抓住并遭到严厉惩罚时，卡特尔才会形成，因为巨额预期罚金将使得卡特尔的预期价值下降。第三，设定和执行卡特尔协定的组织成本必须较低。使组织成本保持在低水平的因素有：① 涉及的厂商数目较少；② 行业高度集中；③ 所有的厂商生产几乎完全相同的产品；④ 行业协会的存在。

五、案例分析

案例 1 从市场占有率来看，微软的市场占有率超过 70%，应该算是一家垄断企业。但是操作系统软件有其特殊性，操作系统是一个演进的过程，没有什么系统是一蹴而就的。

Windows 也是经过了无数次的迭代,才成为了现在这个样子。其中的代码量是非常巨大的,据说,Windows 7 的代码量大概是 5000 万行,是几千名员工,夜以继日的研发了差不多 6 年才最终完成的,其中的投入不可谓不大。而且微软的操作系统一旦完成其他企业再投入巨量资源开发操作系统所获得的收益就会大幅下降。因此,操作系统行业可以算是一个天然垄断的行业。(言之有理即可)。

案例 2 首先,这几个国家虽然拥有大量的铜矿资源但是在国际市场上垄断能力还是不够明显。其次,这些国家的工业实力不足,对铜矿的筛选和加工能力不足,对自身铜矿资源利用不足。最后,铜金属的替代品较多,铜金属价格难以被推高。(言之有理即可)

案例 3 市场中商品的需求和供给决定了其最佳的产量和价格,但是这仅仅是从整体的角度去考虑的。现实中我们还要去考虑消费群体与消费价格相互"匹配"的问题,即低收入人群可能更偏向于低价格产品的消费等。

拼多多的出现很好地解决这一问题,使更多的人以他们能接受的价格选择到了他们需要的产品。(言之有理即可)

案例 4 在完全竞争市场下,市场需要满足以下条件:① 市场上有众多的生产者和消费者,任何一个生产者或消费者都不能影响市场价格。② 企业生产的产品具有同质性,不存在差别。③ 生产者进出市场,不受社会力量的限制。④ 市场交易活动自由、公开,没有人为的限制。⑤ 市场信息畅通准确,市场参与者充分了解各种情况。⑥ 各种资源都能够充分地流动。

因此,一家饭店即使通过差异化也不能获得短期的超额利润,因为在完全竞争市场上没有企业可以获得超额利润。(言之有理即可)

案例 5 体制转轨各个方面不同步,会导致"竞争失效",不能产生优胜劣汰作用,导致"过度竞争"问题,解决这个问题要靠深入、全面推进体制改革。

我国制造业中各类企业的效率水平差别较大,市场竞争应该能够产生显著的优胜劣汰作用。但是,当不同类型的企业能以不同的价格获得要素、低效益企业能长期得到补贴、亏损企业无法被淘汰时,产品市场竞争的作用就会被削弱、扭曲甚至反向发挥作用,这是渐进改革方式的最大缺陷。要使渐进式改革可行,必须使改革渐进但持续推进,不能在某个阶段停留时间过长,也不能绕过某些重要环节,否则就要付出增长和效益方面的高昂代价。(言之有理即可)

案例 6 (1) 差异化战略。海尔在实施品牌战略的阶段,别的企业上产量,而海尔扑下身子抓质量,最终在消费者心目中树立起质量超群的国产品牌形象,并且海尔以星级服务为特色的营销方式和顾客导向的产品改进与开发,三位一体形成了一个高效率、高品质的经营管理体系,由此可见,海尔从品牌和服务方面采取了差异化战略。

(2) 成本领先战略。20 世纪 90 年代初,海尔集团年利润不过 3000 多万元。因此其发展必须采取低成本扩张的方式。由此可以看出,海尔采用了成本领先战略。

(3) 多元化战略。海尔在 20 世纪 90 年代将自己扩展为一个横跨白色家电、黑色家电、米色家电、各种小家电以及制药、生物工程、金融服务等领域的多部门公司。海尔为适应其多产品的产业格局,在组织结构上完成了事业部制结构的改造,形成了成本中心、利润中心和资源调度中心的三级架构。由此可以看出,海尔采用了多元化战略。(言之有理即可)

案例7 范围经济是指生产两种及以上的产品的成本低于分开生产那些产品的成本。滨化集团同时生产成品油和氯碱,减少了生产成本。规模经济是指规模变大会使产品成本变低。滨化集团扩大规模进行生产,降低了其成本。滨化集团将范围经济和规模经济相结合,使企业发展得更好。一个企业若能把握范围经济和规模经济带来的优势,则能提高企业的竞争力,市场冲击的承受能力更强。(言之有理即可)

第6章 企业定价理论

一、名词解释

1. 定价目标(Pricing Objectives)：企业定价目标是指企业在产品定价过程中所需达到的目标和要求，也就是指企业通过合理地制定价格所要实现的经营目标和意图。企业定价目标是指导企业定价行为的专门化目标，它在企业的价格决策活动中发挥着主导作用，因此，企业所有的产品定价实践，都要根据价格目标的要求来进行。

2. 成本加成定价法(Cost-plus Pricing)：成本加成定价法是最常见的一种定价方法。它是以全部成本(变动成本与固定成本之和)作为定价的基础，其计算方法是在产品的平均成本基础上增加一定的百分比作为利润，产品价格就等于单位平均成本加利润。

3. 增量分析定价法(Incremental-cost Pricing)：增量分析定价法主要是分析企业接受新任务后是否有增量利润。如果增量利润为正值，说明新任务的价格是可以接受的；如果增量利润为负值，说明新任务的价格是不可接受的。

4. 差别定价法(Discrimination Pricing)：差别定价法也被称为价格歧视，是指企业对同一种产品，针对不同的顾客、不同的市场、不同的时间或者不同的销售数量采取不同的价格，并且这些不同的价格并非是因为成本的不同而造成的。

5. 多产品定价法(Multiple Products Pricing)：如果厂商生产的多种产品之间，在需求或生产方面没有相互关系，要根据利润最大化确定各种产品最优价格的产量，只要找出每种产品 $MR=MC$ 的交点，通过使每种产品的利润最大化，可实现整个厂商总利润最大。

6. 转移定价法(Transfer Pricing)：现代企业往往有很多分公司或分支机构，它们是相对独立的利润中心，一般都自主经营，自负盈亏。由于各分公司的产品彼此关联，一个分公司的产出，正好是另一个分公司的投入，因此它们的定价相互影响。转移价格是指分公司与分公司之间进行中间产品转让时的中间产品的价格。

7. 心理定价策略(Psychological Pricing)：消费者的购买行为固然受到购买力的约束，但购买行为也在很大程度上取决于买方的心理状态。因此，企业定价一定要迎合消费者的需求，制定出使消费者心理得到满足的价格。

8. 折扣定价策略(Discount pricing)：折扣定价策略是指企业在向消费者出售产品时，直接或间接地以低于目录价格的价格打折出售，实质上是一种优惠策略，即在正常价格的基础上，根据各种优惠条件给购买者以不同的优惠，以此来刺激购买者大量购买或连续购买。

9. 新产品定价策略(New Products Pricing)：新产品是指处于导入期的产品，因此，这种产品的价格决策通常是在很少掌握需求、成本、竞争状况等诸多因素的情况下进行的。在实践中，新产品定价有两种互相对立的基本策略可供选择：一种是撇脂定价法，先制定高价，随着时间的推移,再逐步降价;另一种是渗透定价法,先制定低价,一段时间后,再逐渐提高价格。

10. 高峰负荷定价法(Peak-load Pricing):高峰负荷定价就是指对高峰需求期间的消费者制定高价格,而对非高峰需求期间的消费者制定低价格。

11. 地区性定价策略(Geographical Pricing):一般来说,企业生产的产品不仅要出售给本地的消费者,也要出售给外地的消费者。因此,商品的销售就涉及商品在空间上的转移问题,如何在产品定价中考虑商品在地理空间上的转移所引致的费用补偿,直接影响到企业的利润和产品的市场占有率。

二、简答题

1. 企业产品价格制定受到多种因素的影响,主要包括以下五个方面:① 成本因素,成本是影响企业价格制定的首要因素。企业在生产产品时,必然要发生一定的投入成本,因此在定价时,首先要考虑成本的回收问题,成本水平也就在一定程度上决定了产品的价格底限。② 市场因素,主要考虑市场需求、市场结构和市场竞争对企业价格制定的影响。③ 自然因素,主要考虑的是产品种类、产品理化属性、产品需求弹性和产品生命周期对企业价格的影响。④ 政策因素,一国的宏观经济政策也会对企业产品定价产生重要影响。⑤ 社会因素,社会因素对产品价格的影响一般是通过间接途径来完成的,因而是一种软约束,在影响产品价格的社会因素中,最重要的是社会心理因素和社会文化因素。

2. 增量分析定价法与成本加成定价法的共同点都是以成本为基础,不同之点是前者以全部成本为基础,而增量分析定价法则是以增量成本作为定价基础,只要增量收入大于增量成本,这个价格就是可以接受的。由此可见,增量分析定价法可以看作边际分析模型的具体应用。在这里,增量收入相当于边际收益,增量成本相当于边际成本,当增量收入等于增量成本时,即相当于边际收益等于边际成本时,企业实现利润的最大化。

3. 差别定价法也被称为价格歧视,是指企业对同一种产品,针对不同的顾客、不同的市场、不同的时间或者不同的销售数量索取不同的价格,并且这些不同的价格并非是因为成本的不同而造成的。差别定价法在现实生活中比比皆是,主要的可以分为这样几种:① 针对不同顾客的差别定价。② 针对不同市场的差别定价。③ 针对不同时间的差别定价。④ 针对不同数量的差别定价。

4. 在很多产品或服务的市场上,有的时间段需求会高一些,而有的时间段需求可能会低一些。如果在高峰期间,厂商所面临的需求非常大,厂商可能没有能力以同样的价格向所有的消费者提供服务,在这种情况下,厂商就可以采用高峰负荷定价法,通过制定不同的价格用同样的设施或服务向不同时点上的几个市场供应产品或服务,从而增加利润。因此,高峰负荷定价就是指对高峰需求期间的消费者制定高价格,而对非高峰需求期间的消费者制定低价格。

5. 撇脂定价法一般适合于以下情况:第一,给产品定高价仍有较大市场需求。市场有足够的购买者,他们的需求缺乏弹性,即使把价格定得很高,市场需求也不会大量减少;高价使需求减少一些,因而产量减少一些。单位成本增加一些,但这不至于抵消高价所带来的利益。第二,产品拥有专利或技术秘密。研制这种新产品难度较大,用高价也不怕竞争者和替代品迅速进入市场。第三,企业生产能力有限或无意大量生产该产品。尽管低产量会造成高成本,高价格又会减少一些需求,但采用高价低产比低价增产有较多收益。第四,可树立新产品高级、质优的形象。第五,对新产品未来的需求或成本没把握。定价低则风险大,先以高价销售,以后降价也不至亏损。

三、论述题

1. 差别定价的存在需要满足以下条件:

（1）企业必须有一定的垄断能力。在一个完全竞争市场上,企业只是一个价格的接受者,一旦把价格定得略高于市场价格,企业就会失去所有的消费者。

（2）实行差别定价的企业必须能够有效地分割市场。也就是说,在实行差别定价的市场之间,消费者不能直接倒卖商品。否则,商品套利者就会从低价市场购入商品转而到高价市场上出售,以赚取差价。这一行为将促使低价市场上供给量减少,价格上涨,而高价市场上供应量增加,价格下跌,最终两个市场价格趋于相等。因此,实行差别定价的产品大多是一些一次性消费的产品或劳务,它们是无法转让的。电力、煤气等商品要求在生产者和消费者的设备之间有物质连接,因此这类商品转售极为困难,所以公用事业收费中能够广泛采用差别定价。

（3）不同市场的价格弹性不同。前两个条件只是保证差别定价可行,这个条件则保证了差别定价有利可图。之所以要实行差别定价,就是为了利用不同市场的价格弹性不同,采取不同的价格,以取得最大利润。对于需求弹性大的市场,制定低价;需求弹性小的市场,制定高价,这样对不同的市场实行不同的价格,可以使总收入增加。如果不同市场的需求弹性都相同,分割市场也就没有意义了。

（4）必须在政府的政策和法律允许范围内。某些产品的价格特别是差别价格是政府限制的,例如,城市出租车就不允许对国外、国内顾客采用不同价格,也不允许对残疾人和一般人采用不同价格。

2. 增量分析定价法主要是分析企业接受新任务后是否有增量利润。如果增量利润为正值,说明新任务的价格是可以接受的;如果增量利润为负值,说明新任务的价格是不可接受的。增量利润等于接受新任务引起的增量收入减增量成本。

增量分析定价法与成本加成定价法的共同点都是以成本为基础,不同之点是前者以全部成本为基础,而增量分析定价法则是以增量成本作为定价基础,只要增量收入大于增量成本,这个价格就是可以接受的。由此可见,增量分析定价法可以看作边际分析模型的具体应用。在这里,增量收入相当于边际收益,增量成本相当于边际成本,当增量收入等于增量成本时,即相当于边际收益等于边际成本时,企业实现利润的最大化。

3. 由于各个企业所处的内部条件和外部经营环境不同,不同企业在不同的时期、不同的目标市场,其价格决策的具体目标是不同的。在企业经营中,常见的定价决策目标主要有以下几种:① 获取最大利润,追求并获取最大限度的利润是绝大多数企业生产经营活动的重要目标之一,企业可以通过价格获取最大利润。② 获取合理的投资收益率,对企业来说,任何一项投资行为都希望能获得预期的回报,这种预期的报酬水平通常是通过投资收益率来反映的。③ 维持和提高市场占有率,市场是企业的生存基础,保持和扩大市场占有率,无论对于大企业还是对中、小企业来说,都是至关重要的。④ 稳定产品价格,市场竞争导致供求关系变化,进而导致产品价格波动。如果产品的价格波动较为剧烈和频繁,则容易造成市场的紊乱,影响消费者的预期和购买决策,同时也会损害产品乃至企业在顾客心目中的形象。⑤ 应付或防止竞争,竞争是市场经济的本质特征,每一个企业都必须面对严酷的市场竞争。价格在市场竞争中是最有效、最敏感的竞争手段,因此,企业在制定价格时,应将如何应付和防止价格竞争作为定价目标之一,通常是以对产品价格有决定影响的竞争者的价格为基础,在比较权衡的基础上,确定本企业的价格目标。⑥ 保持良好的分销渠道,随着卖方市场向买方市场的转变,产品的销售日益困难,建立并且保持良好的分销渠道也就显得日趋重要。⑦ 提升企业及产品品牌形象,企业为了提升自身形象或树立良好产品品牌形象,一般通过两种途径:一是制定高价,二是制定大众化价格或平价。

5. 折扣定价策略是指企业在向消费者出售产品时,直接或间接地以低于目录价格的价格打折出售,实质上是一种优惠策略,即在正常价格的基础上,根据各种优惠条件给购买者以不同的优惠,以此来刺激购买者大量购买或连续购买。折扣定价策略这主要包括:① 数量折扣策略,数量折扣策略是生产企业为鼓励顾客集中购买或大量购买所采取的一种策略,它是按照购买数量或金额,分别给予顾客不同的折扣比率,购买数量愈多,折扣愈大。数量折扣又可分为累计数量折扣和非累计数量折扣两种形式。累计数量折扣规定顾客在一定时间内,购买产品达到一定数量或金额,则按其总量给予一定折扣,其目的在于鼓励顾客经常向本企业购买,为可信赖的老客户建立长期的购销关系。非累计数量折扣规定顾客一次购买某种产品达到一定数量或购买多种产品达到一定金额,则给予折扣优惠,其目的是鼓励顾客大批量购买,促进产品多销、快销,从而降低企业的销售费用。② 功能折扣策略,功能折扣策略是指生产企业根据经销其产品的中间商在产品分销过程中所处的不同环节及其所承担的不同功能、责任和风险,给予不同的价格折扣。③ 付现折扣策略,付现折扣策略是指企业对按约定日期付款或提前付款的顾客给予一定的价格折扣。它是在"信用购货"这个特定的条件下产生的,在日本、美国等市场经济发达国家比较流行,其目的在于促进产品销售,鼓励客户按期或提前支付欠款,减少企业的利率风险,加速资金周转,从而增加企业利润。④ 季节折扣策略,季节折扣策略是指生产季节性消费产品的企业对在消费淡季购买产品的客户提供价格优惠,其目的在于鼓励顾客淡季购买。这种策略有利于企业提前准备货源,减少企业的仓储费用,加快企业资金的周转,有利于产品均衡生产和均衡上市,从而有助于企业增加利润。

四、计算题

1. 由于平均可变成本 $AVC=10$ 元,平均固定成本 $AFC=250/50=5$ 元,则平均成本 $AC=15$ 元,所以价格 $P=AC(1+30\%)=19.5$ 元。

定出产品价格为 19.5 元后,还应根据市场情况适当加以调整,如果其他企业与其相竞争的产品价格低于 19.5 元,或估计若按 19.5 元定价,销售量将达不到标准产量 50 万件,就要适当降低利润率,以调低价格。

2. 开辟支线增加的收入 $400\times200=80000$ 元;开辟支线引致干线增加的收入 120000 元;由此可得增量收入为 200000 元。

开辟支线增加的成本 120000 元;开辟支线引致干线增加的成本 70000 元;由此可得增量成本为 190000 元。

所以,增量利润=增量收入-增量成本=10000 元。

3. 根据两个市场的需求函数可以给出两个市场的边际收益曲线:$MR_1=40-8Q_1$;$MR_2=16-2Q_2$;

为使利润最大化，令 $MR_1 = MR_2 = MC$，有
$$40 - 8Q_1 = 8, \quad Q_1 = 4$$
$$16 - 2Q_2 = 8, \quad Q_2 = 4$$
代入到需求函数，即可得到：$P_1 = 24$；$P_2 = 12$。

4. 根据公司 B 面临的市场需求曲线函数，可得相应的最终产品边际收益函数为
$$MR_2 = 1000 - 20Q$$
最终产品的边际成本为：$MC = MC_1 + MC_2 = 200 + 20Q$；令 $MR_2 = MC$，有
$$1000 - 20Q = 200 + 20Q；$$
则有 $Q = 20$，此时，公司 A 的边际成本 $MC_1 = 480$。

在无外部市场条件下，中间产品的转移价格应当等于其边际成本，所以有
$$P_1 = MC_1 = 80$$

五、案例分析

案例 1 皇家集团的主要定价策略为差别定价法。

差别定价或价格歧视按照差异价格的细分程度，可分为三种类型：一级价格歧视、二级价格歧视和三级价格歧视。

一级价格歧视是指具有垄断地位的厂商在销售产品时，按不同消费者可以接受的最高价格，给商品规定不同卖价出售的情况。一级差别价格是差别程度最高的极端情况，因此也叫作完全价格歧视。二级价格歧视是厂商更普遍采用的差别定价法，它是指垄断企业把产品分成不同的销售数量段，对不同的销售数量段制定不同价格，部分地榨取消费者剩余。三级价格歧视是指垄断企业在不同的市场上对同样的商品制定不同的价格。

差别定价的存在需要满足以下条件：第一，企业必须有一定的垄断能力。在一个完全竞争市场上，企业只是一个价格的接受者，一旦把价格定得略高于市场价格，企业就会失去所有的消费者。第二，实行差别定价的企业必须能够有效地分割市场。也就是说，在实行差别定价的市场之间，消费者不能直接倒卖商品。否则，商品套利者就会从低价市场购入商品转而到高价市场上出售，以赚取差价。这一行为将促使低价市场上供给量减少，价格上涨，而高价市场上供应量增加，价格下跌，最终两个市场价格趋于相等。因此，实行差别定价的产品大多是一些一次性消费的产品或劳务，它们是无法转让的。电力、煤气等商品要求在生产者和消费者的设备之间有物质连接，因此这类商品转售极为困难，所以公用事业收费中能够广泛采用差别定价。第三，不同市场的价格弹性不同。前两个条件只是保证差别定价可行，这个条件则保证了差别定价有利可图。之所以要实行差别定价，就是为了利用不同市场的价格弹性不同，采取不同的价格，以取得最大利润。对于需求弹性大的市场，制定低价；需求弹性小的市场，制定高价，这样对不同的市场实行不同的价格，可以使总收入增加。如果不同市场的需求弹性都相同，分割市场也就没有意义了。第四，必须在政府的政策和法律允许范围内。某些产品的价格特别是差别价格是政府限制的，例如，城市出租车就不允许对国外、国内顾客采用不同价格，也不允许对残疾人和一般人采用不同价格。（言之有理即可）

案例 2 本例主要使用了地区定价法和折扣定价法。

地区性定价策略主要包括：① 统一交货定价策略，统一交货定价策略就是企业对不同

地区的顾客卖出同一种产品都按照相同的价格出售。运用这种策略定价,实际上卖方已将产品运往各地的实际运费加以平均后计入售价之中,也就是说,按照这种统一价格销售产品,较近产地的购买者为较远的购买者支付了一部分运费,当运费在产品销售价格中所占比重较小时,采用这种定价策略较为适宜。② 产地定价策略,产地定价策略是指企业以产品的产地为标准制定统一的销售价格,购买者必须支付全部的运费并承担运输中的风险。这种定价策略简化了生产企业的定价工作,但是它对距离产地较远市场的购买者较为不利,而距离产地较近的市场由于运费较低产品市场竞争力较强,因此,这种定价策略对扩大产品市场范围有不利影响。③ 分区定价策略,分区定价策略是上述两种定价策略的结合,是指企业把全部市场区域分成几个价格区,对于同一种产品,分别在不同价格区制定不同的地区价格。对于距离企业较远的价格区制定较高的产品价格,而对于距离企业较近的价格区制定较低的产品价格,在各个价格区内实行统一的产品价格。这种定价策略比较简便易行,但同时也造成同一价格区内相距较远的顾客购买产品价格一致、不同价格区相距较近的顾客购买产品价格差异较大等不公平的现象。④ 运费分摊定价策略,在顾客全部负担运费的情况下,距离产地较远的市场上顾客支付的价格较高,从而导致在这些市场上企业产品的竞争力下降,势必影响到企业产品的销售和市场范围的拓展。为了避免这种现象,企业可以采用运费分摊定价策略,主动分摊购买者的一部分运输费用,以增加产品对顾客的吸引力。采用运费分摊定价策略,生产企业对于距离较远地区的买方,通常只在正常出厂价格之上附加实际运输费用的一部分作为售价,产品运输费用的另一部分则由生产企业负担。这种定价策略较适用于试图扩大市场占有率、增加销售量的企业。

折扣定价策略是指企业在向消费者出售产品时,直接或间接地以低于目录价格的价格打折出售,实质上是一种优惠策略,即在正常价格的基础上,根据各种优惠条件给购买者以不同的优惠,以此来刺激购买者大量购买或连续购买。折扣定价策略这主要包括:① 数量折扣策略,数量折扣策略是生产企业为鼓励顾客集中购买或大量购买所采取的一种策略,它是按照购买数量或金额,分别给予顾客不同的折扣比率,购买数量愈多,折扣愈大。数量折扣又可分为累计数量折扣和非累计数量折扣两种形式。累计数量折扣规定顾客在一定时间内,购买产品达到一定数量或金额,则按其总量给予一定折扣,其目的在于鼓励顾客经常向本企业购买,为可信赖的老客户建立长期的购销关系。非累计数量折扣规定顾客一次购买某种产品达到一定数量或购买多种产品达到一定金额,则给予折扣优惠,其目的是鼓励顾客大批量购买,促进产品多销、快销,从而降低企业的销售费用。② 功能折扣策略,功能折扣策略是指生产企业根据经销其产品的中间商在产品分销过程中所处的不同环节及其所承担的不同功能、责任和风险,给予不同的价格折扣。③ 付现折扣策略,付现折扣策略是指企业对按约定日期付款或提前付款的顾客给予一定的价格折扣。它是在"信用购货"这个特定的条件下产生的,在日本、美国等市场经济发达国家比较流行,其目的在于促进产品销售,鼓励客户按期或提前支付欠款,减少企业的利率风险,加速资金周转,从而增加企业利润。④ 季节折扣策略,季节折扣策略是指生产季节性消费产品的企业对在消费淡季购买产品的客户提供价格优惠,其目的在于鼓励顾客淡季购买。这种策略有利于企业提前准备货源,减少企业的仓储费用,加快企业资金的周转,有利于产品均衡生产和均衡上市,从而有助于企业增加利润。(言之有理即可)

案例3 成本加成定价法是最常见的一种定价方法。它是以全部成本(变动成本与固定成本之和)作为定价的基础,其计算方法是在产品的平均成本基础上增加一定的百分比作为利润,产品价格就等于单位平均成本加利润。按照这种定价方法,产品的价格分三步来确定。

第一步,估计单位产品的平均可变成本(如直接材料费、直接人工费等);

第二步,估计固定费用,然后按照标准产量(一般为生产能力的2/3~4/5)把固定费用分摊到单位产品上去,求得平均固定成本,再加上平均可变成本得出平均成本;

第三步,在全部成本上加上按目标利润率计算的利润额,即得出价格。

目标投资收益率定价法是成本加成定价法的变型。它与成本加成定价法的共同点都是在全部成本的基础上加一笔利润,不同的是成本加成定价法中的利润是按成本利润率计算的,而目标投资收益率定价法中的利润则按目标投资收益率来计算。由此可见,在采取这种方法实施定价时,最重要的在于确定产品成本加成的百分比,即目标利润率。理论上,按照利润最大化目标,在价格确定时是存在最优加成比率的。我们知道,在不完全竞争的市场中,$MR=P(1-1/E_d)$,其中E_d为产品需求价格弹性。按照利润最大化原则$MR=MC$,则有$MC=P(1-1/E_d)$。当产品平均成本变动不大时,MC近似等于AC,则$AC=P(1-1/E_d)$,即$P=AC[1+1/(E_d-1)]$。$1/(E_d-1)$就是企业最优的加成比率,可根据企业产品的需求价格弹性确定目标利润率。(言之有理即可)

案例4 科龙集团的定价看似违背常理,但是市场却依然买账。主要原因就是科龙自身在涨价之前已经积累了足够多的涨价筹码,首先科龙冰箱质量过硬,为优质的产品出更高的价格合情合理。其次,科龙冰箱拥有强大的声誉,让科龙冰箱可以通过提价获得超额利润。最后,在当时的市场情况下,科龙没有足够强大的竞争对手,使科龙集团可以涨价还不用担心市场份额被抢夺。(言之有理即可)

案例5 这一定价策略,一方面提高了史密诺夫酒的地位,同时使竞争对手新产品沦为一种普通的品牌。结果,休布雷公司不仅渡过了难关,而且利润大增。实际上,休布雷公司的3种产品的味道和成分几乎相同,只是该公司懂得以不同的价格来销售相同的产品策略而已。(言之有理即可)

案例6 折扣营销定价策略是通过减少一部分价格以争取顾客的策略,在现实生活中应用十分广泛,用折让手法定价就是用降价定价或折扣等方式来争取顾客购货的一种售货方式。该西服店利用消费者的消费心理,想要买到便宜的商品,却又担心是否还留有库存的心理。是一种非常漂亮的销售策略。首先,宣布销售天数的折扣方法,来吸引顾客,引起顾客的注意,用超低的折扣来吸引。同时在前两天,不少顾客前来视察商品,顾客人数增加,引起消费者思考到最后两天来购买会不会没有商品,所以最终消费者经过博弈之后,选择了中间几天来进行购买,选择一个自己能够接受又不会太亏的折扣进行购买。(言之有理即可)

案例7 差别定价策略是指对同一产品针对不同的顾客、不同的市场制定不同的价格的策略。其种类主要有:① 以顾客为基础的差别定价策略;② 以产品形式为基础的差别定价策略;③ 以产品部位为基础的差别定价策略和以时间为基础的差别定价策略。

因此企业开展差别定价策略需要注意两个重要方面:首先,差别定价策略存在着巨大的风险,一旦失败,它不仅会直接影响到产品的销售,而且可能会对公司经营造成全方位的负面影响,公司失去的可能不仅是最终消费者的信任,而且还会有渠道伙伴的信任,可谓"一招不慎,满盘皆输"。所以,实施差别定价必须慎之又慎,尤其是当公司管理层面临短期目标压力时更应如此。具体分析时,首先要从公司的整体发展战略、与行业中主流营销伦理的符合程度以及公司的市场地位等方面进行全面的分析。其次,一旦决定实施差别定价,那么选择适当的差别定价方法就非常关键。这不仅意味着要满足微观经济学提出的三个基本条件,而且更重要的是要使用各种方法造成产品的差别化,力争避免赤裸裸的差别定价。

具体原因:① 战略制定方面。首先,亚马逊的差别定价策略同其一贯的价值主张相违背。其次,亚马逊的差别定价策略侵害了顾客隐私,有违背基本的网络营销伦理。此外,亚马逊的行为同其市场地位不相符合。② 具体实施方面。首先,DVD市场的分散程度很高,而亚马逊不过是众多经销商中的一个,所以从严格意义上讲,亚马逊并不是DVD价格的制定者。其次,亚马逊歧视老顾客的差别定价方案同关系营销的理论相背离。最后,亚马逊还忽略了虚拟社区促进消费者信息交流方面的巨大作用,消费者通过信息共享显著提升了其市场力量。

综上所述,在网络营销中运用差别定价策略存在很大的风险,在选择使用时必须慎之又慎,否则,很可能适得其反,给公司经营造成许多麻烦。在实施差别定价策略时,通过使产品差别化而避免赤裸裸的差别定价是避免失败的一个关键所在。(言之有理即可)

案例8 新产品的定价是营销策略中一个十分重要的问题。它关系到新产品能否顺利地进入市场,能否站稳脚跟,能否获得较大的经济效益。目前,国内外关于新产品的定价策略,主要有三种,即取脂定价策略、渗透定价策略和满意定价策略。

此案例主要涉及取脂定价策略。取脂定价策略,又称撇脂定价策略,是指企业在产品寿命周期的投入期或成长期,利用消费者的求新、求奇心理,抓住激烈竞争尚未出现的有利时机,有目的地将价格定得很高,以使在短期内获取尽可能多的利润,尽快地收回投资的一种定价策略。其名称来自从鲜奶中撇取乳脂,含有提取精华之意。(言之有理即可)

案例9 首先,作为工业产品中的新产品,在进入市场初期,即产品的引导期,与新潮产品的定价策略是有很大差异的,不能像快消品一样在产品的初期即要快速收回成本从而制定能获取高利润价格,工业品的周期性比较长,应该考虑如何进入市场,取得一定的市场份额,这是首要的,因此要制定一个招徕价格的策略来切入市场,占领市场份额,获得大批量订单,规模生产,以摊薄产品成本,从而获得利润,采用薄利多销的形式。

其次,该产品虽然有一些特点,但同时应该注意到,这种特点并非是企业生产过程中必需的因质,因此就不可能期望通过形成垄断来获得高额利润,如果定价过高一定会影响到市场,可以看出市场给出了理性的反应。

再次,该公司错误地估计了国内市场形势及企业的购买力,企业经过3年多时间的市场推广,在没有获得理想市场的情况下,依然坚持其定价策略,不对其价格进行调整,然而又不能跟随市场需求变化而变化,显然缺乏灵活性,直到有同业竞争出现时才被动地降价,失去了先机,本来拥有完全的主动权现在却陷入被动。

最后,出现目前的情况也不是没有转机,毕竟在技术上还是拥有一些优势,多一个竞争对手虽然要被分享一些市场份额,但是可以一起把这个市场做大,该企业应时刻注意到与竞争对手保持相对优势,目前最好把定价放得更低一些,尽快使自己的产品快速步入成长期,扩大市场占有率。开通很好的市场销路,然后扩大市场份额,再次取得主动权,这才是企业的当务之急。加快公司运转,开发新技术;提高员工技能和素质,以获取更高的利润。(言之有理即可)

第 7 章　企业风险理论

一、名词解释

1. 企业风险(Enterprise Risk)：风险的基本含义是未来结果的不确定性。企业风险对企业而言是一个广义的概念，是指企业在其生产经营活动的各个环节可能遭受到的损失威胁，涉及的范围相当广泛。不管是在采购、生产、销售等不同的经营过程中，还是在计划、组织、决策等不同职能领域里，企业所遇到的风险都统称为企业风险，是企业在未来经营中面临的可能对其经营目标产生影响的所有不确定性。企业要想取得预期的回报，就必须很好地管理风险。

2. 风险识别(Risk Identification)：风险识别是指在风险事故发生之前，企业运用各种方法系统地、连续地认识生产、经营过程中所面临各种风险以及风险事故发生的潜在原因，是整个风险管理过程的基本环节。只有系统、正确地识别企业所面临的各种风险，风险管理经理才可能有针对性地进行风险衡量，并从企业整体角度出发，按照风险对企业的影响程度，采取有效的控制与管理措施，实现预定的风险管理目标。

3. 敏感性分析(Sensitivity Analysis)：在投资决策中需要考虑的数据(变量)很多，如净现金投资量、净现金效益量、方案寿命、残值和资金成本等。但由于投资决策是长期决策，对这些数据的估计很难确定，实际数字与估计数据难免存在出入。如果出入很大，则很可能导致决策错误。敏感性分析定义是对为实际数字与估计值的偏离程度对投资决策所产生的影响进行分析的方法。

4. 杜邦分析法(DuPont Analysis)：杜邦分析法，又称杜邦财务分析体系，简称杜邦体系，是利用各主要财务比率指标间的内在联系，对企业财务状况及经济效益进行综合系统分析评价的方法。该体系是以净资产收益率为龙头，以资产净利率和权益乘数为核心，重点揭示企业获利能力及权益乘数对净资产收益率的影响，以及各相关指标间的相互影响作用关系。

5. 风险调整后的贴现率(Risk-adjusted Discount Rate)：经过风险调整后的贴现率是在计算方案的净现金效益的现值时，对有风险的方案根据其风险的大小提高其贴现率，经过风险调整后的贴现率是无风险的贴现率与风险补偿率之和。

6. 信息的价值(The Value of Information)：信息的价值是指根据决策者已掌握的信息来做决策可能得到的收益与如果决策者经过进一步收集信息能确定地了解决策的结果之后来做决定而得到的收益之间的差额。

7. 最小最大惋惜规则(Minimax Regret Rule)：最小最大惋惜规则也称为后悔值法，后悔值是指决策者失策所造成的损失价值。该决策准则要求决策者在选择决策方案所产生的后悔值最小。其决策方法是先确定后悔值，即最大收益与其他方案收益值之差。然后从最大后悔值中选择一个最小的,作为备选的最优方案。

二、简答题

1. 企业风险的特点主要有:① 突发性,企业风险的爆发通常具有偶然性和较强的随机性。② 客观性。风险的存在是不以人们的意志为转移的客观事物,决定风险的各种因素是客观存在的。③ 无形性。风险是看不见、摸不着的一项无形要素。④ 多变性。风险的种类、性质、大小等内在要素均会随着企业内、外条件的变化而呈动态变化的特征。⑤ 损失与收益的对称性。风险可能对事物造成损失,也伴随着盈利的可能。通常,风险越大,可能的回报率越高。

企业风险的分类标准是相对而言的,根据不同的分类标准有着不同的分类结果:根据风险产生的原因可以把企业风险分为自然风险和人为风险。根据风险的性质可以把企业风险分为静态风险和动态风险。根据风险的对象可以把企业风险分为财产风险、人身风险和责任风险。根据风险承受能力可以把企业风险分为可接受的风险和不可接受的风险。根据风险产生的企业内外环境可以把企业风险分为环境风险、过程风险和决策信息风险。除此之外,企业风险还可以根据业务类型,分为本金风险、通货膨胀风险、存货风险、流动性风险、利率风险或信用风险、外汇风险和新产品开发风险等。

2. ① 回避风险,如不涉及风险很大的项目等;② 减少风险,如尽量在投资前做周密的调查,建立预防制度等;③ 分散风险,如投资者通过资产组合或者经营者通过多样化经营来降低风险;④ 承担风险,如大公司的自我保险;⑤ 转移风险,如购买保险、分包业务等。

3. 根据企业对信息的掌握程度,可以将决策分为确定条件下的决策,风险条件下的决策,不确定条件下的决策。

当企业管理者能够准确预测执行决策将来可能得出的结果时,是确定条件下的决策。这时可以采用线性规划等方法来进行决策。

当企业管理者能够预测出执行决策将来可能得出几种结果的概率是多少时,是风险条件下的决策。这时可以采用决策树、敏感性分析等方法来进行决策。当企业管理者不能够预测出执行决策将来可能得出几种结果的概率是多少时,是不确定条件下的决策。这时可以采用最大最小收益决策法、最大最小遗憾值决策法等方法来进行决策。

4. 风险管理的目标可分为总目标和具体目标两个层次。风险管理的总目标是以最小的风险管理成本获得最大的安全保障。这里的成本包括人力、物力、财力,乃至放弃一切的收益机会,此外还包括忧虑价值。以最小的风险管理成本获得最大的安全保障这一总目标的确立,意味着要坚持成本效益比较的原则。风险管理的具体目标分为损前目标和损后目标,所谓损前目标是风险事故发生之前,风险管理应达到的目标,可以分为:① 经济目标,风险管理只有经济合理才能保证其总目标的实现。经济合理就是尽量减少不必要的开支和损失,尽可能使风险管理计划成本降低。② 安全系数目标,即将风险控制在可承受的范围之内。③ 合法性目标,因为企业并不是社会之外的个体,它受到各种各样法律规章的制约。④ 社会公众责任目标。因为风险管理计划不可能清除企业的风险,所以确定损失后的目标有其必要性。损后目标从最低的生存目标到最高的持续增长的目标,风险管理成本随之上升。① 生存目标,这是企业发生重大损失后的首要目标。② 持续经营目标。它指不因为损失事件的发生而使企业生产经营活动中断。③ 获得能力目标。④ 收益稳定目标,它可帮助企业树立正常发展的良好形象,增强投资者的投资信心。⑤ 发展的目标。⑥ 社会责任目标。

三、计算题

1. 三种方案相关数据如表 2.7.1 所示。

表 2.7.1　三种方案数据对比

损失金额(万元)	0	30	100	300	800	1000
损失概率	0.8	0.1	0.08	0.017	0.002	0.001
自留	0	30	100	300	800	1000
部分投保,部分自留	4.2	4.2	4.2	4.2	204.2	404.2
完全投保	6	6	6	6	6	6

$E_1 = 0 \times 0.8 + 30 \times 0.1 + 100 \times 0.08 + 300 \times 0.017 + 800 \times 0.002 + 1000 \times 0.001 = 18.7$

$E_2 = 4.2 \times (0.8 + 0.1 + 0.08 + 0.017) + 204.2 \times 0.002 + 404.2 \times 0.001 = 5$

$E_3 = 6$

因为 $E_2 < E_3 < E_1$,方案二为最佳。

2. 方案 1:净现值 $= \sum_{t=1}^{10} \dfrac{100000}{(1+10\%)^t} - 500000 = 114500(元)$;

方案 2:净现值 $= \sum_{t=1}^{10} \dfrac{90000}{(1+6\%)^t} - 500000 = 162400(元)$。

由于 162400 > 114500,故方案 2 更优。

四、论述题

1. ① 任何一种方法都不可能揭示出经济单位面临的全部风险,更不可能揭示导致风险事故的所有因素,因此必须根据经济单位的性质、规模以及每种方法的用途将多种方法结合使用。② 由于经费的限制和不断地增加工作会引起收益下降,风险管理人员必须根据实际条件选择效果最优的方法或方法组合。③ 风险管理是一个连续不断的过程,仅凭一两次调查分析不能解决问题,许多复杂的和潜在的风险要经过多次识别才能获得较为准确的答案。

2. 当前随着经济的快速发展以及信息化程度越来越高,市场的竞争性也逐渐增强,在这个大背景下,风险管理已成为当前企业管理中的关键。企业的风险管理也面临着巨大的挑战以及如何创新的问题,进一步缔造出企业发展模式的新的良性变革,促进企业经济价值、社会价值的不断增值。可以从风险辨别、风险评估、风险管理方式等方面描述个人观点。(言之有理即可)

五、案例分析

案例 1 ① 市场风险。真维斯产品起初自身定位的"名牌大众化"在市场上无法做到高效的适销对路,无市场竞争力(技术、质量、服务、销售渠道及方式等),广告投放量太窄,企业无法对所面对的外部市场的复杂性和变动性适时改进相关经营策略。② 财务风险。真维斯因经营管理不善,存在资金周转困难,甚至破产倒闭(资本结构、资产负债率、应收应付款及现金流问题等)。③ 产品风险。真维斯自主研发产品,存在设计理念固化问题,缺乏创新,很难保证产品后期一定有销路。④ 声誉风险。服装质量存在问题,消费者品牌价值感下降,导致对真维斯产品的不信任。(言之有理即可)

案例2 (1)事件中暴露与风险相关的主要问题:① 报告数据不准确是由于对外公布时擅自更改或出现严重错误,这可能削弱企业依赖此数据所生成的其他报告的完整性及可依赖性,并反映出操作风险的存在和公司整体内控意识薄弱。② 虚报、错报事件对公司的公众形象带来负面的影响,这有可能影响其渣土运输车的销售,对公司业务的长远发展带来不利影响。③ 违反环保法规可能会导致企业受到法律的制裁。④ 如果实际数据违反了环保法规的要求,则可能是在生产设计过程中出现了漏洞,这是企业风险评估的严重过失。⑤ 对外错误或虚报报告可能表明管理层对风险与内控管理的轻率态度。如果在某一个区域,管理层得悉并纵容虚假报告,将会造成上行下效的后果。

(2)企业内部控制方面的4个改进措施:① 建立反舞弊机制。明确反舞弊工作的重点领域包括,在财务会计报告和信息披露等方面存在不正确、误导性陈述或者重大漏报,有关机构在反舞弊工作中的权限,以及规范舞弊案件的举报、调查、处理、报告和补救措施。② 倡导企业道德文化建设。企业文化建设既要注重"上下结合",更应注重企业治理层和经理层的示范作用,绝不纵容虚假报告。③ 加强对员工的道德教育。可考虑在劳动合同中明确违反道德原则的后果和纪律处分。④ 制定完善的人力资源政策。包括新员工的试用期和岗前培训制,对试用人员进行严格考察,以减低在各业务流程当中可能出现的操作风险。(言之有理即可)

案例3 B公司审计委员会组成的缺陷:① 审计委员会应该全部由独立、非执行董事组成,他们应拥有相关的财务经验,所以张某和赵某都不应该成为南山公司审计委员会委员;② 作为前卫生部退休医学专家,张某缺乏相关的财务经验,不具备在审计委员会中的专业胜任能力;③ 公司董事兼财务总监赵某进入审计委员会违反了审计委员会的独立性原则。

审计委员会日常工作存在的问题有:① 审计委员会每年应至少召开3次会议,并于审计周期的主要日期举行,南山公司审计委员会一年中只召开1次会议,次数太少;② 审计委员会在与内部审计师见面讨论审计相关事宜时,管理层不应在场,南山公司总经理参与审计委员会和内部审计师会谈,损害了审计委员会的独立性,影响了工作质量;③ 董事会以损害审计的独立性为由否决了审计委员会提案的做法错误。外部审计师的独立性,是指他们在为公司提供审计服务的同时,没有向公司提供某些可以影响其独立性的非审计服务。(言之有理即可)

案例4 维系生存、促进发展是所有企业管理的目标,风险与挑战共生,机遇与发展并存,企业的风险管控应该服务于企业长期的持续性的发展,缔造平衡化的企业生态系统,不断激发企业生存发展的动力,利用企业的风险管控能力获取持续性的优质竞争能力,由此缔造出企业发展模式的新的良性变革,促进企业经济价值、社会价值的不断增值,这是企业风险管理更为深刻的挑战。聚焦制约小微企业发展的融资难问题,要求各省份税务局积极与银保监部门沟通,将申请"银税互动"贷款的受惠企业范围由纳税信用A级和B级企业扩大至M级企业。在风险可控的前提下,探索为纳税信用A级和B级的小微企业创新流动资金贷款服务模式,切实缓解小微企业融资难、融资贵问题,激活小微企业发展内生动力。(言之有理即可)

案例5 风险识别是指在风险事故发生之前,企业运用各种方法系统地、连续地认识生产、经营过程中所面临各种风险以及风险事故发生的潜在原因,是整个风险管理过程的基本环节。只有系统、正确地识别企业所面临的各种风险,风险管理经理才可能有针对性地进行风险衡量,并从企业整体角度出发,按照风险对企业的影响程度,采取有效的控制与管理措施,实现预定的风险管理目标。风险识别是一项系统性、连续性、制度性的工作。系统性是指风险识别不能局限于某个部门和环节,而应对整个企业方方面面的风险进行识别和分析;连续性是指风险识别不可能是一成不变、一劳永逸的,随着企业及其经营环境的不断变化,风险经理必须时刻关注新出现的风险和各种潜在风险;制度性是指风险管理作为一项科学的管理活动本身需要有组织上和制度上的保障,否则就难以保证此项工作的持续性和稳定性。

通过风险识别,企业必须了解和明确面临哪些风险源。风险源是指那些可能导致变动的因素和危害的来源。比如,某高科技企业决定在我国西部地区投资建厂时,能否在当地和外地劳动力市场招收足够多的符合条件的专业人才是一个必须重点考虑的风险因素。风险可能源于自然环境、社会环境、政治环境、经济环境、法律环境、运作环境、认知环境等方面。探索企业信用风险监测预警和分类管理,实现监管资源合理配置和高效利用。(言之有理即可)

案例6 粤传媒急于求成,可能在未完全了解目标方的情况下快速推进交易,而香榭丽则趁机抬价,极大可能存在虚增利润、做高企业资产及盈利能力的情况。排除掉不参与香榭丽实际经营的机构投资者,实际上叶玫和乔旭东完全控制着香榭丽的经营管理,因此管理者凌驾于内部控制之上的风险极大。并且,香榭丽公司并没有自己的内审部门,由此不难看出香榭丽内部控制体系的失效。粤传媒作为报业巨头盘踞广东,香榭丽也曾是上海的明星企业,二者本来的业务范围虽然不同,且处于不同的商圈,但两者都积累了大量的各自领域内的客户,两者若能在业务经营方面合理整合,辐射南北,理应会有很好的发展前景。然而在经营方面,两者却像是"井水不犯河水",如此的经营整合形同虚设,无法使得并购后的双方在同一轨道上向良性方向发展,不但增加了并购失败的风险,同时也增加了重大错报风险。(言之有理即可)

案例7 从预防风险的角度来说,一方面要积极构建规章制度,实现对资金的规范化管理,另一方面要加强资金管理的分项考核,保证项目良性运转。

对于已出现资金风险情况,要采取灵活有效的措施,实现对应收账款的有力追回,并积极开拓融资渠道,储备应急资金,积极提高融资方式的多样化,有效降低资金风险,还要对上游钢厂的经营风险予以密切关注,有效控制预付款资金风险。(言之有理即可)

案例8 加强对项目开发报建环节的管理,相关部门在完成项目落地工作之后,就要开始编制开发节点的相关计划,首先按照核心节点倒排进行开发与安排好后续的准备工作。

加强对设计与施工环节的管理,减少后续因为设计变更或施工问题而对项目的推进周期产生影响。

加强对资金成本的管理,房地产项目作为一种密集型投资产业,需要房地产企业在开发过程中,加强对成本投入方面的管理。

加强对营销推广环节的管理,根据不同的发展情况编制项目营销推广机制,充分利用网络、自媒体等目前较为热门的宣传渠道进行大力推广,争取取得潜在购买客户的信息,为项目在取得预售许可证之前做好各项准备工作,争取在最短的时间内实现资金的回笼。(言之有理即可)

第 8 章 企业投融资理论

一、名词解释

1. 资本结构理论(Capital Structure Theory)：企业的资本结构理论主要是研究公司的价值与公司资本结构两者之间的相互关系，该理论最重要的假设前提是股东利益最大化或者企业的利益最大化。

2. 代理成本理论(Agency Cost Theory)：代理成本是委托人和代理人之间利益冲突引起的额外成本。与公司财务相关的代理成本分为两种：一是股权资本融资产生的代理成本，即权益资本的代理成本；而另外一种是由债务融资产生出来的代理成本，即债务的代理成本。

3. 投资(Investment)：投资是指在可预见的未来获得收入或增加资金价值的特定经济实体，足够数量资金或货币等价物（如物理对象）的经济行为必须实际交付给某一领域的主题。从特定的企业角度来看，投资是企业为了获得收入而在特定对象中投资的经济行为。

4. 净现值(Net Present Value)：净现值是指投资项目投入使用后的净现金流量。通过资本成本或企业要求实现的回报率转换为现值，减去初始投资后的余额。

5. 内部报酬率(Internal Rate of Return)：内部报酬率又称为内部收益率，是使投资项目未来净现金流的现值等于项目初始现金流出量的贴现率。它反映了投资项目的真实报酬。

6. 获利指数(Profitability Index)：获利指数也称为盈利指数，是未来回报与投资项目的总现值与初始投资额现值之比。

7. 企业融资(Corporate Financing)：所谓企业融资是指企业根据生产经营活动中的资金需求，通过公司内部或者外部其他渠道募集资金的活动。

8. 债券融资(Bond Financing)：债务融资主要是指公司向债权人举债从而募集资金的方式，公司可以通过发行债券来募集资金，也可以向银行等金融机构贷款以及其他商业贷款。债务融资体现的是公司和债权人之间的债权债务关系，公司到期需偿还本金，在融资期限内需要按期支付利息费用。

9. 投融资管理(Investment and Financing Management)：投融资是指企业实施的投融资方式，也是企业获取经济效益的重要途径。投融资管理是通过合理控制资本结构，合理控制风险因素，降低企业融资成本，提高企业整体价值。

二、简答题

1. 企业的资本结构理论主要是研究公司的价值与公司资本结构两者之间的相互关系，该理论最重要的假设是股东利益最大化或者企业的利益最大化，该理论的一系列分析都是基于这一假设前提。

旧资本结构理论包括早期资本结构理论和现代资本结构理论两个部分。新的资本结构理论是资本基于信息不对称的一种结构理论。主要分为代理成本理论、信息传递理论、新优序融资理论、激励理论。

2. 新的资本结构理论是资本基于信息不对称的一种结构理论。从新的学术角度来分析和解释资本结构理论，并且还在此基础之上提出了许多新的观点。

代理成本是委托人和代理人之间利益冲突引起的额外成本。与公司财务相关的代理成本分为两种：一是股权资本融资产生的代理成本；而另外一种是由债务融资产生出来的代理成本。信息传递理论是指公司的内部真实价值与外部的投资机会两者之间信息不对称的理论。新优序融资理论最早由梅耶斯提出。他认为，当企业通过融资而使公司的股本结构发生变化时，由于信息的不对称，投资者会非常关注公司的股本变动，从而会影响公司的股票价格波动。激励理论研究的是公司的资本结构与公司的管理者行为之间的关系。

3. 投资是指在可预见的未来获得收入或增加资金价值的特定经济实体，足够数量资金或货币等价物（如物理对象）的经济行为必须实际交付给某一领域的主题。从特定的企业角度来看，投资是企业为了获得收入而在特定对象中投资的经济行为。

根据所投资资产的种类不同，投资可分为实物投资、资本投资和证券投资。实物投资是一种货币投资企业，通过生产经营活动获得一定的利润。资本投资是指所有的投资者将全部的资金都投入到企业经营里面，这些所有资金的账面价值就是资本投资。证券投资是指投资者以货币购买有价证券的投资行为，包括股票和公司债券等。

根据投资的方向不同，可以将投资分为对内投资和对外投资。对内投资是指企业将资金用于企业自身的发展，如为了扩大规模而购买生产设备、租赁厂房等。对外投资是指企业以各种有形和无形资产投资其他方面的行为。

根据不同的生产经营关系，可以将投资分为直接投资和间接投资。直接投资是指资金在生产经营过程中的投入，以此来获取利益。间接投资，也称证券投资，是指为证券和其他金融资产投资，以此来获得股息或利息的收入。

4. 投资是指在可预见的未来获得收入或增加资金价值的特定经济实体，足够数量资金或货币等价物（如物理对象）的经济行为必须实际交付给某一领域的主题。投资是企业为了获得收入而在特定对象中投资的经济行为。

企业融资，是指企业根据生产经营活动中的资金需求，通过公司内部或者外部其他渠道募集资金的活动。企业在生产的各个过程都需要资金的维持，原材料的购买、生产加工、销售、管理等；发展过程中产品的设计研发、技术的改进等。当公司债务到期且现金不足时，为了避免破产，公司将尽一切可能从另一个渠道获得资金，即进行融资。首先，适当的融资会使企业的财务结构更加合理。资金是企业生产和发展的根本，但是任何一个企业在发展的过程中都不可能一直保持充足的资金，即使企业的资金较为充足。其次，理想的融资组合能在一定程度上降低企业的成本，它可以影响企业的整个资本构成和债务。最后，企业合理的融资方式和机制能够帮助企业降低财务风险，提高偿债能力，从而顺利实现经营目标。

5. 企业融资是指企业根据生产经营活动中的资金需求，通过公司内部或者外部其他渠道募集资金的活动。

根据资金的来源不同，融资方式可以分为内部融资和外部融资。内部融资是公司内部筹集资金的一种方式，包括股东在成立时投资的股权、折旧资金和各种形式的留存资金。外部融资是指通过外部渠道募集资金的方式,包括发行股票和债券以及商业借款等。

根据融资工具的不同,融资方式分为直接融资和间接融资。直接融资是指公司本身或金融中介出售证券并直接从基金提供者筹集资金的融资方式,这种融资方式使用某种金融工具将基金提供者和资本需求者联系起来,实现从供应商到需求者的资金转移。间接融资是指资金盈余单位与资金短缺单位之间不发生直接关系,而是分别与金融机构发生一笔独立的交易,即资金盈余单位通过存款,或者购买银行、信托、保险等金融机构发行的有价证券,将其暂时闲置的资金先行提供给这些金融中介机构,然后再由这些金融机构以贷款、贴现等形式,或通过购买需要资金的单位发行的有价证券,把资金提供给这些单位使用,从而实现资金融通的过程。

根据企业在融资过程中所形成的产权关系不同,可分为股权融资和债务融资。股权融资是指由公司发起,向全体股东或部分股东募集资金的方式。这种融资方式所募集的资金将进入公司的股本,此时公司的股权结构就会发生改变,股权融资会导致公司的股本扩张。债务融资主要是指公司向债权人举债从而募集资金的方式,债务融资的方式有很多种,公司可以通过发行债券来募集资金,也可以向银行等金融机构贷款以及其他商业贷款。

6. 融资是指企业实施的投融资方式,也是企业获取经济效益的重要途径。投融资管理是通过合理控制资本结构,合理控制风险因素,降低企业融资成本,提高企业整体价值。在做出投资和融资决策时,企业应该关注投资项目的可行性、公司的偿付能力和风险承受能力。其中公司债务能力取决于公司的借新还旧能力、再融资股权的能力以及清算现有资产的能力。在正常情况下,企业保持必要的融资能力储备,维持资本结构的"弹性",防止不可预测的金融风险,具有重要意义。

三、论述题

1. 代理成本是委托人和代理人之间利益冲突引起的额外成本。与公司财务相关的代理成本分为两种:一种是股权资本融资产生的代理成本;另外一种是由债务融资产生出来的代理成本。

首先是权益资本的代理成本。股权资本的代理成本主要是由于股东和管理者的利益不一致导致的。造成这种冲突的原因有:首先,管理者作为代理人,其目标是追求自己的效用最大化,但是股东的目标是追求最大化股东财富,使得两者之间的目标不一致容易产生冲突;其次,委托人与代理人之间存在严重的信息不对称,这是由于客户观察代理人的行为和禀赋的不一致;最后,股东和管理者在企业的经营决策问题上存在着矛盾,股东会考虑公司得到长远利益,但是管理者更多的是关注其自身的利益。

其次是债务的代理成本。它是由债权人和股东之间的利益冲突所造成的。公司借款后,有可能以各种方式从贷方获利,具体表现如下:首先,公司增加其财务杠杆以增加利润,这将进一步增加债务比率,这将降低旧债务的价值,导致索赔受到侵蚀;其次,在公司借款后,它取代了高风险项目债权人同意的低风险项目;第三,当债务比率较高时,为保护股东利益,公司将选择净现值较小甚至是负项目的项目,或通过次优决策拒绝有利投资的项目;第四,事后改变股利政策。为了防止企业向股东转移财富,债权人通常在其再融资合同中设定了一系列保护性规定。但是,这会降低企业的运营效率并增加额外的监管成本,代理成本中的债务成本将会增加,将减少债务对企业市场价值的有利影响。

2. 企业投资面临的风险由资金风险、市场风险、技术风险、管理风险、投资分析风险。

资金风险是由于利率和价格水平的变化,以及风险资本和初创企业的资本收益的不确定性。风险投资机构向初创企业投入大量风险投资后,应特别关注利率水平的基本因素及其业务运营的变化,如通货膨胀、金融政策、税收政策、财政政策等。市场风险是指经济活动的主体在市场中所受到的各种不确定性。一般而言,市场风险主要包括以下四个方面:第一,难以确定市场容量;第二,难以确定市场接受时间;第三,市场价格因素。研发技术产品的成本普遍较高,很难被市场接受;第四,市场的战略因素,技术风险是指产品创新过程中由于技术因素导致创新失败的可能性。技术风险的大小取决于以下因素:第一,技术成功的不确定性;第二,技术前景的不确定性;第三,技术效果的不确定性。管理风险的大小主要取决于以下因素:第一,管理者的素质;第二,决策风险;第三,组织风险。投资风险是风险资本家对不同企业发展时期的资本需求的估计偏差。投资分析必须建立在一定的可靠材料和数量才能得出正确的结论,它通常只能通过经验预测,从而影响投资决策的准确性。

投资风险的防范措施有:① 注重投资组合,制定投资预算。为降低投资风险,公司应将资金分配到不同的投资项目,并执行不同的投资组合。由于每个投资项目都有不同的风险和不同的回报,多个项目的组合可能在盈亏后仍有利润。在做出投资决策之前,应该根据投资目标和投资计划编制详细的预算,并且要科学和全面。在实施投资期间还需要严格的预算控制。② 建立财务管理制度,建立企业投资管理机制:企业需要建立有效的财务管理机制,从制度上完善规则,降低风险,同时企业需要高素质的财务人员,提高财务工作的效率和准确性。为了在投资中更准确地把握投资项目的精准性,还需要充分的完善投资管理机制,企业在投资之前一定要结合市场行情和社会经济结构动向对所投资的项目进行充分的了解和评估,了解项目的优势和劣势,以及项目的前景,万不可盲目投资,与此同时进行项目投资之时还要确保企业财务资金充足的情况下进行投资,为了准备公司日常业务活动的资金流动或应对金融危机。企业要制定科学的投资管理策略,考虑全局要素,只有这样企业才能够在投资中更加准确地把握投资项目,从而实现可持续的效益发展。③ 加强素质培训,建设财务管理人员队伍。企业应加强业主和员工素质的培训,培训出具有丰富管理知识和经验的专职经理人员,在生产管理中,应该有专门的技术人员来制定有序生产的生产计划,以便有序的进行生产。企业的财务管理人员在日常的投资项目审核中一定要以全局的眼光去看待问题,并且要不断地丰富自身的专业知识和市场知识,了解国家政策,从而对企业投资项目进行全面科学的评估。同时,企业在专业人才选拔时,要适当提高财务人员录取门槛,进入岗位后,必须要进行系统培训,全面提高财务管理人员的水平,提高投资管理效率,保障企业稳步发展。④ 加强风险意识,改善企业投资的外部环境。企业在进行项目投资之时除了要从战略上做出科学决策还要树立一定的风险意识,还必须考虑投资的必要性,综合地进行项目风险评估,投资者对待投资风险一定保持良好的心态,对于失败的投资要学会及时地止损,并且从中分析此次失败投资的得失,在今后的投资中最大程度上规避风险。规范企业投资管理方法,减少盲目操作。政府应采取直接资助、利息补贴、税收优惠等方式给予扶持,并注意拓宽企业的融资渠道,解决资金短缺问题。

3. 企业融资的风险包括政府经济金融政策变化导致的融资风险、经营亏损导致的融资风险、资金运用不当导致的融资风险、信用危机所导致的融资风险。

第一,政府经济金融政策变化导致的融资风险,这种政治风险可以分为两大类:一个是国家风险,例如,借款人所在国家现有政治制度的崩溃、禁运、抵制和终止项目产品;另一类是国家政治和经济政策的稳定性,例如,税制的变化,关税及非关税贸易壁垒的调整以及外汇管理条例的变化。第二，经营亏损导致的融资风险，企业的经营风险是指企业在日常的经营过程中所面临的风险。经营风险是企业不可避免的风险，企业的经营风险会在很大程度上影响企业的利润。根据企业的融资模式不同，如果公司采用的是股权融资的方式，则公司的利益与风险由全体股东承担，所以此时的经营风险导致的利润不确定将会由股东承担。如果股东采用的是股权和债务融资的方式，此时股东由于财务杠杆，其投资回报会面临更大的波动，如果大于经营风险，则其之差就是融资风险。当企业经营不善，业务收入不足以偿还利息费用，就会大大损害股东的利益，严重时需要用股权去偿还债务。第三，资金运用不当导致的融资风险，企业所持有的现金多少决定了企业能否在一定时期内偿还债务和利息等，如果企业的现金不足，资金链紧张，将会使企业面临很大的财务风险。公司的现金水平取决于公司的预期现金流入是否及时以及资产的整体流动性。当公司的流动资产占比较高导致整体流动性较强时，公司的财务风险就较小；相反，当公司资产整体流动性较弱而流动性较弱的资产较多时，财务风险较大。第四，信用危机所导致的融资风险，项目融资面临的信用风险是指相关项目参与者无法履行其责任和义务的风险。与提供贷款资金的银行一样，项目发起人也非常关注每一个参与者的可靠性、专业知识水平和个人信誉问题。

融资风险的防范措施：① 努力提高资金使用效益。企业内部资金使用效率取决于企业管理水平。为提高长期资金的使用效率，企业必须对投资项目进行全面的可行性分析，同时，进行彻底的市场调查，以减少投资决策中的错误，并根据投资需求确定是否借入资金，借款多少以确保投资项目技术先进、具有竞争力前景。② 加强对企业投融资项目的审核和管理。完善组织结构，建立分工和审计制度，特别是建立严格规范的财务工作制度，规范企业管理。加强资本运营项目可行性评估，避免盲目投资和盲目融资，注重关注融资成本、融资秩序和融资方式。加强企业信用管理，加强对金融工作债务偿还工作的监督和控制，完善各项融资活动的后续管理。建立并实施融资风险预警管理机制，规范企业融资风险预警过程中所涉及的信息的收集、管理、分析和处理程序，确定员工在信息收集和信息传递过程中的责任和义务。③ 确定合理的债务规模和结构。公司债务的规模无法无限增加，因为偿付能力限制了债务的规模。债务的合理规模的确定需要量力而行，同时还要考虑到资金缺口和收入状况的问题，以承载能力为基准，根据现有的实际情况来募集资金，防止债务规模过大导致的偿债危机。④ 根据负债的特点和企业生产经营需要，分期还债。即使决定了合理的负债规模，也要更加关注负债结构的合理性，即安排长期负债与短期负债之间的比例关系，公司掌握的合理负债结构的基本原则是：根据债务的特点，考虑到偿债风险的大小和资金成本，选择现实的债务结构。

4. 企业投融资管理存在的问题主要包括：① 企业投融资结构不合理。在企业投融资过程之中，存在投融资结构问题。第一，人才的培养和技术的引进是一个长期的投资过程，它们直到投入的中后期才会发挥作用，大多数企业都渴望自身利益最大化，它们急于扩大生产规模，从而降低生产成本和质量，导致社会产品的市场竞争力下降。第二，资本结构不合理。这种问题主要是出现在民营企业当中，主要是因为企业经营人员没有加强对资本内容的认识，在投融资过程中仍然受到传统观念的影响，没有对资金发展能力引起足够的重视。第三，负债结构不合理。当企业向银行借贷资金时，通常将硬性资金作为基础条件，这就对于弹性力度产生了一定的影响，从而导致一些金融风险问题的产生。第四，企业资产结构在整体上呈现出了非常明显的分散现象，大部分资金都用在了规模扩展上，同时也应用于技术更新方面，这就使得企业资产链条相对较长，导致企业的核心竞争力无法实现明显的提升。

② 企业投融资缺少目的性。在企业实际的投资过程中,很多企业都将重点放在了短期效益方面,急功近利,这就导致在投资过程中缺少了一定的目的性,它不仅不能有效避免投资风险,而且还会造成经济损失。另外,如果投资失败,将使公司内部资金难以灵活运作,影响合作企业的经济利益,也会带来一系列不良反应。③ 中小型企业融资渠道单一。中小企业发展的最大问题就是资金不足,由于企业规模小,风险较大,其融资问题就成为制约中小企业发展的一大难题。目前,中小企业的融资方式主要有银行贷款、市场融资等,但是其条件严苛,中小企业往往难以满足。

企业投融资管理对策:① 优化企业投融资结构。第一,企业一定要明确自身未来发展趋势,同时对企业内在资金潜力以及企业发展潜力等进行深入的分析,从而明确投融资规模;第二,企业经营管理人员一定要将自身职责进行全面落实,并且从思想上树立较强的总体意识,改变传统的思想观念,结合实际情况构建出科学的投融资机制,同时对投资项目以及投资途径等进行合理选择;第三,还应该对企业发展中的优劣点进行全面了解,尽量将资金投入到优势环节当中,从而可以对目前企业资产结构所面临的单一问题实现合理解决,最大化企业资本使用效率;第四,促进企业经营能力提升,并将人才方面的培养工作进行全面落实,应该将人才培养工作放在重要位置,在对企业规模不断深化的基础上,应该逐渐改变传统的经营观念,从而有效减少成本的投入,将投融资结构调整工作全面落实,最大限度地保证企业投融资结构的合理性。② 明确投融资目标与方向。第一,在投资工作开展之前,企业一定要对整个市场经济发展规律进行全面的了解,同时对自身的发展规模进行明确。第二,在选择投资项目时,应分析企业的运转是否满足项目的需要,如果是违反情况,应采取哪些措施加以处理。第三,企业在投资过程中,不需要盲目追求大规模的投资项目,需要保证投资规模在企业能够承担的风险范围之内,在确保资金可以实现合理运转的情况下,对投资方向以及投资目标进行明确,不可以盲目投资,否则会对公司的利益产生非常严重的影响。③ 加大政策支持力度,确保中小企业发展。政府要加强对中小型企业的政策扶持力度,解决中小型企业的资金问题,帮助中小型企业发展。其次要拓宽中小型企业的融资渠道和金额,成立有关基金用于对中小型企业的援助,帮助中小型企业成长起来,更好地参与市场竞争。④ 建立市场预警监测机制,加强风险管理。建立预警监测机制需要从以下几个方面进行,第一,政府需要搜集各个行业的详细生产情况,将数据汇总并进行统计分析,在搜集的过程中要注意数据的真实性和时效性。第二,向相关行业、企业和部门报告生产监测情况。第三,加强对重点工作环节的检验。由于重点环节是企业生产的重中之重,一旦出现问题就会影响企业的整个生产过程,因此要加强对重点环节的监督和管理,同时加强各个部门的配合和交流,及时纠正错误。第四,针对各种行业和公司的动态评级警告。根据不同行业的经营情况,设立相关指标用于对企业的风险评估,并在不同时期给予相应的风险警告,通过政府的这种预警机制,提高企业的投融资安全。

四、案例分析

案例1　采用了BOT为马来西亚政府和项目投资者以及经营者均带来了很大的利益。成功的BOT项目融资方案的结果是一个多赢的局面。从案例中我们知道项目的发起人、项目的直接投资者和经营者还有项目的贷款银行,都通过项目的建设和运营获得了客观的收益,这正是一个融资模式能够得以实施的最根本动力。

BOT项目融资方案成功实施的两个关键点:一个是特许合约经营权合约,一个是项目所在国的投资环境。特许合约经营权合约不仅是项目建设和运营者进行投资核算的基础，而且也是其获得投资回报的保证。而项目所在国的投资环境则对项目的完工风险有很大的影响。（言之有理即可）

案例2 由于马普托港项目工程成功使用BOT模式,在政府的支持下成功地吸引了国内和国际多家银行对项目进行投资。首先,由于政府的特许权合约（最低收益担保条款）,使该项目成功地规避了市场风险、政治风险和信用风险;其次,由于该项目吸引了国内和国际多家银行的资金投入,使该项目成功规避了金融风险和国家风险;最后,对该工程而言最主要的风险就是生产风险,而生产风险依赖于马普托港发展公司（MPDC）对工程项目的管理和运营。因此,从总体来说该项目成功地规避了大多数重要风险,并保障了各方的收益,成功地解决了项目融资的问题,使项目建设成功进行,最终完成了该项目。（言之有理即可）

案例3 BOT与PPP模式的共同点:① 这两种融资模式都包括融资人、出资人、担保人。② 两种模式都是通过签订特许权协议使公共部门与私人企业发生契约关系。③ 两种模式都以项目运营的盈利偿还债务并获得投资回报。

BOT与PPP模式的区别:① 组织机构设置不同。BOT模式参与项目的公共部门和私人企业之间是以等级关系发生相互作用的。不同角色追求自身利益最大化,易产生利益冲突,社会总收益不是最大的。PPP模式组织总收益却是最大的,也更符合公共基础设施建设的宗旨。② 政府与企业合作关系不同。BOT中政府与企业更多是垂直关系,政府授权私企独立建造和经营设施,而不是与政府合作。财金[2014]113号文件《关于印发政府和社会资本合作模式操作指南的通知》规定PPP项目"在政府和社会资本间合理分配项目风险",更强调政府与私企利益共享和风险分担。③ 运行程序不同。BOT模式运行程序包括:招投标、成立项目公司、项目融资、项目建设、项目运营管理、项目移交等环节。PPP模式运行程序包括:项目识别、项目准备、项目采购、项目执行、项目移交环节。在项目前期,PPP模式中私人企业从项目论证阶段就开始参与项目,而BOT模式则是从项目招标阶段才开始参与项目。PPP模式中政府始终参入其中,而BOT模式中政府对项目的影响力较弱。

PPP模式的优点:① 政府对项目中后期建设管理运营过程参与更深,更好地保障公众利益。② 有效缓解了政府的财政资金压力,充分调动民间资本投资公共服务领域。③ 提高公共服务的效率和时间效率、增加基础设施项目的投资、改善基础设施或公共服务的品质。（言之有理即可）

案例4 第一,对期望在海外上市的企业,本土投资者还缺乏一个比较好的品牌、经验和信誉,因而它们给企业带来的增值服务有限,而且企业对他们的信任也有限。投资的过程其实是资方和管理团队相互信任的过程,如果投资管理团队不成熟,就会增加对投资企业的不信任。比如,当时摩根士丹利和鼎晖说,为了将来红筹上市,要蒙牛通过一系列法律结构重组把蒙牛股权放到国外去,对此蒙牛内部是有些担心和疑惑的,他们这个团队全是本土的,当时对私募这一套不太吃得准。但牛根生说,摩根是世界知名百年老店,我不相信会为了我们这点钱骗我们,毁了他们自己的品牌。那么,我们国内的很多投资机构是不是有同样的信誉和平台呢?

第二,我们国内的投资者往往只能在中国的法律环境下来操作。由于外汇管制、法律系统不完善、投资工具不灵活、对资方权益保护不到位等原因,国内投资受到了相对较多的限制。（言之有理即可）

案例5 从细分领域来看,获得投资最多的细分领域为网络贷款类,而互联网保险成为继贷款与理财外获得风险投资青睐第三多的细分赛道。从投融资轮次来看,2016 年互联网金融领域 A 轮及 A+轮投融资案例数量最多,获得 B 轮及以后占比达到 19.17%,一半以上完成融资的企业融资规模属于千万级别。从投融资地区来看,北京、上海、广东、浙江四省市依旧是 2016 年度互联网金融投融资的高发地,但成都、重庆等地互联网金融也逐步发展。从投资机构所投案例数来看,京北投资、IDG 资本、经纬中国、顺为资本、真格基金成为 2016 年中国互联网金融领域投资数量最多的专业股权投资机构 TOP5,同时相较于去年,越来越多的投资机构将互联网金融作为其重点投资方向之一。

2016 年度中国互联网金融领域就投融资案例数来看,获得投资最多的细分领域为网络贷款类,共 139 起,占整个年度投融资案例数的 30.28%;除此之外互联网保险成为 2016 年度最为火热的细分领域之一,投融资案例数占比从 2015 年度的 4.88% 上升至 2016 年的 10.89%,成为继贷款与理财外获得风险投资青睐第三多的细分赛道。

就投融资金额来看,获得投资最多的细分领域为金融综合服务,获得投资 573.21 亿元人民币,占整个年度投融资总额的 63.57%。互联网金融经过几年的发展,金融对于全产业链的价值已经逐步凸显,无论是上市公司还是原有的互联网巨头,以及已经在细分赛道成长为独角兽的企业都已经开始集团化发展,朝着金融综合服务迈进。

因此,未来投融资前景还是非常广阔的。(言之有理即可)

案例 6 中小企业融资难的根本原因:

(1) 信息不对称。在完全信息情况下,假定完全竞争市场中参与各方都拥有完全信息,则资源可以通过市场调节达到最优配置。现实中,信息无法在经济主体之间呈现均匀分布,即产生信息不对称。在信贷市场上,事前信息不对称包括:① 借款申请人风险偏好类型、项目质量以及企业家的经营能力;② 银行方面无法了解贷款投向的真实情况。事后信息不对称包括:借款人是否违反借款合同,将信贷资金挪作他用,经营者是否对公司负责努力工作等。信息不对称理论在金融市场研究上有广泛的应用,特别是对中小企业而言,信息不对称现象更显突出。

(2) 制度层面。我国在由计划经济向市场经济转轨和社会主义市场经济体制逐步建立健全的过程中,银行掌握的金融资源发挥了重要作用。但由于体制性的深层次原因,金融机构的准行政性和经营的准市场化使国有金融机构处于两难困境,而经营过程中的激励-约束机制不对称也加剧了其信贷萎缩。金融机构为国有企业放贷,不用担心是否能收得回来,因为有政府"担保";而对中小企业的贷款,银行普遍采用调高贷款利率的歧视性待遇,加重了中小企业融资负担,也无法反映风险与收益的正比关系。中小企业向金融机构融资困难重重,贷款批复率低,这也在相当程度上影响了信贷人员对中小企业放贷的积极性。我国的银行,尤其是四大国有商业银行仍然不是市场化的金融主体,主要体现在利率管制方面,国有商业银行宁愿将吸收的短期存款上存中央银行,也不愿放贷给广大中小企业。目前国有商业银行普遍集中了信贷决策权,并强化了贷款审批、发放等各个环节的责任,特别强化了对信贷人员的风险约束,导致各项审批条件苛刻、审批周期长、否决率提高等,满足不了中小企业对贷款"短、频、急"的需求,压制了基层分支机构为中小企业融资的积极性。

(3) 政府层面。① 我国中小企业直接融资渠道不完善,服务机构不健全;② 信用担保制度不健全;③ 缺乏完善的法律体系保障。

如何从根本上化解中小企业融资难的问题:

(1) 中小企业自身改进:① 加强内部控制,提高财务信息透明度内部控制;② 强化企业信用观念,增强企业信用等级;③ 准确定位,避免盲目发展;④ 中小企业应打破"闭门造车"的状态,吸取先进经验。

(2) 金融机构方面改进:① 树立为中小企业的服务意识,转变固有信贷观念;② 建立和完善组织体系;③ 加强风险评估体系创新。

(3) 政府层面改进:① 建立完善的社会信用体系;② 建立健全支持我国中小企业融资的法律法规;③ 设立专门机构,为中小企业的融资提供信用担保及援助;④ 建立高效的社会信息体系;⑤ 拓宽中小企业直接融资渠道,实现融资渠道多元化。(言之有理即可)

案例7 (1) 提倡上市公司进行关联并购。相对于容易产生的交易的价格和方式不公正情况,子公司或母子公司之间常常发生的关联交易,各方获得的资源优势将使得整个并购绩效提升,产生利大于弊的效果,对公司长远发展产生重大影响。

(2) 选择恰当的支付方式。支付方式通过公司的举债能力,股权结构影响着企业的并购绩效,支付方式的不同将带来不同的绩效变化。因此,从实际情况出发,选择企业合适的支付方式。

(3) 企业在制定并购策略时。应当充分考虑到自身所处的发展阶段,选择不同的并购类型。

(4) 优化股权结构。一方面上市公司可以适当增加管理层持股比例,使得公司经营目标与管理层个人目标趋于一致,同时管理层也能够收到各种激励与监督,使其全身心投入于公司发展。另一方面企业应该保证多元化的股权,多元化的投资主体能够缩小不同的股东间的持股差距,从而实现大股东之间的制衡以及小股东合力对大股东的牵制,使得公司决策更加谨慎有效。

(5) 加强并购后的整合工作。(言之有理即可)

案例8 (1) 强化了市场的融资作用,安徽省针对小微企业融资难问题,财政资金提供续贷过桥资金予以扶持小微企业发展,也就是以财政资金为杠杆带动市场经济活跃度,促使安徽省小微企业如雨后春笋般成长,并且随着融资渠道的多元化而不断发展壮大。但是在发展过程中相关监管部门也要加强监管举措,在政策扶持的过程中也要规范企业的发展程序,以达到银行、政府、企业三方的均衡发展,并且使各方发挥自身的最大效率。

(2) 提高了财政资金的使用效率,以通过财政资金的杠杆带动了市场经济的活力,使政府在经济发展过程中的作用也很显著。

(3) 促进了小微企业的发展,用财政资金发放到相应的合作银行中,对于到期无法还贷的小微企业,提供续贷过桥资金,这无疑对于小微企业来说是雪中送炭。(言之有理即可)

案例9 筹资存在的问题:筹资结构不合理,股权融资比例大,短期负债比例大。

筹资问题解决对策:

(1) 保持合理负债,加快资金周转速度。股权资本和债务资本是企业资本结构的两个重要来源,因此保持一个合理而优化的资本结构框架就必须处理好两者之间的结构和比例关系。高额的负债率已经严重增加了企业日常经营负担,导致企业资金周转困难,对企业的自身发展造成了威胁。为此公司管理人员应该通过多元化的融资渠道进行融资,偿还公司债务抛售资产等手段。要通过有效手段降低公司财务成本,采用新技术提高生产效率,增加产品附加值,减少生产过程中不必要的费用支出,降低囤货的成本费用首先要减轻库存。还要增加企业表现能力,以备不时之需。另一方面,上市公司应该进行多元化投资,提高资金使用效率,避免资金闲置。同时可以谨慎进行一些高收益的短期投资,减少短期借款,盘活现金流，提高资源配置效率。高负债同时面临着高风险，这就要求上市公司加强内部风险管理控制，调整内部结构机制，建立健全风险管控体制，培养财务人员的风险管理意识，提高企业内部自身风险管理水平。

(2) 改善股权结构。一般来说，资产负债率作为一个约束力可以督促公司经理做出最佳决策，如上文所述，我国上市公司的负债率总体偏低，要想保持合理的负债率，必须改善上市公司股权融资偏好，要让企业由外源融资转向内源融资。

(3) 加强股市监管，规范融资行为。完善资本市场，建立健全相关法律法规。在规则的完善方面，让企业依靠自己的信用，也让企业独自承担风险。建立高效的内部控制机制，在企业筹资活动过程中，必须加强内部管理，强化股东监督机构从而维护股东权益。一方面，创建对企业有利的内部资金积累制度，引导企业加强内部扩张，规范企业内部资金留存及利润分配，减少企业对外源融资的依赖。另一方面，完善法律法规，对于上市公司筹资加强力度监管，以防不良集资和非理性投资。改善银行及政府部门的合作方式，建立信用度，为中小企业投资搭建平台。（言之有理即可）

第 9 章 企业共享经济理论

一、名词解释

1. 企业共享经济(Sharing Economy of Enterprise)：共享企业通过构建共享平台的方式，整合社会闲置资源或为需求方提供企业资源，供给方以暂时让渡资产使用权或提供服务为代价向使用者收取一定的佣金或服务费，通过共享平台促进资源在供需双方之间的有效配置，最终实现多方互利共赢的一种全新的经济形态。

2. 交易成本理论(Transaction Cost Theory)：交易成本理论也称交易费用理论，是用比较制度分析方法研究经济组织制度的理论。它的基本思路是：围绕交易费用节约这一中心，把交易作为分析单位，找出区分不同交易的特征因素，然后分析什么样的交易应该用什么样的体制组织来协调。所谓交易成本，是指交易双方为了完成交易，贯穿整个交易过程所必须支付的各种成本的总和。因此，不同的交易可能对应着不同的交易成本，很难进行一个统一的界定与明确。

3. 多边平台理论(Multi-Sided Platforms Theory)：多边平台理论实际上是对传统的双边市场概念的拓展与补充。多边平台是指将两个或两个以上相互依赖但又明细区别的客户群体集合在一起的平台。相对于传统单边市场，多边平台的特征表现为间接网络效应、交叉网络外部性、价格非中性、需求的互补依赖性等。

4. 协同消费理论(Collaborative Consumption Theory)：协同消费从字面上理解就是消费者之间共同消费物品或者服务，是与过去强调拥有物品所有权不一样的一种消费模式。

5. 零边际成本理论(Zero Marginal Cost Theory)：在经济学中，边际成本是指每增加一单位的产量所带来的总成本的增量。一般情况下，受规模效应的影响，随着产量的增加，边际成本呈下降趋势。那么，顾名思义，零边际成本就是指随着科学技术的进步，每增加一单位的产品生产时，所带来的总成本的增量几乎为零。"零成本"现象孕育着一种新的混合式经济模式，这将对社会产生深远的影响。零边际成本、协同共享将会给主导人类生产发展的经济模式带来颠覆性的转变，我们正在迈入一个超脱于市场的全新经济领域。

二、简答题

1. 企业共享经济作为一种全新的经济形态，在进行资源有效配置过程中，参与的主体通过共享平台，在一定的运行机制下进行交易。一个完整的资源配置过程，涉及参与主体、运行机制、共享平台等诸多方面，因此企业共享经济的构成要素也可以从这三个方面进行归纳。一是主体要素。企业共享经济的参与主体从主体形态上可以分为个人、企业、组织与政府。从参与的环节可以分为供给方、需求方、平台方与监管方。一般情况下，政府以监管方的形式存在，但其同样也可以为资源的需求方与供给方，甚至是平台方。在企业共享经济形态中,企业与组织可以出现在资源配置的各个环节,既可以为资源的供给方与需求方,也可以为平台方,甚至还可以为监管方。而个人往往作为资源的供给方或需求方出现。二是运行要素。运行要素是指一次交易过程所涉及的交易主体、交易对象、交易平台、监管评价等多种要素的总称。交易主体是交易的供需双方,交易对象是供需双方交接的物品或服务,交易平台是交易发生的场所,监管评价则是监督与评价机构等。三是平台要素。共享平台是企业共享经济核心要素。任何形式的共享经济,都需要借助一定的共享平台予以实现。共享平台的主要功能包括连接功能、管理功能与匹配功能。连接功能主要是指其通过网络实现供给双方需求信息的连接。管理功能是指共享平台通过存储管理、控制管理和系统管理实现对资源的分类、更新与维护,进而保证匹配功能的实现。匹配功能是指对平台内的数据,通过不同算法实现供需双方之间的高效匹配。

2.（1）以营利为目的。这是企业参与共享经济的一个最大的特征,也是企业共享经济区别于一般的共享经济的一个主要特点。共享经济强调闲置资源的重复性利用,在共享过程中资源供给方可以向需求方收费,也可以不收费。在企业共享经济中,企业作为平台的搭建者与维护者,作为资源整合的组织者或资源供给方,在资源配置的各个环节中均会产生相应的成本,所以注定企业不会无偿地参与其中,而且从企业的本质上来说,获取利润本身就是其最直接的目的之一。

（2）企业作为平台的搭建者与维护者。现在的共享经济均需要借助于一定的平台来实现资源的有效配置。企业共享经济也不例外,只是这里面重点强调的是平台的搭建者与维护者为企业。也就是说,一个企业若想参与到共享经济中来,首先需要具备一个共享平台,只有这样才能够为供需双方提供一个信息交换的场所。随着平台的发展壮大,企业还需要做好平台的维护工作。

（3）企业通过平台整合闲置资源或提供企业资源。传统意义上的共享经济,是指人们将手中闲置的资源,通过让渡资产使用权的形式,拿出来与大家分享。其更加侧重于盘活现有的存量资源。而现在的共享经济,尤其是企业共享经济,资源供给往往有两种主要形式,一种是通过平台进行现有闲置资源的整合(如 Airbnb、滴滴出行等),另一种是企业自身供给资源(如摩拜单车、Zipcar 等)。

（4）供给方需要暂时让渡资产的使用权。这是所有共享经济模式的一个共同特征,也是企业共享经济的最本质特征。我们说判断一个企业是不是共享企业,我们主要看这个企业在资源供给过程中,是否转移资源的所有权,如果发生了所有权转移,那么这就构成了商业行为中的买卖行为,不属于共享经济的范畴。通过使用权的暂时转移来实现资源的重复使用,从而最大限度地提高资源的利用效率,通过盘活存量资源不断地创造新的价值,这正是共享经济的魅力所在。

三、论述题

1. 共享经济的理论基础主要有：

（1）交易成本理论,也称交易费用理论,是用比较制度分析方法研究经济组织制度的理论。它的基本思路是:围绕交易费用节约这一中心,把交易作为分析单位,找出区分不同交易的特征因素,然后分析什么样的交易应该用什么样的体制组织来协调。所谓交易成本,是指交易双方为了完成交易,贯穿整个交易过程所必须支付的各种成本的总和。因此,不同的交易可能对应着不同的交易成本,很难进行一个统一的界定与明确。美国著名经济学家、

"新制度经济学"的命名者奥利弗·伊顿·威廉姆森(Oliver Eaton Williamson)将交易成本分为搜寻成本、信息成本、议价成本、决策成本、监督成本、违约成本等。交易成本理论可以说是最直观地解释了企业共享经济现象。由于交易成本的存在,使得更多的企业参与到共享经济中来,造就了现在诸多的共享平台,而且对原有市场形成了颠覆性的影响,进行了有效的互补或替代。两种产品及两种市场之间的互补性和替代性,是运用交易成本理论理解共享经济产生和发展的关键之处。

(2) 多边平台理论实际上是对传统的双边市场概念的拓展与补充。多边平台是指将两个或两个以上相互依赖但又明细区别的客户群体集合在一起的平台。相对于传统单边市场,多边平台的特征表现为间接网络效应、交叉网络外部性、价格非中性、需求的互补依赖性等。间接网络效应是指一边客户对于交易效用的预期由于另一边客户规模的增加而增加。这意味着多边平台一边价格上涨,在导致这一边市场需求下降的同时也会导致另一边市场需求下降,两边市场互相作用,使涨价行为可能无利可图。因此,间接网络效应限制了平台运营商进行价格加成的能力,也反映出多边平台各边需求间的互补依赖性。当间接网络效应不能通过价格机制进入成本或收入函数时,就产生了交叉网络外部性,使得多边平台的均衡价格通常不等于边际成本。

(3) 协同消费从字面上理解就是消费者之间共同消费物品或者服务,是与过去强调拥有物品所有权不一样的一种消费模式。在很长一段时间内很少有学者们将其应用于共享经济的研究,直到各种信息技术的发展后。共享主要是指我们将自己的东西分配给他人使用,或从他人处获得物品和服务为自己所用的行为与过程。人们可以通过三种形式进行交换,包括分享、馈赠与市场交易,这三个概念存在重叠,但仍然具有区别,可以通过一定的方式进行区分。这种行为多建立在人与人之间,而非已有的市场主体上,不需要进行所有权的转移,并且能够通过协同消费获得经济报酬或内在满足。

(4) 在经济学中,边际成本是指每增加一单位的产量所带来的总成本的增量。一般情况下,受规模效应的影响,随着产量的增加,边际成本呈下降趋势。那么,顾名思义,零边际成本就是指随着科学技术的进步,每增加一单位的产品生产时,所带来的总成本的增量几乎为零。美国的杰里米·里夫金(Jeremy Rifkin)认为,在数字化经济中,社会资本和金融资本同样重要,使用权胜过了所有权,可持续性取代消费主义,合作压倒了竞争,"交换价值"被"共享价值"取代。他甚至预言,"零成本"现象孕育着一种新的混合式经济模式,这将对社会产生深远的影响。零边际成本、协同共享将会给主导人类生产发展的经济模式带来颠覆性的转变,我们正在迈入一个超脱于市场的全新经济领域。

2. 商业模式是一种包含了一系列要素及其关系的概念性工具,用以阐明某个特定实体的商业逻辑。它描述了公司所能为客户提供的价值以及公司的内部结构、合作伙伴网络和关系资本等用以实现(创造、推销和交付)这一价值并产生可持续盈利收入的要素。这里认为商业模式是一种概念性的工具,包含一系列的目标、观念和它们之间的关系,目的是表达某一企业的商业逻辑。实际上,关于商业模式的概念,目前学术界尚没有一个统一的界定。

一般情况下,传统的商业模式主要涉及企业内部与企业外部两个流程。企业内部流程不仅仅包含企业内部个部门之间流程,还包括与供应链的上下游之间流程。企业外部流程主要是指与客户及销售相关的流程。传统的商业模式下,往往存在着内耗严重、流程冗长、效率低下等不足,致使最终的隐形成本都转嫁给了消费者。

在信息技术不断迭代更新的背景下,一种全新的商业模式——企业共享经济商业模式,应运而生,凭借其在资源高效配置、降低交易成本等方面的独特优势,越来越受到现代企业的追捧。企业共享经济商业模式,实际上是一种平台模式。第一,企业首先需要搭建共享平台;第二,共享平台需要整合可供消费的资源或服务,同时聚集需求;第三,通过互联网,依靠大数据算法、LBS定位技术等手段实现供需双方的快速匹配;第四,需要如第三方支付、监管机构、信用机构等其他第三方提供保障。

3. 盈利模式,是管理学的重要研究对象之一。盈利模式是对企业经营要素进行价值识别和管理,在经营要素中找到盈利机会,即探求企业利润来源、生产过程以及产出方式的系统方法。还有观点认为,它是企业通过自身以及相关利益者资源的整合并形成的一种实现价值创造、价值获取、利益分配的组织机制及商业架构。那么在企业共享经济中,盈利模式就是满足供给方、需求方、平台方及其他参与方的需求后,利用所拥有的资源进行价值再创造,并通过提供信息、服务及平台合作等方式获取回报。其主要盈利模式有:

(1) 交易抽成模式:交易抽成模式是指共享平台在供需双方达成交易后,向供给方或需求方收取一定费用的一种模式。这是共享企业获取收益最直接也最常见的一种方式。如美团外卖通过向客户收取一定配送费的形式获取收益,然后向骑手提供补贴的形式增加骑手忠诚度。

(2) 会员制模式:会员制模式是指供需双方在共享平台注册会员的方式即可享受平台上的产品或服务。这里所说的会员制不是免费会员,而是一种收费会员制。只有缴纳相关费用才能具备会员资格,也才能享受相应的会员服务。会员制模式是除了交易抽成模式外最为常见的一种盈利模式之一。

(3) 免费模式:免费模式是指使用者可以使用共享平台内可供免费使用的资源或服务。这种模式与会员制模式类似,可以看作会员制的特殊形式。这也是很多共享企业初期阶段采用较多的一种模式。比如阿里巴巴、360安全卫士等,其最初就是因为免费的模式吸引了大批用户。免费模式之初,企业基本上处于入不敷出状态,需要靠平台积累了大量用户之后,才能慢慢通过模式的升级转入盈利状态。

(4) 收取差价模式:收取价差模式主要是指共享平台通过获取供给方与需求方之间价格差的一种模式。这有点类似于传统经济商业模式中经销商的角色,通过赚取价差获利。一般情况下,共享企业很少采用这种盈利模式。

(5) 分成模式:分成模式是指共享平台通过整合供给方的资源给需求方使用,鼓励需求方创新创业,当需求方获得成功后,共享平台参与分成的一种盈利模式。这种模式常见于一些众筹模式。如一些创客们往往拥有一些非常好的创业项目或思路,常常由于资金的限制,而无法将项目或思路转变为商品或服务,就不能实现其社会价值,通过众筹的模式往往能解决资金问题,同时还为产品的最初销售开拓了第一批用户。

(6) 第三方收费模式:第三方收费模式是指共享平台与第三方机构合作,迎合用户需求,解决企业共享经济环境下用户信用机制、保险机制等问题,或与第三方形成各取所需、互利共赢的战略格局的一种盈利模式。这也是企业共享经济平台的发展趋势。

四、案例分析

案例1 共享企业通过构建共享平台的方式,整合社会闲置资源或为需求方提供企业资源,供给方以暂时让渡资产使用权或提供服务为代价向使用者收取一定的佣金或服务费,通过共享平台促进资源在供需双方之间的有效配置,最终实现多方互利共赢的一种全新的经

济形态。(言之有理即可)

案例2 盈利模式是对企业经营要素进行价值识别和管理,在经营要素中找到盈利机会,即探求企业利润来源、生产过程以及产出方式的系统方法。还有观点认为,它是企业通过自身以及相关利益者资源的整合并形成的一种实现价值创造、价值获取、利益分配的组织机制及商业架构。那么在企业共享经济中,盈利模式就是满足供给方、需求方、平台方及其他参与方的需求后,利用所拥有的资源进行价值再创造,并通过提供信息、服务及平台合作等方式获取回报。案例中体现共享经济的抽成模式。交易抽成模式是指共享平台在供需双方达成交易后,向供给方或需求方收取一定费用的一种模式。这是共享企业获取收益最直接,也最常见的一种方式。如美团外卖通过向客户收取一定配送费的形式获取收益,然后向骑手提供补贴的形式增加骑手忠诚度。(言之有理即可)

案例3 该案例体现了交易成本理论和零边际成本理论。企业共享经济条件下,企业通过搭建共享平台,能够在资源的供给方与需求方之间实现快速匹配,匹配的过程大大降低了供需双方的交易成本。如"小猪"对于住宿的需求双方,"滴滴出行"对于出行的需求双方,共享平台帮助供需双方节约了搜寻成本、信息成本、签约成本等。而在共享平台产生之前,这些交易因为过高的交易成本而根本无法实现,就拿共享住宿来说,过去人们很少到偏远的乡村游玩,主要原因就是住宿问题,游客们担心去了之后没有地方住,而当地的人们担心装修之后没人来,所以就存在供需双方需求无法有效匹配的情况。而在共享住宿出现之后,共享平台为供给方与需求方提供了一个信息交换的场所,基本上消除了交易双方的搜寻成本,并大大地降低了服务的不确定性,提高了闲置资源的利用效率。共享经济领域已经覆盖了包括交通出行、住宿、医疗、教育、贷款、饮食等人们日常生活的方方面面。在企业共享经济这种新型的经济形态中,每个人都可以成为产销者,都可以以近乎为零的边际成本在互联网上分享资源。也正是凭借着强大的成本优势,线上零售对传统的线下零售形成了巨大的冲击,也造就了一批网上销售商。接近于零的边际成本让许多商品和服务近乎免费。在企业共享经济下,零边际成本的发展,得益于互联网、大数据、3D打印以及风能和太阳能等可再生能源利用技术的进步,工业社会的不断发展为其奠定了基础。如在制造业中,针对小批量多品种的生产特点,过去往往需要单独制作模具,有的甚至需要购置专属设备,才能够进行生产。但在3D打印出现之后,企业就可以采取3D打印的方式大幅减少在设计验证阶段的资金投入,降低研发风险。即使在规模化生产后,也可以通过评估,选择生产成本较低的生产方式。可以说,企业共享经济做到了将生产者与消费者合二为一,让知识产权概念更加开放。也正是因为近乎为零的边际成本,让越来越多的年轻人开始从消费者,逐渐变身为产销者,以近乎为零的边际成本共享知识、信息、金融、音乐、视频等。(言之有理即可)

案例4 企业共享经济作为从传统经济形态发展而来的一种全新的经济形态,其既延续了传统经济形态的一些特性,又延续了企业的一些本质特征,其降低的交易成本无疑成为其无可厚非的本质。企业共享经济条件下,供需双方仅需要通过共享平台,就可以进行信息的交换,而不再需要通过传统的中介渠道,这样就能够有效地减少中间成本,同时供需双方均受到系统的监督与评价,这又能够促使交易双方进一步地降低交易费用。

具体措施有:① 共享经济平台需要增加有效供给,推进持续盈利,提升共享经济的盈利和效益。首先,应识别用户的有效刚需。为提升有效刚需分析的科学性,可以借助市场调查、数据整理等方式收集材料。其次,应结合用户体验,提高用户黏性。为了确保供给的有效性,用户密度必须小于资源密度,唯其如此用户才能随时找到资源满足要求。而针对密度不足的情况,可以自建资源池,改善相关资源的供应密度。② 共享经济平台需要强化运营管理,明确营销定位。共享经济平台有序健康发展,需要持续不断优化平台运营,明确平台营销定位。现代共享经济作为一种平台经济,首先应有效识别和选择两大类目标客户群体,即明确需求方和供给方的客户群体特征,以此来确定进入共享经济的领域和权利;其次,要明确需求方与供给方的营销定位点,即关注双方在价值层面各自真正的需求,为运营管理提供明确的目标指向;再次,通过产品服务、价格服务、渠道服务、信息服务与定位点结合,最终确定合理的运营管理模式。③ 进一步加强和优化平台监管。共享经济的本质,是利用互联网实现信息对接,对供需双方的闲置资源进行重新管理与分配。共享经济的盈利模式是双方交易时,结合交易收取佣金。从法律层面来看,共享经济平台应做好监管工作,建立信用评价、平台准入、资源审查机制,对其进行安全、全方位的平台监管。从政府监管层面来看,相关部门应建立有效的监管法令,出台监管方案,保障共享经济模式的有效管理。特别是在大数据时代,应将大数据运用于公共行政管理与服务中,有效提高政府监管水平与效率,为共享经济持续健康有序发展提供坚实支撑。(言之有理即可)

案例5 共享经济的特点主要有:① 以营利为目的。这是企业参与共享经济的一个最大的特征,也是企业共享经济区别于一般的共享经济的一个主要特点。共享经济强调闲置资源的重复性利用,在共享过程中资源供给方可以向需求方收费,也可以不收费。在企业共享经济中,企业作为平台的搭建者与维护者,作为资源整合的组织者或资源供给方,在资源配置的各个环节中均会产生相应的成本,所以注定企业不会无偿的参与其中,而且从企业的本质上来说,获取利润本身就是其最直接的目的之一。② 企业作为平台的搭建者与维护者。现在的共享经济均需要借助于一定的平台来实现资源的有效配置。企业共享经济也不例外,只是这里面重点强调的是平台的搭建者与维护者为企业。也就是说,一个企业若想参与到共享经济中来,首先需要具备一个共享平台,只有这样才能够为供需双方提供一个信息交换的场所。随着平台的发展壮大,企业还需要做好平台的维护工作。③ 企业通过平台整合闲置资源或提供企业资源。传统意义上的共享经济,是指人们将手中闲置的资源,通过让渡资产使用权的形式,拿出来与大家分享。其更加侧重于盘活现有的存量资源。而现在的共享经济,尤其是企业共享经济,资源供给往往有两种主要形式,一种是通过平台进行现有闲置资源的整合(如 Airbnb、滴滴出行等),另一种是企业自身供给资源(如摩拜单车、Zipcar 等)。④ 供给方需要暂时让渡资产的使用权。这是所有共享经济模式的一个共同特征,也是企业共享经济的最本质特征。我们说判断一个企业是不是共享企业,我们主要看这个企业在资源供给过程中,是否转移资源的所有权,如果发生了所有权转移,那么这就构成了商业行为中的买卖行为,不属于共享经济的范畴。通过使用权的暂时转移来实现资源的重复使用,从而最大限度的提高资源的利用效率,通过盘活存量资源不断地创造新的价值,这正是共享经济的魅力所在。(言之有理即可)

案例6 TaskRabbit 属于企业共享无形资产模式,企业共享无形资产是指那些不具备实物形态,无法划分为共享动产或共享不动产的资源或服务。由材料中可知,TaskRabbit 所提供的是共享服务,是一种无形资产。其优势主要有以下几点:① 有效缩短了供给链条,降低了成本。供给方与需求方只需要在 Task 平台上进行交易即可,对于供给方而言,不再受雇于固定公司使其所付管理费用大幅减少,其闲置资源也可得到有效利用,把闲置资源投入市场,可以增加市场的供给,降低均衡价格。对需求方而言,供给的增加使得市场价格下降,因此直接降低了使用产品或服务的成本。② 企业共享平台更有利于闲置资源的整合。

Task平台为开放式的平台,任何个人或组织都可以成为资源的供给方,且其供给对象是平台上所有的需求方,没有时间与空间的限制,这样就可以有效地促进资源拥有方将其所拥有的资源投放到平台上进行共享以赚取收益。③ 更易于帮助供给方树立品牌,提高竞争力。在企业共享经济商业模式下,供给方可以通过共享平台直接向客户提供更具特色、个性化的产品或服务,使其提供的产品或服务具备不可替代性成为一种稀缺资源,这样一来便可以提高产品或服务的价值,提高自身竞争力,获取更多收益。(言之有理即可)

案例7 知乎属于共享经济盈利模式中的免费模式。免费模式是指使用者可以使用共享平台内可供免费使用的资源或服务。这种模式与会员制模式类似,可以看作会员制的特殊形式。这也是很多共享企业初期阶段采用较多的一种模式。免费模式之初,企业基本上处于入不敷出状态,平台积累大量用户之后,才能慢慢通过模式的升级转入盈利状态。

免费模式包括"免费+升级"模式、"免费+广告"模式及"免费衍生品"模式等。"免费+升级"模式是指前期通过免费的形式获取用户,当用户规模达到一定数额后开始推出增值服务,如果用户想使用增值服务,就需要另外付费的一种模式。知乎的"盐选会员"就属于这一类型。而知乎首页的广告则属于"免费+广告"模式,"免费+广告"模式是指共享平台对供需双方均不收取任何费用,而是通过平台用户积累后,采取植入广告的方式获取利润的一种模式。(言之有理即可)

案例8 企业共享经济商业模式的特征包括:① 依靠第三方资源或服务获取收益。在企业共享经济商业模式下,企业本身并不直接提供产品或服务,只需要做好平台的服务与维护工作,便可以获取一定的收益。即使是对于那些提供产品(如摩拜单车等)的共享企业,其所供应的物品也大多来自第三方生产,很少有企业自身组织生产制造,而且其用于购买产品的资金也大多来自资本市场,并非自有资金。所以,无论从哪个层面来说,企业共享经济商业模式一个最显著的特征就是依靠第三方资源或服务来获取收益。② 新型中介化。在企业共享经济下,中介的作用非常重要,只不过这里的中介是一种新型的中介,充当中介角色的是企业共享平台。资源或服务供给方,只需要按照平台要求进行简单的注册,便可以通过企业共享平台自由地进行产品或服务交易,不需要再考虑传统商业模式中中介方的利益诉求等。这样一来,供给方就可以有更多的精力用来经营产品或服务,以满足需求方多样化、个性化的需求。所以说,企业共享经济商业模式是一个去中介化又重塑中介的过程,是一种新型的中介化模式。③ 动态定价。企业共享经济商业模式与传统商业模式最大的区别就是动态定价。动态定价就是供需双方之间在交易未正式成交之前,其对应的成交价格一直处于变动的过程。企业共享平台通过大数据的运用,可以清楚地掌握各个时间段的供需情况。当需求大于供给时,算法会自动提高价格,减少需求提高供给,使得供需达到新的动态平衡;而当供给大于需求时,价格又会恢复到初始水平。对供给者来说,共享的产品或服务未被充分利用时,只要共享价格达到预期价格,就会参与到共享经济中,从中获取收益。④ 双向约束机制。在企业共享经济商业模式中,供给方与需求方通过企业共享平台可以相互进行评价,评价结果一般不可随意更改,且其他用户均可见。这样就让供给方在提供产品或服务时必须做到最优,以获得好评,从而吸引更多的需求;同时,需求方在进行评价时,也会客观公正,以免影响到后期的消费。通过双向评价机制,一方面帮助交易双方解决信息不对称的问题,为其他服务供给方和需求方的匹配提供重要依据;另一方面为我国建立信用社会体系,居民养成良好的信用习惯提供了数据支持。(言之有理即可)

案例9 企业共享经济是在互联网技术蓬勃发展下催生出的一种全新的经济形态。其与一般企业及传统的经济形态既有相关性,又存在差异性,所以其目标也有所不同。企业共享经济的目标可以概括为基本目标、一般目标与核心目标。① 基本目标。也是所有企业最基本的目标,那就是获取利润。利润作为一个企业持续发展的内生性动力来源,是每个企业或企业经济形态所必须予以重视的基本目标之一,因此企业共享经济的基本目标就是让企业实现盈利。② 一般目标。企业共享经济的一般目标是通过最大化提升各方主体的参与度,突破现有资源约束,降低信息不对称,实现合作剩余和破坏式创新,提高资源利用效率,从而保证经济的可持续增长,从根本上弥补传统经济的不足,且为企业共享经济的发展注入新的活力。③ 核心目标。企业共享经济的核心目标就是要在实现一般目标的基础上提高资源的配置效率。经济学可以简单地概括为调节资源的有限性与人的欲望的无限性之间矛盾的一门学科。在传统经济中,信息不对称、外部性、垄断、公共物品等因素的存在,导致市场失灵,致使资源不能有效配置,存在闲置、浪费、低效利用等情况。所以企业共享经济要充分发挥其自身的优势,要在提高资源配置效率的基础上,最大限度地创造社会财富和福利,进而实现可持续发展。(言之有理即可)

第 10 章　企业跨国与跨界经营

一、名词解释

1. 跨国经营(Transnational Operation)：跨国经营是指企业以利润最大化、获取更多国际市场份额为目标，通过扩大出口贸易量、直接对外投资等手段，参与到国际竞争与合作的生产经营性活动，跨国公司的存在是跨国经营实现的基础。

2. 跨国企业(Multinational Enterprises)：跨国公司又称多国公司或国际公司，是指通过对外直接投资的方式，在两个或两个以上的国家或地区设立分支机构或控制当地企业，从事生产、投资及其他经营的国际性企业。

3. 跨界经营(Cross-border Operation)：关于企业跨界经营，目前学术界尚且没有一种统一的定义，而基于现有的研究可以理解为企业在市场中通过科学的组织方式进行多业务、多品种、多方式的交叉经营服务。广义上讲，企业跨界经营可以分为以下三种：第一种是企业的跨区域经营，这个概念里企业跨越的是区域之间的边界，是企业成长与扩张的一种重要方式。企业的跨区域经营是指企业为寻求新的市场力量，选择进入一个新的区域市场，或者以此来提高自身能力或持续发展。一般而言，企业的跨区域经营可以分为国内区域和国际区域两个层面。第二种是企业的跨行业经营，这个概念里企业跨越的是行业之间的边界，是企业发展壮大的一种重要方式。企业的跨行业经营是指企业在保留原有业务经营的基础上，对企业的业务进行新的拓展，进而开展新业务的经营。第三种是企业的跨职能经营，这个概念里企业跨越的是职能边界。从企业组织角度而言，职能是指一系列相似知识、技能、行为与态度的组合，跨职能活动有助于提升组织个体或者群体的工作成效，进而带动企业整体及其相关结果因素的变化。

4. 内部化理论(Internalization Theory)：内部化理论由英国学者巴克利、卡森和加拿大经济学家拉格曼共同提出，该思想认为由于企业外部市场通常是不完全的，存在着较大的交易成本，所以企业会将外部的交易内部化，进而节约交易成本，以规避市场的不完全所引起的风险，当市场的内部化行为超越国界之后，跨国公司与跨国经营就形成了。

5. 垄断优势理论(Monopolistic Advantage Theory)：垄断优势理论由美国经济学家斯蒂芬·海默提出，主要是指大型企业到海外开展直接投资活动必须满足两个条件：一是对外投资的大企业应当拥有一种特定优势，即企业国际化经营的垄断优势，这种垄断优势主要表现在技术优势、全面准确的信息、雄厚的资本、先进成熟的管理经验、规模经济以及全球性的销售渠道；二是市场的不完全，这种市场不完全主要包括产品市场和要素市场的不完全、由于规模经济引起的市场不完全、外部经济引起的市场不完全、政府政策失误导致的市场扭曲等四种类型。

6. 国际生产折衷理论(The Eclectic Theory of International Production)：由英国经济

学家邓宁在归纳和吸收前人关于跨国公司或跨国经营的理论基础上,提出了国际生产折衷理论。该理论的核心观点为只有当一个企业同时具备所有权优势、内部化优势以及区位优势时,才能从事有利的海外直接投资活动。所有权优势在一般意义上指的是垄断优势,即企业凭借所拥有的独特优势参与跨国经营,这是企业实现跨国经营的基本前提;内部化优势指的是跨国公司运用所有权优势,节约、消除交易成本的能力;区位优势指的是跨国经营的目标国家所具有的优势,包括目标国家特有的资源优势(如自然资源、人口资源等)和环境优势(如政策、法律、经济基础、基础设施等)。

7. 小规模技术理论(Small-scale Technology Theory):小规模技术理论是在1977年由美国经济学家刘易斯·威尔斯首次提出,后又在其出版的专著《第三世界跨国公司》一书中对该理论进行了更为详尽的阐述。该理论的关注重点在于发展中国家对其跨国公司的影响,认为发展中国家的跨国公司相比于发达国家的有着一定的"特殊竞争优势"。① 发展中国家的跨国公司拥有小规模生产技术的优势,这类技术主要服务于需求量较小的市场。② 发展中国家的跨国企业拥有就地取材与生产民族产品的优势。③ 物美价廉优势。

8. 技术地方化理论(Technology Localization Theory):英国经济学家拉奥在对印度跨国公司的竞争优势和投资动机的深刻研究后提出了技术地方化理论。该理论认为发展中国家进行跨国经营时所采用的技术虽然具有小规模、标准化以及劳动密集类型的特点,但这种技术不是直接模仿于发达国家的技术,而是经过一定的创新改进。技术地方化理论更加看重企业的创新,而这正是发展中国家企业进行跨国经营获取竞争优势的关键,这对于发展中国家企业的跨国经营具有很大的现实意义。

9. 技术创新产业升级理论(Theory of Industrial Upgrading of Technological Innovation)由英国学者坎特威尔和托兰惕诺所共同提出的。该理论认为一国企业发展的根本动力在于技术进步与创新,而发展中国家企业的技术进步明显带有"学习"的性质,这些企业通过不断地学习和引进发达国家企业的先进技术来提高自身企业的技术水平,进而促进了一国的产业结构升级与经济增长,同时也促进了企业对外投资的增加与跨国经营的活跃。该理论的形成与发展对于发展中国家通过技术创新和技术积累来提升产业结构,从而更有力地参与全球市场的角逐,具有重要的指导意义。

10. 国际财务管理(International Financial Management):国际财务管理是根据国际经济法的有关条款及国际惯例,按照相关国际的具体规定,基于企业财务管理的基本原理,针对跨国公司资金收支的特点,组织跨国企业财务活动和处理跨国企业财务关系的一切管理工作的总称。企业国际财务管理一般包括融资管理、税收管理等。

11. 跨国人力资源管理(Transnational Human Resources Management):企业跨国人力资源管理是指随着企业业务经营的国际化而带来的企业人力资源管理的国际化。

二、简答题

1. 跨国经营是指企业以利润最大化、获取更多国际市场份额为目标,通过扩大出口贸易量、直接对外投资等手段,参与到国际竞争与合作的生产经营性活动,跨国公司的存在是跨国经营实现的基础。

2. 企业跨国经营的主要动因是寻求新市场、降低生产要素成本、避开贸易壁垒和政府支持,而企业跨国经营的最主要目的是实现利润最大化。

3. 企业跨国经营的方式主要分为三种:① 出口贸易,是指企业将其产品卖给国外中间商或出售给国外市场上独立的经销商或进口商,企业间接或直接参与产品在国外市场的销售与服务。② 国际契约安排,是指在不涉及企业所有权的条件下,企业以契约的方式向国外企业转让一项或几项无形资产,由技术出让企业向受让方收取相应的费用。这种跨国经营方式下,企业"出口"的是技术或能力,而不是实物产品。③ 对外直接投资,是指企业利用股权投资、合资、收购、设立子公司等手段,直接参与国际市场,直接介入到国外企业的生产、经营与管理中去。

4. 首先,企业跨界经营能够让企业获取更多的利润,这也是企业跨界经营的最主要目的。其次,跨界经营能够让企业在某方面获得领先优势或增强企业实力。最后,跨界经营能够让企业更加了解消费者需求,从而完善自身产品和服务,提高企业综合竞争力。

三、论述题

1. 企业跨国经营的两种出口贸易方式包括直接出口贸易和间接出口贸易。其中企业通过间接出口贸易的方式进行跨国经营最直接的优点就是其操作方式的简单、较少的成本以及较低的风险,但是通过这种方式企业无法控制其产品进入国外市场的进程,也很难获得跨国经营的经验,不利于企业跨国经营的进一步发展。而直接出口贸易方式的优缺点恰恰与间接出口相反,虽然企业能够直接在海外市场进行经营,也能提高企业跨国经营的能力,但是其成本却会大幅度增加。所以,间接出口主要是一些实力不足的中小型企业所采用的跨国经营方式。对于那些资金雄厚、经验丰富的大企业而言,更多采用的是直接出口方式,间接出口仅仅是其中的一种手段。

2. 当前,企业的财务管理体系有如下三种:集权式财务管理体系、分权式财务管理体系和统分结合式管理体系。

集权式财务管理体系是指企业国际财务管理的决策权在公司总部,各分部按照总部制定的财务政策对各自财务活动进行具体的管理。这种管理体系的优点是:企业能够集中优势力量提高财务管理水平;提高企业抗外汇风险的能力;能够有效提高企业资金配置效率。缺点是:削弱了子公司的自主经营权;易造成母子公司之间的利益冲突;不利于考核各子公司的经营业绩。

分权式财务管理体系是指企业财务管理权在企业总部与分部之间实行分权,即授予企业分部更多的财务决策权。这种管理体系的优点是:能够充分发挥子公司的主观能动性;提高财务决策的时效性;能够准确评价子公司的绩效。缺点是:企业整体战略会因子公司各自为政而难以实现;企业总部的财务管理监管不力、效率不足;子公司可能为了实现自身利益而牺牲企业集体利益。

统分结合式管理体系是上述两种财务管理体系的融合产物,这种管理体系下,企业总部掌握着重大财务决策权,子公司只负责日常的财务决策,它集中了集权式和分权式的优点,又同时克服了部分缺点,是当前很多企业采用的财务管理体系。

3. 跨国企业人力资源管理并没有改变企业人力资源管理的基本职能,仍旧包括选聘、培训、考评、报酬等职能。同时,跨国企业人力资源管理的跨地域性加深了企业人力资源管理的难度和复杂性。

一方面,跨国企业人力资源管理的地理范围大幅扩大。企业跨国经营中的人力资源管理必须要面对很多在国内经营中不存在的状况,如东道国政府的规章制度、外派人员的管理服务以及语言和文化差异等等,这无疑增加了企业人力资源管理的活动范围,加深了企业人力资源管理的复杂性。另一方面,企业人力资源管理所面临风险大幅提高。企业在跨国经营的人力资源管理中要面对不同国家的各类员工,由于不同国家的文化差异、法律差异以及工会,企业稍有不慎就会面临诉讼、罚款或员工罢工等问题。相比于国内人力资源管理,企业跨国人力资源管理要面对更大的风险。

4. 依据垄断优势理论,大型企业到海外开展直接投资活动必须满足两个条件:一是对外投资的大企业应当拥有一种特定优势,即企业国际化经营的垄断优势,这种垄断优势主要表现在技术优势、全面准确的信息、雄厚的资本、先进成熟的管理经验、规模经济以及全球性的销售渠道;二是市场的不完全,这种市场不完全主要包括产品市场和要素市场的不完全、由于规模经济引起的市场不完全、外部经济引起的市场不完全、政府政策失误导致的市场扭曲等四种类型。

依据国际生产折衷理论,只有当一个企业同时具备所有权优势、内部化优势和环境优势时,才能从事有利的海外直接投资活动。所有权优势在一般意义上指的是垄断优势,即企业凭借所拥有的独特优势参与跨国经营,这是企业实现跨国经营的基本前提;内部化优势指的是企业跨国公司运用所有权优势,节约、消除交易成本的能力;区位优势指的是跨国经营的目标国家所具有的优势,包括目标国家特有的资源优势(如自然资源、人口资源等)和环境优势(如政策、法律、经济基础、基础设施等)。

依据技术地方化理论,首先,发展中国家的企业往往会根据当地市场的需要对其生产技术进行相应的改进,由此形成竞争优势。其次,发展中国家企业的小规模生产技术通过创新技术改进能够使之更具竞争优势,发展中国家的企业可以通过生产与发达国家企业具有差异化的产品获得竞争优势,尤其在东道国市场需求差异较大时。技术地方化理论更加看重企业的创新,而这正是发展中国家企业进行跨国经营获取竞争优势的关键,这对于发展中国家企业的跨国经营具有很大的现实意义。

四、案例分析

案例1 首先,企业应该选择适合自己的国际化道路。"飞跃"的国际化道路分为两个阶段:1989年到1996年主要以发展中国家为目标市场;1997年之后进入发达国家市场。进入国际市场有两种方式,一种是产品出口;另一种就是海外投资。"飞跃"在开始的发展过程中一直以出口作为进入世界市场的主要方式,随着自身不断积累发展,到2006年收购意大利的MIFRA公司才开始真正意义上的海外经营生产。意大利的MIFRA公司是一家世界一流的电脑制造商,具有强大的研发能力,"飞跃"在与MIFRA一年半的合作基础上进行了收购,走出了跨国经营的重要一步。

其次,注重企业的自主创新。"飞跃"的国际化经营能力的来源主要是自主创新。在缝制领域,"飞跃"几乎囊括了所有的产品类型,现在拥有50大系列500多个品种,形成年产各类缝制设备500万台的能力,超高速包缝机、绷缝机占世界总产量的50%。专利权件数达500多件,其中发明专利70多件,研发人员800多人,研发收入占年销售收入的5%。"飞跃"通过与国内科研机构以及高等院校的合作促进自身的技术创新,同时,通过与国外优秀的研发和制造商合作,不断在技术上"飞跃",为自己国际化经营奠定了技术基础。

最后,合理使用利基战略。利基是英文名词"Niche"的音译。利基市场指市场中通常为大企业忽略的某些细分市场。利基战略指企业通过专业化经营来占领这些市场,从而最大限度地获取收益所采取的策略。实施利基战略的重要意义在于:进行市场利基的公司事实上已充分了解了目标顾客群,因而能够比其他公司更好、更完善地满足消费者的需求。中国拥有很大数量的中小企业,应该很好地寻找利基点作为突破口,发展国际化经营。(言之有理即可)

案例2 首先,无印良品在进入国际市场的进程中,根据不同国家的消费市场、国家政策和消费能力等采取了不同的进入模式。

其次充分运用全球材料与商品供应链,无印良品中畅销的编织品100%在中国生产,服装类70%产自中国,同时在中国的生产均采取OEM方式,既保持了经营的高度灵活性,又减少了投资成本。

最后,无印良品的店铺位置都进行了精心选取,无印良品公司设计了25个开设店铺的标准,包括该地区的人口数量、车站人流量、地区消费指数等等。在国际市场上除了对这些开设店铺的通用标准的应用,无印良品也会根据境外市场的特殊情况灵活调整开店策略。(言之有理即可)

案例3 首先,格兰仕具有非常强烈的危机意识,注重培养员工在危机中求生存的战斗意识,激发员工的积极性和创造力。通过在认识危机的基础上不断反思自我,通过不断地否定自我、创新自我来缔造未来的成功。在竞争中,最可怕的并不是雄厚的实力而是顽强的奋斗精神和强烈的危机意识。

其次,格兰仕注重对技术的研发。格兰仕的技术研发经历了引进、消化吸收、合作开发、自主开发这些阶段。在1997年以前,格兰仕集团主要是引进、消化吸收为重点。1997年,格兰仕集团设立研究与开发部门,1998年又在美国设立技术开发机构,开始走向合作和自主开发的新阶段。同时,格兰仕加入全球产业链,全面产业升级。并随着企业产业升级,格兰仕打入了全球制造业价值链,把经营模式由低价格、低附加值的"中国制造"延伸到高价格、高附加值的"全球制造"的战略中。

最后,格兰仕集团投入了大量资源对我国微波炉市场进行培育。通过赠送微波炉食谱,在图书、在报刊上开辟专栏等方式,以知识营销的方式,培育中国的微波炉市场。此外,让消费者理解和接受新的功能,并乐于使用、开发、整合边缘市场,改善微波炉的消费环境。(言之有理即可)

案例4 第一,对于不同的市场,三一重工在国际化的过程中采取了不同的战略管理手段。对于欧美等发达的经济体,三一重工通过建立研发和制造中心,通过改善产品质量,强化服务,降低成本等优势来占领市场。比如,对美国的主营产品履带起重机和越野式起重机两款产品而言,为了满足当地市场的需求,三一重工通过在当地引进专家,联合国内的专家共同进行产品开发。在德国,经过严格的资格认证与考核,三一重工成功加入德国机械设备制造业联合会。而针对发展中国家的新兴市场经济体,三一重工在国际化的过程中主要采取产品复制、服务复制和降低成本等优势来进入市场、展开竞争。

第二,自成立以来,三一集团秉持"创建一流企业,造就一流人才,做出一流贡献"的企业愿景,打造了业内知名的"三一"品牌。秉承"品质改变世界"的使命,在产品研发和创新方面也做出了巨大的成绩。三一重工在发展业务的同时,在企业产品研发方面也做了巨大的投入。三一重工每年将销售收入的5%~7%用于研发,致力于将产品升级换代至世界一流水平。集团拥有国家级企业技术中心、国家级博士后科研工作站。截至2017年6月30日,公司累计申请专利7880项,授权5338项,申请及授权数居国内行业第一。(言之有理即可)

案例5 事实上,做跨界业务、丰富产品结构,是不少全球食品饮料巨头遵循的成长轨迹,它们凭借不断进入新领域、新品类,获得了更多机会和更大规模。跨界的最大风险是产品无法被市场认可。市场调研机构尼尔森曾针对食品饮料行业做过一个调查,发现2.5万个新产品上市一年后,能够产生相当程度的销量、被消费者接受的产品只有200多个,不但有销量,铺货率、销售额还能保持增长的只有50个。也就是说,99%以上的产品会被市场淘汰。所以企业跨界经营其实是风险与收益并存的。(言之有理即可)

案例6 首先,保持诚信的服务宗旨,以市场需求为导向的产品生产及开发是同仁堂稳固国内市场、扩展海外市场的有效保证。注重质量,保持良好的信誉对一个有着长远目标的企业来说非常关键。同仁堂抱着"同修仁德,济世养生"的思想,根据市场需求的变化,不断开发新品种,并且为了适应国外的习惯,同仁堂集团还努力在药品的剂型、包装、销售等方面与世界接轨。

其次,严格同仁堂商标的使用和管理,树立现代商标保护意识,充分利用品牌优势。公司坚持在国内外进行商标注册以保护同仁堂300多年积淀下来的显赫声誉。1989年同仁堂就被认定为驰名商标,到目前为止同仁堂商标已在新加坡、泰国、菲律宾、意大利、英国、日本等国家和地区以及28个马德里协约国注册或申请注册。正因如此,同仁堂品牌多年的历史成为其最雄厚的无形资产,也是其最大的竞争优势。

最后,开展相关领域的多元化经营,进行品牌扩张是同仁堂发展的另一个成功经验。同仁堂除了大力发展中药领域的产业外还兼营药用动植物的饲养、种植;购销西药、医疗器械、卫生保健用品;经营所属企业自产产品及相关技术的出口业务;经营生产所需原材料、机械设备及技术的进口业务,开展对外合资经营、合作生产、来料加工、采样加工及补偿贸易业务;经营经贸部批准的其他商品的进出口业务;组建北京同仁堂中医医院,在实现中医中药有机结合方面进行有益探索。(言之有理即可)

案例7 第一,有准确的战略选择。优秀的企业往往有一个共性,那就是准确的战略选择,只有结合企业现阶段的实力,制定合理的战略目标,才能获得成功。最初在开辟国内市场时,华为考虑到自身实力不足,首先从农村打开市场,采取"农村包围城市"的战略,取得很大的成功。随后又将这一战略运用到国际市场的开发中,首先从网络建设较为落后的发展中国家开始,在积累起了一定的实力之后再逐步向欧美等高端市场渗透。在竞争战略选择上,华为走了一条从"低成本战略+市场差异化战略"到"创新差异化战略"的道路。刚进入市场时,产品价格往往只有竞争对手的一半甚至更低,辅以快速的客户需求反应机制和完善的售后服务赢得客户的青睐,迅速占领发展中国家市场。

第二,保持对技术创新的不断坚持。2010年,美国知名商业媒体 Fast Company 评出了2010年最具创新力公司,前五名分别是 Facebook、Amazon、苹果、Google、华为。华为是排名前五家公司中唯一的新上榜企业。华为长期坚持将不少于销售收入10%的投入研发,并坚持将研发投入的10%用于预研,并对新技术、新领域进行持续不断的研究和跟踪。正是源于这份对技术创新的不断坚持,如今的华为已经拥有了许多核心技术产品。

第三,重视"软实力"的培养。文化是"软实力"的重要组成部分。1998年3月,华为正式将企业的发展纲领用企业基本法——《华为基本法》的形式固定下来。华为的企业文化被认可,并产生了极大的辐射作用。其中,值得一提的是无处不在的服从文化,这一部分具有颇浓的中国色彩。华为人拥有极强的执行力,这得益于服从文化的熏陶。他们在抢占市场时,拥有独特的处理问题的方法以及强大的公关关系营销能力。(言之有理即可)

案例8 首先,根据自身实际出发。李宁根据自身的企业情况,以及国际体育用品市场的发展情况,在 2004 年提出了先品牌国际化后市场国际化的发展战略。这种做法与其他中国企业的低价倾销方式不同,李宁公司先提升品牌的附加值,打造知名品牌,然后再开拓市场。这对于李宁后期进入国际市场,扩大市场份额是非常有利的,而且越到后期效果越明显。

其次,注重企业文化和理念。为适应李宁品牌国际化征程的整体思路和计划,李宁公司决定在其公司成立 20 年之际,对外宣布,更换李宁品牌全新的 logo 和口号,包括李宁运动鞋、服饰、配件和球类在内的所有产品线,以及全球的李宁专卖店将使用新的标志。李宁的主要竞争对手耐克和阿迪达斯都有其独特的品牌文化,"民族的,更是世界的",品牌文化在品牌塑造中尤为重要,是企业核心竞争力的关键因素。2002 年,李宁公司确立全新的品牌定位:即"专业化、时尚化、东方特色和国际化",走上了体育用品专业化的发展道路。其广告诉求改为"李宁,一切皆有可能"。近年来,李宁开始走向专业化,并对自己提出了明确的目标,那就是"不做中国的耐克,要做世界的李宁。"

最后,不断提高产品的质量水平。2002 年,李宁公司与美国杜邦、3M 等国际企业建立合作关系以提高产品的运动性能及专业水准。2004 年开始,李宁公司加强了产品的专业化研发,特别是外观设计。2004 年,为了提高产品的专业性和舒适度,李宁公司与香港中文大学人体运动科学系合作,对专业运动特征进行数据搜集和分析。同年 8 月,李宁公司与美国 Exeter 公司合作开发李宁运动鞋核心技术。同年 10 月又与美国 DRD 设计事务所合作,进行李宁运动鞋设计。2004 年底,李宁体育科技发展(香港)有限公司暨香港设计研发中心成立,集中负责设计李宁牌服装产品。2008 年 1 月李宁集团美国设计中心在美国俄勒冈州波特兰市投入运营,专注于鞋类产品的高端技术研发、人体工学科研和专业运动鞋的设计、开发、测试工作。(言之有理即可)

第 11 章 新时代企业新管理

一、名词解释

1. 新管理(New Management):新时代企业新管理是指根据企业内部条件和外部环境变化,有效协调企业内外活动,整合企业资源以达到企业既定目标。新管理是真正按照现代企业制度的要求,放弃旧的传统管理模式以及相应的管理方式和办法,把新的管理要素(如新的管理方法、新的管理手段、新的管理模式、新组织、新文化、新理念等)或要素组合引入企业管理系统的创新活动。它通过对企业的各种要素(人力、物力、技术)和各种职能(包括生产、市场等)进行综合并作出新的变化和组合,以创造一种更新、更有效的资源整合范式。

2. 互联网+(Internet Plus):"互联网+"是创新2.0下的互联网发展的新业态,是知识社会创新2.0推动下的互联网形态演进及其催生的经济社会发展新形态。"互联网+"是互联网思维的进一步实践成果,推动经济形态不断地发生演变,从而带动社会经济实体的发展,为改革、创新、发展提供广阔的网络平台。

3. 人工智能(Artificial Intelligence):人工智能是让计算机来模拟人的某种思维过程和行为,使机器来代替人类的某些复杂的工作。

4. 云计算(Cloud Computing):云计算是基于互联网相关服务的增加、使用和交互模式,通常涉及通过互联网来提供动态易扩展且经常是虚拟化的资源。

5. 大数据(Big Data):从字面意义可以看出,大数据的主要特征是数据大,在信息时代,移动终端单位时间内产生的数据量越来越多,该数据集合不断扩大。

二、简答题

1. 新时代企业新管理是根据企业内部条件和外部环境变化,有效协调企业内外活动,整合企业资源以达到企业既定目标。新管理是真正按照现代企业制度的要求,放弃旧的传统管理模式以及相应的管理方式和办法,把新的管理要素(如新的管理方法、新的管理手段、新的管理模式、新组织、新文化、新理念等)或要素组合引入企业管理系统的创新活动。它通过对企业的各种要素(人力、物力、技术)和各种职能(包括生产、市场等)在质和量上作出新的变化和组合,以创造一种更新、更有效的资源整合范式。

新时代企业新管理特征主要体现在知识性成为企业管理的重要特质、企业的管理思想系统性增强以及企业的业务运营方式发生变化。

2. 在"互联网+"背景下,企业管理已经开始运用信息技术,特别是互联网、移动互联网以及电子商务等现代技术的应用,对企业管理具有十分重要的支撑作用,不仅能够推动企业管理体系建设,而且也能够提高企业管理效率。主要分为两大作用:一是企业通过广泛应用"互联网+"技术使企业管理体系更加完善,其中至关重要的就是,"互联网+"具有很强的开放性、联通性以及系统性,企业在应用"互联网+"的过程中,能够使其内部管理工作实现有效融合,从而达到互联互通的效果,使企业的内部管理工作朝着"价值链"管理模式转型,使企业管理工作步入可持续发展轨道。二是企业通过广泛应用"互联网+"技术,能够使企业管理效率得到提升,在"互联网+"背景下,企业可以广泛应用各类信息技术,此时管理成本将大幅度下降,比如在开展信息统计决策的过程中,企业可以通过"互联网+"技术进行网络化、智能化管理,发挥数据分析的功能,进而为企业决策提供有效的参考。

3. 人工智能对企业管理的影响主要从决策层面和执行层面产生。在企业决策中,人工智能可以帮助企业在管理决策中快速做出反应,精准定位客户以灵活应对需求。在瞬息万变的环境中快速识别到机会、风险并完成实时决策应对,是人工智能提升运营效率的重要一环。人工智能技术的应用不仅仅是收集和整理数据,而且可以通过自动学习对数据做出客观的判断,分析出庞杂且分散的数据之间的关联。人工智能够发现用户点击和购买的商品之间的关联,可以做到精准推荐个性化商品或服务,降低资源错配率,减少用户搜寻成本。这不仅仅会改变决策中的决策内容,同样会改变决策者做出决策的方式。人工智能使得企业的管理者可以有更加广阔的视野,注意力更多集中在做好核心业务方面。

从执行的角度来看,生产和经营的智能化过程,就是一个减少人为的干预,全由机器对生产需求自动分析并且自动完成生产计划的过程。只要输入订单信息,就可以直接生成生产计划,并自动将生产指令发送给相关的部门执行。未来的智能系统会直接对客户的需求进行分析、归类,生成初步的生产计划表推荐给业务人员,而不是业务人员将客户需求"翻译"成信息系统能理解的指令,这将很大程度上减少业务处理的时间成本。在生产过程中,机器人和用于产品质量分析的模块都已经有广泛的应用。在整体的生产过程中,智能系统除了可以完成对过程监督,对异常自动处理上报之外,智能系统还可以即时调整策略,以保证生产不受影响。未来管理人员就可以管理更多的生产过程,管理模式比传统的管理金字塔结构逐步地扁平化,管理者的关注点从对生产过程细节的监督,转入到对整体数据的关注。

4. 第一,从市场营销角度分析大数据对企业管理的影响。企业在市场营销方面所制定的相关策略,必须要结合一定的数据信息才能够为企业提供更加高效的依据,从而提高营销所创造的价值。大数据时代的到来,给企业在营销方面能够提供更加全面完善的数据信息,并借助大数据和互联网科学技术,获取市场经济主体当中各种不同客户类型对于企业产品制造的实际需求,从而能够给企业在营销方式方面提供一定的参考依据。

第二,从企业管理的角度分析大数据对企业管理的影响。随着互联网信息的发展,大数据时代的到来可以为企业在了解市场组成结构、宏观经济发展、客户实际需求以及行业发展状况等方面提供更加准确高效的数据信息,大数据技术的应用让企业各个部门之间能够实现数据共享,为各方面工作效率的提升以及准确性都带来了十分积极的影响。

第三,从人力资源角度分析大数据对企业管理的影响。在当下时代的快速发展中,企业要正确地认识到大数据的作用,将人力资源管理的基本理念与大数据技术之间进行紧密的结合。企业可以通过大数据技术将人员档案导入管理平台当中并与各个部门之间进行信息数据共享,一旦有人员变动,企业便能够及时全面地对所有部门的人员信息进行掌握。这样一来便能够实现对人力资源信息的动态性和全面性监控。人力资源在企业的经济发展过程中占据着重要的地位,大数据时代的到来,更加高效地改善了企业对人力资源的管理。

三、论述题

1. 传统企业管理模式存在以下几个问题：① 管理理念落后。传统的企业管理是以自我为中心的传统管理方式，这种管理方式并没有顺应时代的潮流、贴合时代的特点，使得企业的经营与发展过于封闭，难以结合用户的需求、市场信息来进行及时的调整。② 管理缺乏整合性。目前我国绝大多数企业在这方面还比较薄弱，由于企业自身的经济实力不强，缺乏资金进行深入分析与研究，相关的技术人员、管理人员、应用人员等人才配置也不够到位，必然会制约企业管理模式内容上的改革和创新。③ 企业管理缺乏开放性。目前我国很多企业在应用现代信息技术的过程中并不注重开放性，甚至觉得可有可无，导致企业发展速度较慢。④ 企业组织框架落后。我国很多企业的管理组织框架还是金字塔形的管理模式，这种管理模式在过去很长一段时间里确实实现了企业的集中化管理，确实推动了企业经济效益的提升。但这种管理模式自身也凸显了严重的弊端，信息与决策在层级之间传递比较缓慢，逐层审批的方式严重影响了管理的机动性和灵活性。⑤ 管理模式存在滞后性。与西方发达国家相比，我国的企业管理模式还相对滞后，传统管理模式依旧被广泛地应用。⑥ 人力资源管理缺乏先进性。人力资源管理是企业管理的重要组成部分，运用人性化的管理理念，让员工对企业产生强烈的归属感，更容易激发员工的工作积极性和工作效率。当前很多企业使用传统的人力资源管理方法对员工进行约束控制，对员工实施强制性管理，这样员工很难对企业产生归属感，对企业的文化产生认同感，难以形成稳定可靠的人才队伍，尤其在信息获取极易化时期，员工流动成本减少，极易造成人才流失。

2. "互联网＋"时代下企业管理策略应从以下几个方面进行谋划：

首先，创新管理理念，健全管理机制。目前传统的企业管理理念与时代发展需要不相适应，也与"互联网＋"的思维相脱节，不利于企业发展。所以企业必须要转变传统的企业管理理念，建立与时代相符合的管理理念，健全管理机制，依据"互联网＋"的时代需要，将企业发展与客户需要密切结合，在企业发展中打造合作、发展、共赢的理念。企业通过管理理念的创新，通过运用科学化的"以用户为中心"的管理理念，则能够有效地实现企业与用户之间的无缝对接。同时要建立以市场化为导向的机制。

其次，应建全组织管理体系，提高企业管理效益。传统"金字塔"的组织构架下工作效率差，上传下达的速度较慢，信息传递的慢速度使得企业的现代化管理效果受到了极大的制约，也不利于企业市场的开拓。为使这种情况得到有效的改善，企业必须要转变传统"金字塔"式的组织构架，建立新型的企业管理组织体系。对于组织构架中存在的问题需要认真地审视与分析，将先进理念融入到现代化的企业组织管理构架中。尽量减少中层领导干部的设置，在条件允许的情况下可以运用小团队的管理模式，由小团队来独立运营，独立负责。这种小团队的管理模式，能够灵活地适应市场，能够结合市场信息的变化及时调整经营策略。

再次，创新企业管理模式，实现高效管理质量。一些企业受到传统管理模式的限制，虽然对互联网技术有了一定的应用，但是在物流、财务、营销管理、信息技术管理方法使用方面上的效果并不佳，使得企业的发展受到影响。为此企业管理者需要对管理手段进行转变，发挥新管理手段的优势作用，对现代化的管理形式进行创新。企业需要结合自身实际情况对优势资源进行整合，在财务、物流、营销上进行管理模式上的创新。

最后，积极开展人力资源管理，打造良好的管理氛围。企业要提高对人力资源管理的重视程度,积极创新管理模式,让员工更加积极主动地工作,强化企业竞争力。在人力资源管理中应用互联网技术,对员工进行线上线下相结合的教育培训,不仅使员工能够获得先进的企业管理知识,既提高了员工的综合素质,也提高了员工的学习效率。同时利用互联网建立线上虚拟关系网,创造更加和谐的人际关系,使员工与企业之间的联系更加密切,提高员工对企业的归属感和责任感。

3. 虽然目前还没有人工智能在企业方面的通用解决方案,但已经有不少公司在探索,甚至有一些初级的产品。作为特定的应用则已经有很多被实施,比如通过智能识别技术进行产品质量的检测等,这些技术的应用可以减少员工培训的费用。人工智能的普及,将会比我们想象的要快。比如智能手机在最初还是个概念,现在成为人手一台的电子设备。面对人工智能时代的来临,如何有效地利用和适应人工智能技术是企业在未来竞争中胜出的关键一环。一方面,企业管理者要对人工智能要有一个正确的理解。有人认为在董事会引入一个独立的智能机器人就是部署人工智能了。这是一个误解,单独的机器人能提供类似专家系统的服务,虽然这是一个低成本快速提升决策质量的方式,但对于一个企业来说是远远不够的。另一方面,人工智能平台的构建一般是基于过去的公司的经营数据上的,是以过去的信息技术平台为底层的一个新的软件系统,只有这样的系统才能称为人工智能平台,才能使人工智能发挥整体的作用。

学会利用分散式的管理结构是未来企业管理的另外一个重要课题。一些非核心的功能可以通过租用的方式来获取服务。比如,在员工考勤方面,完全不必自己去构建或者采购一套专门的系统,通过租用一些公司提供的服务,既可以降低成本、快速部署、减少维护,同时也可以享受这些公司通过大数据的分析所带来的成果。可以预见,人工智能等新生产力的运用程度将会是衡量企业核心竞争力的重要指标,而选择使用更强的技术无疑为企业带来更大的收益。关于人工智能技术的强弱划分,广义地说,维度即模型或函数的复杂程度,维度越高、运算越精准、人工智能的能力越强。显而易见的是,高维度的模型效率远远高于低维度的模型效率、继而影响企业整体的运营效率,为人工智能的应用树立了评判标准。正如前文所说,企业家细微的经营、决策差别,会改变企业竞争的优势和地位。在人工智能逐步普及的未来,选择什么维度的人工智能产品就决定了新的生产力给企业效率提升带来的贡献有多大。这个挑战主要是对于知识结构的挑战,一些岗位会被机器替代,一些新的岗位会出现。我们也许会发现,和学习和适应能力相比,经验或许变得没有那么重要。作为一个人工智能的使用者,不必一定知道什么是人工智能,但快速学习的能力、适应变化的能力,则是未来生存的必备的技能。同时,作为个人而言,需要专注于机器人所不能代替的领域,比如富有创造性的领域。

4. 首先,以数据为依据做决策。在如今这个大数据时代,对数据的整理分析对企业的发展极为重要,需以数据为基础,经过相应的分析研究,了解到更多的商业知识,从而有利于决策的准确性。在企业发展过程中离不开对数据的采集与分析,通过运用一定手段对数据进行分析整体,促使大数据时代进展脚步不断加快,各企业在发展过程中需要对相关数据进行维护,利用信息化设备对数据进行保存,保证企业中重要数据的安全。同时,根据相关数据得出的结论,采用相对技术手段实施到工作中的相关环节当中,促进企业更好的发展。

其次,培养和引进数据人才。要想提高企业的全面性发展,应不断培养并引进更多的数据人才,在企业的人员构成中专业性人才是其主体部分。为促进企业今后能持续稳定的发展,在大数据时代背景下应不断培养数据人才才能更好地对数据进行分析研究,从中挖掘出更多商业信息。另外,在引进数据人才的同时还应不断健全该企业中的相关技术设备,确保企业的发展适应当下的社会环境。而且,还应对相关数据进行合理保护,避免本公司机密被泄漏从而影响企业整体的发展水平,为此还应不断提高工作人员的整体素质水平,增强其安全保护意识,为企业的发展提供更好的帮助。

最后,完善相关的数据平台。在对数据平台的完善与使用过程中,相关企业应制定完善的管理体系,运用数据平台所提供的信息,对企业中工作人员进行合理监管,确保其在规定的时间中做好自己的本职工作。此外,不断完善相关的数据平台,为企业提供更多有利数据,保障企业在大数据背景下能持续稳定的发展。在新时代要不断完善数据信息,提高我国在各个领域上的技术发展水平,为研究人员提供更加准确有利的信息。

四、案例分析

案例1 云计算大幅降低了企业搭建互联网平台的成本,让很多中小企业也能够低成本搭建自己的网络平台,同时云计算可以为客户提供更好的网络服务体验,通过云计算企业可以整合更多的服务,用户可以在一个平台上几乎完成各种互联网操作,而且云计算平台的稳定性和安全性也更容易得到保障。

近年来,随着云计算的落地应用,云计算平台的功能边界也在不断得到拓展,很多业务都可以在手机上完成,这为用户节省了大量的时间。云计算作为一个重要的支撑性服务,未来在互联网发展的大潮中会起到越来越重要的作用。随着5G通信的落地应用,云计算与大数据、物联网、边缘计算和人工智能等技术的结合,会带来更多的创新型应用。(言之有理即可)

案例2 传统管理模式在计划、组织、领导、控制等各个方面都有成套科学、规范的制度和程序,企业像一部高效运转的机器。在这种管理方式下部门职能、岗位职责、行为准则、运作程序都实现了规范化;人才、资金、物资、时间等资源的利用实现了科学化;信息传递、各项工作实现了程序化。在传统企业管理模式的文化管理方面,企业文化能为员工营造一个非常和谐的工作氛围,提升员工共同奋斗的愿望,使员工之间产生强大的凝聚力,使员工忠于企业和企业所从事的事业。(言之有理即可)

案例3 在如今这个大数据时代,对数据的整理分析对企业的发展极为重要,需以数据为基础,经过相应的分析研究,了解到更多的商业知识,从而有利于决策的准确性。在企业发展过程中离不开对数据的采集与分析,通过运用一定手段对数据进行分析整体,利用信息化设备对数据进行保存,保证企业中重要数据的安全。同时,根据相关数据得出的结论,采用相对技术手段实施到工作中的相关环节当中,促进企业更好的发展。

需要不断培养并引进更多的数据人才,在企业的人员构成中,专业性人才是其主体部分,为促进企业今后能持续稳定的发展,在大数据时代背景下应不断培养数据人才才能更好地对数据进行分析研究,从中挖掘出更多商业信息。另外,在引进数据人才的同时还应不断健全该企业中的相关技术设备,并对相关数据进行合理保护,避免本公司机密被泄漏从而影响企业整体的发展水平。

在对数据平台的完善与使用过程中,相关企业应制定完善的管理体系,运用数据平台所提供的信息,对企业中工作人员进行合理监管,确保其在规定的时间中做好自己的本职工作。此外,不断完善相关的数据平台,为企业提供更多有利数据,保障企业在大数据背景下能持续稳定的发展。(言之有理即可)

案例4 虽然大数据的兴起时间较晚,但是大数据已经在企业中被逐渐的广泛使用,且其发展速度还是相当迅猛,主要原因就是它可以切实有效地促进企业的核心竞争力,从而实现企业长远有效的发展。大数据可以帮助企业在以下几个方面做得更好:① 大数据可以帮助各企业仔细了解所属用户情况;② 大数据可以帮助各企业来发展潜在资源;③ 大数据可以帮助企业更好地对产品生产进行规划;④ 大数据可以帮助企业更好地进行经营;⑤ 大数据可以切实有效地帮助企业开展业务。(言之有理即可)

案例5 言之有理即可。

案例6 小米采用的是轻资产运营模式,自己负责研发、设计、售后服务等,生产、物流配送全部外包。在产品研发和设计上,小米用户参与度是非常高的。在库存和供应链管理上,小米借鉴了"按需定制"的戴尔模式的供应链管理,力图实现零库存,按需定制。小米的销售方式也与传统手机厂商不同,小米以电商渠道为主,除了小米官网以外,小米产品也在京东、天猫等电商平台销售。(言之有理即可)

案例7 通过将用户分群,根据他们的购物习惯、浏览物品,推送购物界面进行推销广告。数据分析给予完完整的数据链条与汇总。业务前端使用JIMI库夫机器人,坚守人工成本,提高客户满意度。后端为前台提供支持,通过大数据分析,找准用户在购买过程中购买最大相关性的物品,菜单量从14.6%降到了6.86%。此外,通过大数据分析,优化路径规划,使每一个拣货员行走最短的路产生最大效益,拣货的单品耗时从22秒下降到16秒;通过大数据分析,选择最佳配送路段,根据天气情况部署车辆提高使用率,完成高效率配送,这些大数据应用构成京东智慧物流的基础。另外,京东金融有京保贝和京东白条两个服务,前者针对客户,后者针对个人消费者,原理就是用大数据分析客户,并决定是否提供贷款给这些客户。

在管理领域也不断尝试新的应用和创新。集团自主开发了基金管理系统,连接集团各业务系统与各大银行收付平台,通过掌握的实时变动信息滚动预测资金余额,规划资金运营;基于业务发展矛盾,京东积极推动财务创新,开出中国企业第一张电子发票,并借此实现财务创新与企业转型;公司积极利用大数据分析技术建模,通过税控监测模型来评估和分析各分子公司纳税状态,有效降低集团纳税风险。(言之有理即可)

第 12 章　政府管制理论

一、名词解释

1. 市场失灵(Market Failure)：当市场无法合理地配置资源时，即称为市场失灵。引起市场失灵的原因主要有垄断(不完全竞争)、外部性、公共物品和信息不对称。

2. 政府管制(Government Regulation)：政府管制就是政府行政机构依据法律授权，通过制定规章、设定许可、监督检查、行政处罚和行政裁决等行政处理行为，对构成特定社会的个人和构成特定经济的经济主体的活动进行限制和控制的行为。

3. 经济管制(Economic Control)：政府管制的一种，是指对价格、市场进入和退出条件、特殊行业服务标准的控制。

4. 社会管制(Social Control)：社会性管制是基于对生产者和消费者健康和安全的考虑，制定一些规章制度对涉及环境保护、产品质量和生产安全等方面所实行的管制，以纠正经济活动所引发的各种副作用和外部影响。

5. 外部性(Externality)：当某个人的一项经济活动会给社会上其他成员带来好处，但他自己却不能由此而得到补偿，即称为外部经济；当某个人的一项经济活动会给社会上其他成员带来危害，但他自己却并不为此而支付足够抵偿这种危害的成本，即称为外部不经济。

6. 信息不对称性(Information Asymmetry)：非对称信息是指市场上买方与卖方所掌握的信息是不对称的，一方掌握的信息多一些，另一方所掌握的信息少一些。有些市场卖方所掌握的信息多于买方，例如，某些商品与生产要素市场上，卖者掌握的信息多于买者。在另一些市场买方所掌握的信息多于卖方，保险与信用市场往往就是这种情况。

7. 公共产品(Public Goods)：如果某一商品或服务同时具备非竞争性和非排他性，那便称为纯粹公共产品。竞争性是指当一个人在消费或享用某一商品或服务时，其他人便无法同时消费或享用同一商品或服务。排他性是指一种商品或服务具有可以阻止其他人使用该物品的特性。

8. 委托代理问题(Principal-agent Problem)：委托代理问题是指由于代理人的目标与委托人的目标不一致，加上存在不确定性和信息不对称，代理人有可能偏离委托人的目标且委托人难以观察和监督，从而出现代理人损害委托人利益的现象。

9. 逆向选择(Adverse Choice)：逆向选择是指在买卖双方信息不对称的情况下，差的商品总是将好的商品驱逐出市场。

10. 道德风险(Moral Risk)：道德风险是指交易双方在交易协议签订后，其中一方利用多于另一方的信息，有目的地损害另一方的利益而增加自己的利益的行为。

二、简答题

1. 某个人的一项经济活动给社会上其他成员带来好处,但他自己却不能由此而得到补偿。此时,这个人从其活动中得到的私人利益就小于该活动所带来的社会利益。这种性质的外部性被称为所谓"外部经济"。根据经济活动的主体是生产者还是消费者,外部经济可以分类为"生产的外部经济"和"消费的外部经济"。另一方面,某个人的一项经济活动给社会上其他成员带来危害,但他自己却并不为此而支付足够抵偿这种危害的成本。此时,这个人为其活动所付出的私人成本就小于该活动所造成的社会成本。这种性质的外部性被称为所谓"外部不经济"。外部不经济也可以视经济活动主体的不同而分为"生产的外部不经济"和"消费的外部不经济"。

2. 逆向选择是指在买卖双方信息不对称的情况下,差的商品总是将好的商品驱逐出场。当交易双方的其中一方对于交易可能出现的风险状况比另一方知道得更多时,便会产生逆向选择问题。

解决逆向选择的对策:不同的市场上因非对称信息而产生的逆向选择问题性质不同,需要采取不同的方法解决。可以通过政府解决,也可以不通过政府解决。解决老年人健康保险市场的逆向选择问题时通常需要政府的干预,例如,政府可以出资解决老年人的健康保险;而解决旧车市场以及其他一些产品市场的逆向选择问题无需政府的干预,"信号显示"就是一种有效解决问题的手段

3. 政府管制就是政府行政机构依据法律授权,通过制定规章、设定许可、监督检查、行政处罚和行政裁决等行政处理行为,对构成特定社会的个人和构成特定经济的经济主体的活动进行限制和控制的行为。

4. 20世纪90年代以后,随着博弈论、信息经济学和机制设计理论等微观经济学前沿理论和分析方法被更多地引入产业经济学的研究,一种新的自然垄断管制理论——激励管制理论或称新管制经济学得以产生。

激励管制理论建立在政府管制过程中管制机构与被管制企业之间存在信息不对称性的基础之上。具体说就是管制机构知道的有关企业的信息要远少于企业自身所知道的相应信息,表现在:被管制企业对以最低的成本来满足产量目标要求的生产技术更为了解;只有被管制企业自己知道自身为降低成本付出了多少努力,且这种努力往往是不可测的;即使管制者与被管制企业就成本达成共识,被管制企业的所有者也可能是风险规避型的,因而会用效率收益来与管制者交换一部分风险;管制者所特别关注的产品或服务供给的产量、质量等变量,常常无法直接测量或观测,管制机构难以完全把握等等。

5. 社会性管制是基于对生产者和消费者健康和安全的考虑,制定一些规章制度对涉及环境保护、产品质量和生产安全等方面所实行的管制,以纠正经济活动所引发的各种副作用和外部影响。社会性管制产生的经济学根据是环境资产等的外部性和安全保证中的信息不对称性。

社会性管制的具体方式包括:① 设定管制所应实现的目标,如环境安全应达到的水平,同时使用多种有利于实现这些目标的手段。在目标设定上,从经济学原理说,可以将边际费用等于边际收益的水平确定为"最优目标水平",但即使如此,对环境、安全的收益进行测量仍很困难。② 数量管制,如对环境污染物的排放量的管制等。③ 安全标准规定,包括对产品结构、强度、样式等设定一定的标准,赋予当事人遵守这些标准的义务。④ 检查与鉴定,

如进入检查、定期检查、产品等的鉴定等。⑤ 资格制度也是政府社会性管制的一种方式,它是指通过认可具有一定资格的事业者方可从事特定领域的业务,并赋予雇佣者只能雇佣有资格劳动者的义务等。社会性管制一般是同时使用这些手段。

6. 对竞争性行业的管制方式主要包括:① 控制产品的价格。价格管制是指政府对某些行业的价格水平所进行的控制。② 发放许可证或营业执照。政府对希望在市场上销售某些产品或提供服务的生产者发放许可证或营业执照。③ 制定行业标准和要求行业公开信息。制定行业标准是指管制机构通过规定一种产品使用原料的类型或规定生产的方式或禁止某些工艺的使用等。④ 税收、补贴和政府采购。政府通过收税来调整产业结构、改变企业行为,还可通过补贴方式鼓励某些行业的生产,或鼓励使用某种投入,或消费某种商品。⑤ 进入管制。对竞争性产业的进入管制原本是以具有竞争性市场结构的产业为对象而实施的管制。

三、论述题

1. 公共产品与私人产品在两个方面具有相反的特性。首先,私人产品具有所谓"竞争性"特征,即当一个人在消费或享用某一商品或服务时,其他人便无法同时消费或享用同一商品或服务。私人产品的另一特性为"排他性"。消费者可以因某种原因而被拒绝消费私人产品。比如,你不付一定的价钱,便不能消费服装、汽车等,你没有图书卡便借不到书。公共产品却不然。一国之内,如果一部分人受到国防力量的保卫,另一部分人也一定受到同样的保卫。你不能因为某人对国防力量毫无贡献,而将他排斥于国防力量保卫之外。

如果某一商品或服务同时具备非竞争性和非排他性,那便称为纯粹公共产品。国防、路灯、无线广播可谓纯粹公共产品。许多商品和服务只具备上述的一个特性。例如,有线电视只具有非竞争性:多一台电视机接收有线电视节目并不会降低其他电视机的接收质量。但它具有排他性:不付费的人是无法接收到的。公园、电影院在未达到拥挤状态时也如有线电视一样,具有排他性但不具有竞争性。

另一些商品则具备竞争性但不具备排他性,例如新鲜空气和公海捕捞。一部分人消耗了新鲜空气,便减少了其他人所能得到的新鲜空气,或者说,降低了其他人所得到的空气的新鲜程度,但你没办法禁止人们使用空气。当你在公海捕捞到一些鱼时,其他人所可能捕捞到的鱼的数量就减少了,但你没办法禁止其他人在公海捕捞鱼。

因此,一般情况下,公共物品主要由政府提供。

2. 对于外部性问题的解决方案主要有政府参与的干预性措施、明晰产权和企业合并等。

政府参与的干预性措施主要包括:征收税收、发放补贴、设立排放标准和排放收费。政府补贴的思想和征税很类似。税收是要缩小或消除社会成本和私人成本之间的差距,而补贴则是要缩小或消除社会收益和私人收益之间的差距。排放标准方案是指政府颁布污染的标准,排放费用方案是指向制造污染的企业征收排放费。政府无论采取哪一种方法控制污染,都必须知道把污染控制在什么程度才是合适的,所谓合适是指符合社会最优。因此,在讨论排放标准和排放费用方案之前,我们先要讨论最优的污染程度。

合并企业是实现资源配置符合帕累托最优的另外一种方法。这种办法既可能是产生于外部性的制造者与受外部性影响者之间的自愿交易,也可能是产生于政府的干预,在此把这一问题进行单独分析。合并后的单个企业为了自己的利益将使自己的生产确定在其边际成本等于边际收益的水平上,产品的产量和排污程度低于合并前的值。而由于此时不存在外部性,合并企业的成本与收益就等于社会的成本与收益,于是资源配置达到帕累托最优状态。

3. 当代美国经济学家莱宾斯坦所提出的 X-非效率问题主要表现在厂商没有达到最优化的目标,所谓 X-非效率是指厂商在给定资源下所生产的实际产量低于它能够达到的最大产量。产生 X-非效率的重要原因之一就是厂商内部各微观经济行为主体并没有按照利润最大化的目标行事。比如,经理人员可能并没有充分发挥其管理才能,工人也没有努力干活,这都会降低资源配置的效率。

委托-代理问题的解决办法:由委托-代理问题而导致的效率损失不可能通过政府的干预解决,而需要通过设计有效的激励措施加以解决。解决委托-代理问题最有效的办法是实施一种最优合约。最优合约是委托人花费最低限度的成本而使得代理人采取有效率的行动实现委托人目标的合约。如果委托人能够无成本地监督代理人的行动,并且代理人不需要承担收入的风险,则最优合约可以实现。由于委托人与代理人所掌握的信息是不对称的,而且监督行为不是无成本的,因此,最优合约很难实现。

在最优合约不能实现的情况下,只能采取次优合约。次优合约是一种利益共享、风险共担合约。这种合约是在一定的约束下寻求委托人期望利润最大的合约。这些约束主要有两点:第一,该合约应该使代理人为委托人工作所得到的效用至少与他从事其他最佳的工作所获得的效用一样;第二,该合约应该使代理人的努力程度与委托人对其所希望的努力程度保持一致,因此需要委托人对代理人的努力给予补偿。所以,激励代理人努力工作是要花费成本的。但是,只要委托人所选择的导致代理人努力工作的次优合约的成本小于委托人所选择的导致代理人采取最有效行动的最优合约所产生的成本,委托人就应该选择次优合约。

4. 自然垄断行业的管制措施包括进入管制和价格管制。

在自然垄断产业,一般由政府对企业的从业资格、产品及服务内容和标准进行审查和认证,从而确定一家或极少数几家企业获准享有特许经营权,并承担该产业的供给,而不能自由退出。从增进社会福利的角度,对垄断企业的进入管制一般采用以下三种具体方式:① 对垄断企业实行国有化,由政府所有,并委托经理人员代理经营,使其不以追求利润最大化作为唯一目标而致力于提高社会福利水平。② 采取授予特许权经营的办法,将垄断权力授予那些能够以更低的价格提供更优质服务的企业。③ 将一个全国性垄断企业分解为若干地区性企业,促使这些企业展开区域间竞争,而政府则可依照优秀企业的经营成就来监控其他地区企业的经营状况,刺激其他企业提高其内部经营效率。

对自然垄断行业的价格管制主要服务于以下目的:首先,保护消费者利益,促进社会分配效率的提高;其次,促进自然垄断产业提高生产和经营效率;再次,维护企业发展潜力。

在实践中,价格管制能否可行还需要满足以下条件:一是垄断厂商必须能够盈利,否则它将拒绝生产。二是管制成本必须低于社会福利(净损失的消除)。另外,对于价格管制,最困难的事情是确定最优管制价格。

5. 言之有理即可。

四、案例分析

案例 1 授予特许权经营的电信运营,将垄断权力授予那些能够以更低的价格提供更优质服务的企业。它一般是通过特许权投标方式确定行业经营企业的。这种管制方式能够有效改进企业内部的经营效率,但在实际投标过程中,易发生参与投标的企业相互串通和合谋的问题。同时,与潜在进入企业比较,在位企业具有信息方面的优势,难以保证投标过程的有效竞争。此外,在竞标中失去经营权的企业,还面临着如何处置专用性资产的问题。

而政府施行电信企业统一经营,把企业归为政府所有,并委托经理人员代理经营,使其不以追求利润最大化作为唯一目标,而致力于提高社会福利水平。一般说来,国有化方式适用于相对较广的产业领域,能够较好地预防企业单纯追求利润最大化而忽视满足社会福利目标的偏向。但其缺陷是,在这些国有企业内部存在复杂的委托代理问题,企业经理人员和员工往往缺乏有效地提高经营效率的激励和约束机制,从而导致经营效率的低下。(言之有理即可)

案例2 公共产品与私人产品在两个方面具有相反的特性。首先,私人产品具有所谓"竞争性"特征:当一个人在消费或享用某一商品或服务时,其他人便无法同时消费或享用同一商品或服务。私人产品的另一特性为"排他性"。消费者可以因某种原因而被拒绝消费私人产品。比如,你不付一定的价钱,便不能消费服装、汽车等,你没有图书卡便借不到书。公共产品却不然。一国之内,如果一部分人受到国防力量的保卫,另一部分人也一定受到同样的保卫。你不能因为某人对国防力量毫无贡献,而将他排斥于国防力量保卫之外。

如果某一商品或服务同时具备非竞争性和非排他性,那便称为纯粹公共产品。国防、路灯、无线广播可谓纯粹公共产品。许多商品和服务只具备上述的一个特性。例如,有线电视只具有非竞争性:多一台电视机接收有线电视节目并不会降低其他电视机的接收质量。但它具有排他性:不付费的人是无法接收到的。公园、电影院在未达到拥挤状态时也如有线电视一样,具有排他性但不具有竞争性。

另一些商品则具备竞争性但不具备排他性,例如新鲜空气和公海捕捞。一部分人消耗了新鲜空气,便减少了其他人所能得到的新鲜空气,或者说,降低了其他人所得到的空气的新鲜程度,但你没办法禁止人们使用空气。当你在公海捕捞到一些鱼时,其他人所可能捕捞到的鱼数量就减少了,但你没办法禁止其他人在公海捕捞鱼。

一般情况下,公共物品主要由政府提供。(言之有理即可)

案例3 公共资源悲剧的发生机理似乎可以这样来理解:勤劳的人为个人的生计而算计,在一番忽视远期利益的计算后,开始为眼前利益而"杀鸡取卵",没有规则,没有产权制度,没有强制,最后导致公共财产——那个人们赖以生存的摇篮的崩溃。所以,美国学者认为公共资源悲剧发生的根源在于:"当个人按自己的方式处置公共资源时,真正的公共资源悲剧才会发生。"公地悲剧的更准确的提法是:无节制的、开放式的、资源利用的灾难。就拿环境污染来说,由于治污需要成本,私人必定千方百计企图把企业成本外部化。

对公共资源悲剧的防止有两种办法:一是制度上的,即建立中心化的权力机构,无论这种权力机构是公共的还是私人的——私人对公共资源的拥有便是在使用权力;第二种便是道德约束,道德约束与非中心化的奖惩联系在一起。(言之有理即可)

案例4 合理的政府管制可以更好地促进经济发展,但是过度的管制或过于松散的管制都不利于经济的发展。对于外部性,如果一些经济主体的外部性特别巨大,那当然需要政府去管它。比如一些互联网金融平台,一出问题就可能会引发系统性风险,这就需要政府推出相应的管制政策。另一方面,关于信息不对称,政府相对经济主体来讲,信息是不充分的,处于信息劣势,因此政府只能管一些原则性的东西,不能管制非常细节的东西。(言之有理即可)

案例5 建立公共租金消散机制。第一,要从管制机构成员的进入上扼制"权力寻租"动机。为避免管制机构成员依据其所居位置,出于私利而使政府管制的目标发生偏离,应对我国现行的行政人事任免制度进行改革:一应加大进入竞争,减少"权力寻租"的可能性;二应采取考试考核聘任制,适当增加管制机构中专家类型的成员,以增加道德制衡和动机制衡。第二,应加大社会的制度约束。解决公共问题的根本方法之一是社会制度创新,增加民主参与公共选择的制度安排,加大社会制度约束力,从制度上建立社会约束型租金消散机制。只有还权于民,才能加大我国管制中的社会制度约束力,限制制度性腐败。民主制度约束的另一个重要方面为道德文化约束。道德的支撑力来源于法治、政府行为和人们的公爱心,即公共精神理念。在政府管制上,尤其需要培养公爱的社会文化观,使得政府行为渗透着公益精神。而这需要开放融通的文化交流和舆论监督,充分发挥社会道德管制功能,从而增强社会对管制者的监督约束和管制者自我约束的能力。第三,应建立起对管制者行为的激励体系。采取奖惩措施能够使代理人的行为目标与委托人的目标最大限度上实现一致。建立我国政府管制的激励体系主要是完善规范的规制绩效测评体系以及信息公开透明的管制机制。

建立激励性管制与协商性管制。其一,激励性管制。通过引入竞争或明确奖惩的方式来给予企业提高内部效率的诱导和刺激。它包括特许权竞标、区域间竞争、价格上限管制、稀缺资源公开拍卖等方式。激励性管制很大程度上改善了传统管制存在的问题,在欧美一些国家的实践中取得了较好的效果。其二,协商性管制。协商性管制是管制者与被管制者之间就如何进行管制所达成的协约。被管制者由原来的被动接受管制转变为主动参与决策,制定管制政策。这需要相应的政府决策机制的改革;对于协商的结果双方必须无条件执行,保持政府的独立性、公正性。(言之有理即可)

案例6 该案例反映的是市场失灵中的负外部性。负外部性,简单来说就是指个人成本小于社会成本,给社会带来了负面影响。在案例中印刷厂在一楼开工,造成了较大噪音和产生了难闻的油墨味,严重影响了楼上居民的生活,产生了负外部性。对于案例中这种负外部性的行为按照法律的要求处理即可消除。(言之有理即可)

案例7 (1)信息不对称理论。上海欧霞服装企业了解每件校服的质量合格问题,对校服的材质、染料是否安全都十分清楚。作为买方,校方只知道校服的平均质量,只能从外观手感等方面进行判断。由于市场机制不能解决信息不完全对称的问题,因此卖方即上海欧霞服装企业可以利用信息不对称来销售校服给学生。

(2)利益集团理论。利益集团理论是指政府管制的需求者利益集团,往往会向政府官员支付价格,获得自己的利益,这一行为又会损害其他集团的利益。上海服装厂并不是黑名单的新例,曾多次登上质检黑榜,然而能发生多次,其中必然牵扯到相关的利益部分,存在官商勾结的黑暗事件。

(3)公共选择理论。与政府管制有关的公共选择理论学派以传统经纪人的假设为基本前提,认为政府决策者在制定决策的时候是以自己的政治利益为目标,满足个人的政治需求,而不是从公众的利益点出发。政府管制是公共选择的一种特殊形式。由于政府官员有个人求利动机,导致管制失灵,不能提出有效的管理措施。政府多次出台政策,为何食品安全、生产安全问题还是频频发生,无疑暴露了一个现实的问题,打击有漏洞,政策也存在漏洞,政府出台的政策并没站在民众的角度,校服的选择并未考虑到学生的切身利益,在政策颁布前,经过利益权衡,满足决策者的政治诉求,往往到最后真正切实可行的却少。(言之有理即可)

参 考 文 献

[1] 姜保雨,曾玉珍.管理经济学[M].北京:北京大学出版社,2008.
[2] 杨君昌.管理经济学[M].上海:上海财经大学出版社,2008.
[3] 谢科范,涂锦.管理经济学[M].武汉:武汉理工大学出版社,2010.
[4] 高鸿业.微观经济学[M].北京:中国人民大学出版社,2011.
[5] 聂鸣,张克中,买忆嫒.管理经济学[M].武汉:华中科技大学出版社,2006.
[6] 袁志刚.管理经济学[M].上海:复旦大学出版社,1999.
[7] 刘登辉,韩千里.市场调查与预测[M].北京:中国经济出版社,2008.
[8] 杨俊青,梅莉.管理经济学[M].北京:中国金融出版社,2007.
[9] 布雷克利,史密斯,施泽曼.管理经济学与组织架构[M].张志强,王春香,译.北京:华夏出版社,2001.
[10] 徐惠平,李志青.管理经济学教学案例精选[M].上海:复旦大学出版社,2000.
[11] 周加来.微观经济学[M].海南:南海出版公司,2007.
[12] 萨尔瓦多.管理经济学[M].冷德荣,王伟,译.北京:清华大学出版社,2009.
[13] 弗罗布,麦卡恩.管理经济学一种问题解决方式[M].李国津,译.北京:北京大学出版社,2009.
[14] 高汝熹,顾国章.管理经济学[M].北京:北京师范大学出版社,2010.
[15] 安佳.管理经济学:行业战略与策略[M].北京:北京邮电大学出版社,2007.
[16] 波特.竞争战略[M].陈小悦,译.北京:华夏出版社,2005.
[17] 戴维.战略管理[M].李克宁,译.北京:经济科学出版社,2005.
[18] 蒋瑛,等.跨国公司管理[M].成都:四川大学出版社,2006.
[19] 伯格曼.战略就是命运[M].北京:机械工业出版社,2004.
[20] 陈一君.战略管理:理论与实务[M].成都:西南交通大学出版社,2006.
[21] 苏益.投资项目评估[M].北京:清华大学出版社,2007.
[22] 彼得森,刘易斯.管理经济学[M].北京:中国人民大学出版社,2009.
[23] 张启振.投资项目评估[M].厦门:厦门大学出版社,2004.
[24] 张厉痒,等.管理经济学[M].北京:中国人民大学出版社,2009.
[25] 陈章武.管理经济学[M].北京:清华大学出版社,2010.
[26] 卫俊儒,王元亮.大数据时代下的企业管理模式的创新探析[J].信息系统工程,2014(11):56.
[27] 李维安,戴文涛.公司治理、内部控制、风险管理的关系框架:基于战略管理视角[J].审计与经济研究,2013,28(04):3-12.
[28] 杨乃定.企业风险管理发展的新趋势[J].中国软科学,2002(6):55-58
[29] 白华.内部控制、公司治理与风险管理:一个职能论的视角[J].经济学家,2012(3):46-54.
[30] 李凤鸣.企业风险管理[J].审计与经济研究,2003(1):12-15.
[31] 王稳,王东.企业风险管理理论的演进与展望[J].审计研究,2010(4):96-100.
[32] 吴敬琏.现代公司与企业改革[M].北京:中国展望出版社,2000.

[33] 张先治.内部管理控制论[M].天津:天津人民出版社,1994.
[34] COSE.企业风险管理:整合框架[M].方红星,王宏,译.大连:东北财经大学出版社,2007.
[35] 吕文栋,赵杨,田丹,韦远.风险管理理论的创新:从企业风险管理到弹性风险管理[J].科学决策,2017(9):1-24.
[36] 王尧,张娇娇.企业风险管理的研究主题与方法:基于中国文献的定性分析[J].品牌研究,2018(6):108-109.
[37] 陈关亭,黄小琳,章甜.基于企业风险管理框架的内部控制评价模型及应用[J].审计研究,2013(6):93-101.
[38] 高文雅,郭英男,刘文雪.企业风险管理的国际新趋势:整体风险管理[J].商场现代化,2018(11):111-112.
[39] 郑大勇,李纪珍,赵楠.研发项目的集成风险管理:模型及讨论[J].研究与发展管理,2006(6):72-76.
[40] 李社环.企业风险管理的国际新趋势[J].当代财经,2003(11):79-81.
[41] 陈勇.企业战略管理理论演变和战略风险思想探究[J].企业改革与管理,2017(16):21.
[42] 杨大恺.投融资学[M].上海:上海财经大学出版社,2006.
[43] 索玲玲.中小企业投融资与风险管理[M].北京:北京交通大学出版社,2013.
[44] 杨宜.中小企业投融资管理[M].北京:北京大学出版社,2016.
[45] 樊洪.企业资本结构、产权性质与多元化[D].杭州:浙江大学,2013.
[46] 黄国滨.海尔境外发行80亿港元可交换债[J].中国外汇,2018(2):41.
[47] 余婉.国有企业境外投资风险管理与控制:基于淮南矿业境外投资的案例[J].财会通讯,2016(23):84-87.
[48] 方黎.企业投融资管理存在问题及相关改善建议[J].财经界(学术版),2019(8):57.
[49] 王静.企业投融资管理存在的问题及对策[J].财会学习,2019(8):213.
[50] 郭美阳.企业优先股融资案例分析:以晨鸣纸业为例[J].中国市场,2018(32):45-46.
[51] 郭娜.基于企业总体风险水平的投融资管理策略思考[J].财经界(学术版),2017(17):55.
[52] 李红.对企业投融资渠道的探讨[J].企业改革与管理,2015(17):103-104.
[53] 李秀敏,刘琦.企业集团财务管理的理论与方法[J].企业改革与管理,2015(1):102-103.
[54] 王睢.开放式创新下的知识治理:基于认知视角的跨案例研究[J].南开管理评论,2009(3):45-53.
[55] 马文甲,高良谋.开放度与创新绩效的关系研究:动态能力的调节作用[J].科研管理,2016(2).
[57] 柴燕.从管理经济学的角度看廉价航空的票价制定策略:以春秋航空为例[J].现代经济信息,2017(2):362.
[58] 马尔科姆·格林伍德,马丁·卡特.企业经济学原理与案例:经济学经典译丛[M].东北财经大学出版社,1999.
[59] 卢峰.商业世界的经济学观察:管理经济学案例与点评[M].北京:北京大学出版社,2003.
[60] 李静江,刘治兰.管理经济学[M].北京:华文出版社,2002.
[61] 刘山葆.案例:我国电信服务市场政府管制策略[D].广州:暨南大学,2000.
[62] 余航,田林,蒋国银,等.共享经济:理论建构与研究进展[J].南开管理评论,2018,21(6):37-52.
[63] 张玉明.共享经济学[M].北京:科学出版社,2017.
[64] 蔡斯.共享经济:重构未来商业新模式[M].王芮,译.杭州:浙江人民出版社,2015.
[65] 杰里米·里夫金.零边际成本社会[M].北京:中信出版社,2014.
[66] 张阳,黄放,唐震.2012管理创新、智能科技与经济发展研讨会论文集[C].南昌:南昌工程学院经济贸易学院.2012.
[67] 刘奕,夏杰长.共享经济理论与政策研究动态[J].经济学动态,2016(4):116-125.
[68] 于果.共享经济商业模式、价值实现及优化策略研究[J].会计友,2019(5):129-134.
[69] 杨帅.共享经济类型、要素与影响:文献研究的视角[J].产业经济评论,2016(2):35-45.

[70] 吕本富,周军兰.共享经济的商业模式和创新前景分析[J].人民论坛·学术前沿,2016(7):88-95.

[71] 郑志来.共享经济的成因、内涵与商业模式研究[J].现代经济探讨,2016(3):32-36.

[72] 秦海涛.共享经济商业模式探讨及在我国进一步发展的建议[J].商业经济研究,2016(24):124-126.

[73] 刘永民.共享经济理论研究综述与展望[J].中国经贸导刊(理论版),2017(23):67-68.

[74] 苏华.多边平台的相关市场界定与反垄断执法发展[J].价格理论与实践,2013(8):29-31.

[75] 闫德利.共享经济的内涵、特征与发展情况[J].中国信息化,2016(6):91-92.

[76] 冯文娜.互联网经济条件下的企业跨界:本质与微观基础[J].山东大学学报(哲学社会科学版),2019(1):107-117.

[77] 章长城,任浩.企业跨界创新:概念、特征与关键成功因素[J].科技进步与对策,2018,35(21):154-160.

[78] 赵振,彭毫."互联网+"跨界经营:基于价值创造的理论构建[J].科研管理,2018,39(9):121-133.

[79] 涂思雨.企业跨界经营风险及其管控[D].蚌埠:安徽财经大学,2018.

[80] 胡丹宁.快递企业跨界经营电商业务的现状分析[D].杭州:浙江工业大学,2017.

[81] 杨林,刘娟,陈吉玲.企业跨界成长的概念解析、脉络梳理与模型构建[J].南京财经大学学报,2017(4):97-108.

[82] 刘会杰.中国酒店企业跨国经营模式研究[D].郑州:河南大学,2016.

[83] 朱鹏.安徽省汽车企业跨国经营研究[D].合肥:安徽大学,2016.

[84] 卞阳阳.中国国有企业跨国经营问题研究[D].长春:吉林大学,2012.

[85] 彭丽莹.我国中小企业跨国经营进入模式影响因素研究[D].长春:吉林大学,2011.

[86] 牛国良.中国跨国经营矿业集团公司治理及管控模式研究[D].北京:中国地质大学(北京),2009.

[87] 穆丽.中国企业跨国经营问题研究[D].长春:东北师范大学,2009.

[88] 吴晓辉.中国企业跨国经营问题研究[D].长春:吉林大学,2009.

[89] 张卫.中国企业跨国经营战略研究[D].北京:对外经济贸易大学,2007.

[90] 王玉芬.中日中小企业跨国经营比较研究[D].南京:南京工业大学,2005.

[91] 孙云柏.跨界的成功基因:传统企业的互联网转型关键点[M].北京:北京理工大学出版社,2016.

[92] 崔新健.跨国公司管理[M].北京:中国人民大学出版社,2015.

[93] 邹昭晞.跨国公司管理[M].北京:清华大学出版社,2018.

[94] 袁林.跨国公司管理[M].北京:清华大学出版社,2012.

[95] 宋亚非.跨国公司管理[M].北京:清华大学出版社,2014.

[96] 张笑宇.跨国公司管理手册[M].北京:中央编译出版社,2017.

[97] 荆树伟,牛占文.企业管理创新的概念及内容界定[J].中国管理科学,2014(22):654-658.

[98] 芮明杰.再论21世纪企业新管理[J].上海财经大学学报,2006,8(2):41-48.

[99] 郑晓丹."互联网+"思维对企业管理创新的启示[J].人民论坛,2015(12):95-97.

[100] 鲁兴启.互联网与企业管理创新[J].中国软科学,2002(4):92-95.

[101] 芮明杰.21世纪的选择:新经济、新企业与新管理[J].学术月刊,2004(2):86-82.

[102] 高山行,刘嘉慧.人工智能对企业管理理论的冲击及应对[J].科学学研究,2018,36(11):2004-2010.

[103] 黄健,何丽.人工智能在企业管理中的应用[J].管理论评,2018(12):125-127.

[104] 何军.大数据对企业管理决策影响分析[J].科技进步与对策,2014,31(4):65-68.

[105] 田新等.大数据环境下企业管理模式创新研究[J].湖北理工学院学报(人文社会科学版),2016,33(3):43-47.

[106] 唐珮文."互联网+"视角下我国中小企业管理模式研究:挑战、变革与创新[J].时代金融,2017(08):189-191.

[107] 汪颖."互联网+"背景下中小企业管理模式的创新研究[J].中国商论,2019(1):148-149.

[108] 余燕.基于互联网+的企业管理创新研究[J].企业改革与管理,2018(17):64-65.

[109] 肖荆.基于"互联网+"时代的企业管理创新研究[J].中国管理信息化,2018,21(18):76-77.
[110] 吴炳材."互联网+"时代企业财务管理的创新分析[J].管理观察,2018(24):153-154.
[111] 张明月."互联网+"时代企业管理的创新[J].中国商论,2019(2):34-35.
[112] 李博.互联网视角下的企业管理创新[J].现代营销(信息版),2019(2):132-133.
[113] 鲁兴启.互联网与企业管理创新[J].中国软科学,2002(4):92-95.
[114] 沈则.浅谈"互联网+"时代企业管理的创新[J].科技经济导刊,2019,27(02):194.
[115] 刘建国.新时期企业管理模式创建研究[J].前沿,2017(8):82-83.
[116] 季坤奇.新时期企业管理创新思考[J].消费导刊,2017(33):166.
[117] 杨红梅,刘勇.企业文化与企业管理创新[J].现代企业,2012,(2):46-47.
[118] 储海锋.新形势下企业经济管理的现状及创新策略研究[J].经营管理者,2017,23(9):12-13.
[119] 孙雯欣.基于新形势下的企业经济管理创新策略研究[J].西部皮革,2016,38(8):118.
[120] 俞红.新形势下企业经济管理的创新策略研究[J].全国流通经济,2018(35):49-50.
[121] 马琳.大数据时代下企业管理模式的创新[J].天津职业院校联合学报,2014,(7):69-72.
[122] 余义勇,段云龙.大数据时代下企业管理模式创新研究[J].技术与创新管理,2016,03:302-307.
[123] 王旭,邵华清.大数据时代下企业经营管理模式与发展研究[J].新经济,2016,06:74-75.
[124] 王林海.大数据时代下的计算机软件技术[J].电子技术与软件工程,2018(24):39.
[125] 周剑.大数据时代企业经营管理的挑战与对策研究[J].现代营销(下旬刊),2018(12):135-136.
[126] 李佳航.大数据时代下企业管理模式的创新研究[J].中国商论,2019(4):18-19.
[127] 丁荣帅.大数据时代下企业财务管理模式的创新研究[J].中国管理信息化,2019(3):59-60.
[128] 袁凤林,卞丹丹.大数据在人力资源管理中的应用[J].电子技术与软件工程,2016,18:190-191.
[129] 郭静.人工智能时代的机遇与挑战[J].金融经济,2017(15):11-13.
[130] 乔泰.下一代企业:人工智能升级企业管理互联网经济[J].前沿,2016(8):26-31.
[131] 张彬彬.人工智能对现代企业管理的挑战与应对研究[J].现代商业,2018(12):120-121.
[132] 姜晶晶.新时期企业管理创新的方向[J].管理观察,2019(2):23-24.
[133] 崔一佳,吴志伟."互联网+"时代企业管理的创新思考[J].中国管理信息化,2018,21(4):42-43.
[134] 毛德成,刘艳,李悦.人工智能对现代企业管理的影响[J].长沙大学学报,2019,33(1):20-22.
[135] 刘志高.大数据环境下企业管理模式创新研究[J].宏观经济管理,2017(11),128-129.
[136] Grandori A. Neither hierarchy nor identity:knowledge governance mechanisms and the theory of the firm[J]. Journal of Management and Governance,2001,5(3):381-399.
[137] Felson M,Spaeth J L. Community structure and collaborative consumption:a routine activity approach[J]. The American Behavioral Scientist. 1978,21(4):614-624.